RECLAMS STÄDTEFÜHRER

Köln

RECLAMS STÄDTEFÜHRER
ARCHITEKTUR UND KUNST

Köln

Von Hiltrud Kier

Mit 43 Abbildungen, 4 Grundrissen
und 4 Plänen

Philipp Reclam jun. Stuttgart

2., durchgesehene und aktualisierte Auflage

RECLAMS UNIVERSAL-BIBLIOTHEK Nr. 18564
Alle Rechte vorbehalten
© 2008, 2011 Philipp Reclam jun. GmbH & Co. KG, Stuttgart
Umschlagabbildung: Rheinpanorama mit Groß-St. Martin und Dom.
Innenklappe vorne: St. Andreas, Farbfenster von Markus Lüpertz
(2005–2010; VG Bild-Kunst, Bonn 2011) – Cologne Oval Offices von
Matthias Sauerbruch und Louisa Hutton (2008–2010)
am Gustav-Heinemann-Ufer 72–74;
Innenklappe hinten: Erzbischof Hildebold mit dem Modell des Alten Domes.
Detail aus dem Fußbodenmosaik im Domchor, 1883 entworfen von
August Essenwein – St. Maria im Kapitol, Dreikonchenchor.
Neuaufbau nach dem Zweiten Weltkrieg.
Im Vordergrund *Die Trauernde* von Gerhard Marcks (1949). Fotos: Achim
Bednorz, Köln (1, 5), Celia Körber-Leupold, Köln (2–4)
Gesamtherstellung: Reclam, Ditzingen. Printed in Germany 2011
RECLAM, UNIVERSAL-BIBLIOTHEK und
RECLAMS UNIVERSAL-BIBLIOTHEK sind eingetragene Marken
der Philipp Reclam jun. GmbH & Co. KG, Stuttgart
ISBN 978-3-15-018564-3

www.reclam.de

Inhalt

»Coellen, des Rheines stolze Königin«	9
Stadtgeschichte in Daten	32
Kulturkalender	36
Rundgänge	39
Altstadt	41
Sakralbauten	41

Dom St. Peter und Maria · Alt-St. Alban · St. Andreas ·
Antoniterkirche · St. Aposteln · St. Cäcilien · Elends-
kirche St. Gregor · Franziskanerkirche St. Marien ·
St. Georg · St. Gereon · St. Johann Baptist · Kartäuser-
kirche St. Barbara · St. Kolumba · St. Kunibert ·
St. Maria Ablass · St. Maria vom Frieden · St. Mariä
Himmelfahrt (Jesuitenkirche) · St. Maria im Kapitol ·
St. Maria in der Kupfergasse · St. Maria Lyskirchen ·
Groß-St. Martin · Klein-St. Martin · St. Mauritius ·
Minoritenkirche St. Mariä Empfängnis · St. Pantaleon ·
St. Peter · St. Petrus Canisius · St. Severin · Trinitatis-
kirche · St. Ursula · Ursulinenkirche Corpus Christi

Profanbauten	157

Albertusstraße · Alter Markt · Am Hof · Am Römerturm · Appellhofplatz · Auf Rheinberg · Brückenstraße · Cäcilienstraße · Dagobertstraße · Deutzer Brücke ·
Domumgebung · Ehrenstraße · Eigelstein · Filzengraben · Gereonsdriesch · Gereonshof · Gereonskloster ·
Gereonstraße · Griechenmarktviertel · Großer Griechenmarkt · Gülichplatz · Gürzenichstraße · Hahnenstraße · Hauptbahnhof und Hohenzollernbrücke ·
Heumarkt · Hohe Pforte · Hohe Straße · Kardinal-
Frings-Straße · Kolpingplatz · Kolumbastraße · Komödienstraße · Konrad-Adenauer-Ufer · Leonhard-Tietz-

Straße · Machabäerstraße · Marsplatz · Martinstraße ·
Martinsviertel · Mauritiussteinweg · Neumarkt · Neven-DuMont-Straße · Nord-Süd-Fahrt · Obenmarspforten · Offenbachplatz · Rathausplatz · Rheinauhalbinsel · Rheingasse · Schildergasse · Severinsbrücke ·
Severinstraße und Severinsviertel · Ulrichgasse · Unter
Sachsenhausen · Waidmarkt · Wallrafplatz · Zeppelinstraße · Zeughausstraße

Stadtbefestigungen 206
Römische Stadtmauer · Mittelalterliche Stadtbefestigungen · Preußische Befestigungen im 19. Jh. · Bunkerbauten des Dritten Reichs

Neustadt 212

Sakralbauten 214
St. Agnes · Neu-St. Alban · Auferstehungskirche ·
Christuskirche · St. Gertrud · Herz Jesu-Kirche ·
Lutherkirche · Maria Hilf-Kirche · St. Maternus ·
St. Michael · St. Paul · Synagoge

Profanbauten 226
Claudiusstraße · Friesenplatz · Habsburgerring · Han-
saring · Hohenzollernring · Innere Kanalstraße ·
Kaiser-Wilhelm-Ring · Mediapark · Melchiorstraße ·
Reichenspergerplatz · Riehler Straße / Elsa-Bränd-
strömstraße · Sachsenring · Stadtgarten · Theodor-
Heuss-Ring · Ubierring · Universitätsstraße · Worringer
Straße · Zugweg

Vororte

Bayenthal 235
Bickendorf 235
Blumenberg 237
Braunsfeld 237
Buchforst 241
Deutz 242
Ehrenfeld 248

Inhalt   7

Kalk   251
Lindenthal   251
Marienburg   254
Meschenich   258
Mülheim.   258
Müngersdorf   261
Nippes.   262
Porz   263
Porz-Wahn   263
Raderberg   264
Rheinkassel   264
Riehl.   265
Roggendorf-Thenhoven   268
Sülz   268
Weiden   270

Museen in Köln   271

Agfa Photo-Historama · Archäologische Zone · Arto-
thek · Deutsches Sport & Olympia Museum · Duftmuseum · Geomuseum der Universität · Haus und Museum
Jüdischer Kultur · Käthe Kollwitz-Museum · Kölner
Karnevalsmuseum · Kölnischer Kunstverein · Kölnisches
Stadtmuseum · Kolumba – Das Kunstmuseum des Erzbistums Köln · Museum für angewandte Kunst · Museum Ludwig · Museum für Ostasiatische Kunst ·
Museum Schnütgen · NS-Dokumentationszentrum ·
Photographische Sammlung / SK Kultur · Rautenstrauch-Joest-Museum – Kulturen der Welt · Römisch-
Germanisches Museum · Schokoladenmuseum · Skulptu-
renpark Köln · Theatermuseum · Wallraf

Ausflugziele in der Kölner Umgebung   281

Bensberg   281
Brühl   282

Anhang

Karte Köln-Übersicht 284

Weiterführende Informationen 285
  Literatur · Internetseiten

Nachweis der Karten und Abbildungen 287

Objektregister 288

Personenregister 296

Zur Autorin 304

»Coellen, des Rheines stolze Königin« –

so heißt es in einem mittelalterlichen Lobgedicht auf diese Stadt und »Köln am Rhein« – das ist immer noch ein Name, der einen wunderbaren Klang hat! Man muss aber wissen, dass es diese Stadt mindestens zweimal gibt: erstens für die Kölnerinnen und Kölner sowie zweitens für Auswärtige. Es scheint, als ob dieser Unterschied in kaum einer anderen Stadt so gravierend wäre wie hier. Für die Erstgenannten ist es die Stadt schlechthin, an der sie mit einer solchen Liebe hängen, dass jede Kritik, vor allem von Auswärtigen, nahezu als Zumutung empfunden und zurückgewiesen wird – auch wenn intern augenzwinkernd die Richtigkeit bestätigt wird. Den Auswärtigen dagegen erschließt sich die Stadt meist nicht spontan, denn Köln

Ansicht der Stadt Köln 1531. Holzschnitt von Anton Woensam (Mittelteil)

hatte nie den Charme einer Residenzstadt, sondern immer die geschäftige Deftigkeit der Bürger- und Handelsstadt. Deren unerschütterliches Selbstbewusstsein gründet aber in seiner mehr als 2000-jährigen Geschichte und in der Erkenntnis, dass nur überlebt, wer sich den wechselnden Gegebenheiten möglichst anpasst. In Köln nennt man das auch Toleranz.

Über die Gründung von Köln als **römische Siedlung** gibt es unter den Archäologen wechselnde Ansichten. Es ist steter Diskussionspunkt, ob der römische Feldherr Agrippa als Statthalter von Gallien schon 38 v. Chr. hier Spuren hinterließ oder erst 19 v. Chr. germanische Ubier aus dem Rechtsrheinischen hier ansiedelte, nachdem Cäsar die linksrheinisch lebenden Eburonen »mit Stumpf und Stiel ausrottete«, wie er über diesen Völkermord in seinem allseits bekannten Kriegsbericht *De bello gallico* stolz berichtete. Zur Zeit ist mit dem Ubiermonument (→ Stadtbefestigungen) der älteste Rest einer römischen Befestigung um 5 n. Chr. erhalten und Tacitus erwähnt in seinen Annalen beim Bericht über die Varusschlacht (9 n. Chr.) den bis heute nicht definitiv lokalisierten Altar der Ubier (Ara Ubiorum) (→ Schildergasse). Von entscheidender Bedeutung ist aber, dass hier, in der Stadt der Ubier (Oppidum Ubiorum), am 6. November 15 n. Chr. Agrippina die Jüngere geboren wurde, die als Ehefrau von Kaiser Claudius 50 n. Chr. ihre Geburtsstadt in den Rang einer römischen Stadt (Colonia Claudia Ara Agrippinensium, abgekürzt CCAA) erheben ließ. Kaiserin Agrippina war überaus lebenszugewandt und selbstbewusst. Manche finden es anstößig, dass sie auch als Frau die nicht allzu humanen Sitten des römischen Kaiserhauses praktizierte und vor Dolch und Intrige nicht zurückschreckte. Bis ins Mittelalter wurde mit der gebräuchlichen Kurzform »Agrippina« der Name der Stadtgründerin wachgehalten, erst danach bürgerte sich »Colonia« ein, das über »Coellen« und »Coeln« schließlich zu »Köln« wurde.

»Coellen, des Rheines stolze Königin«

Die durch Agrippina betriebene **Stadterhebung** im Jahr 50 n. Chr. schuf die entscheidende städtebauliche Grundlage von Köln, dessen gesamte weitere Entwicklung hier ihren Ausgangspunkt nahm. Dazu gehörte die Anlage öffentlicher Bauten nach dem Vorbild von Rom und die Errichtung einer massiven Stadtmauer (→ Stadtbefestigungen). Das römische Köln hatte eine Ausdehnung von etwa einem Quadratkilometer. Es war ein Viereck, das im Süden durch die topographische Gegebenheit des (Duffes-)Baches eine unregelmäßig geschwungene, natürliche Begrenzung erfuhr. Die innere Aufteilung mit ihrem regelmäßigen Straßennetz entsprach dem Charakter römischer Stadtanlagen, deren Bebauung in den so gebildeten viereckigen Wohnblöcken (»Insulae«) organisiert war. Am Schnittpunkt der beiden in Stadttoren endenden Hauptstraßen, dem in Nord-Süd-Richtung angelegten cardo maximus (heute u. a. die Hohestraße) und dem in Ost-West-Richtung führenden decumanus maximus (heute u. a. die Schildergasse), befand sich das Forum als wichtigster Versammlungsplatz der Bürgerschaft. Weiter östlich, zum etwas tiefer gelegenen Rhein hin, waren auf der erhöhten Kante der Uferterrasse wichtige Staatsbauten angeordnet, die ihre Schauseite zum Fluss ausgerichtet hatten: Im Süden der Kapitolstempel, weiter nördlich davon u. a. der Marstempel und vor allem das Prätorium, der Verwaltungssitz der römischen Provinz Niedergermanien. Auf der Rhein-Insel vor der Stadt, die dann allmählich durch Zuschütten des Rheinarmes ans Festland angebunden wurde, befanden sich u. a. die Hafenanlagen mit Lagerhallen. Südwestlich des Forums erstreckte sich der riesige Bezirk der Thermen. Eine Brücke ist seit konstantinischer Zeit, d. h. seit Beginn des 4. nachchristlichen Jh. schriftlich und durch Pfahlfunde belegt. Sie führte über den Rhein zum Kastell Divitia (später: Deutz). Direkt vor den Toren befanden sich u. a. Handwerksbetriebe und sonstige Versorgungseinrichtungen der Stadt, weiter außerhalb an den

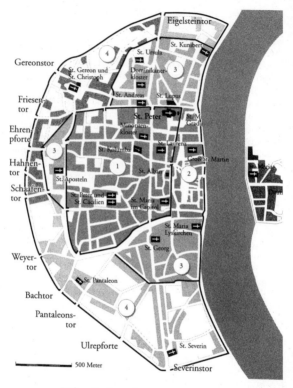

Kölner Stadterweiterungen im Mittelalter
(Zeichnung nach Carl Dietmar und Werner Jung)

1 Römerstadt
2 Erweiterungen vor 956
3 Erweiterungen 1106
4 Erweiterungen 1180

»Coellen, des Rheines stolze Königin« 13

Ausfallstraßen lagen die Begräbnisstätten. Sie waren für die spätere Entwicklung von Köln von unermesslichem Wert, da die Gebeine der dort Bestatteten im christlichen Mittelalter zum überwiegenden Teil den Status von Reliquien erhielten und den Ausgangspunkt für die in Köln so beliebten Legenden von Märtyrerinnen in Elftausenderzahlen (St. Ursula) und Märtyrern in Legionenstärke (St. Gereon) bildeten.

Dieses Gerüst der **römischen Stadtanlage** hat seine Bedeutung durch die wechselnden Geschicke der Jahrhunderte unverändert bis heute bewahrt. Die beiden Haupt-(Geschäfts-)Straßen von Köln sind die beiden Hauptstraßen der römischen Stadt: Hohestraße und Schildergasse. Weitere fast unverändert tradierte Straßenzüge lassen sich im Stadtgrundriss ebenso ablesen wie der Verlauf der römischen Stadtmauer. Von den genannten Standorten der öffentlichen römischen Bauten haben sich bis heute das Prätorium als Bauplatz des Rathauses, der Kapitolstempel als Ort der besonders wichtigen Kirche St. Maria im Kapitol, ein Teil der Lagerhallen als zentrale Kirche Groß-St. Martin, die Thermen mit St. Cäcilien und St. Peter, eine Polizeistation unter St. Georg oder das einst vielbesuchte Forum als Konsummeile v. a. der Schildergasse tradiert.

Die Zeit der **fränkischen Herrschaft** ist nur in geringem Maße fassbar. Dies liegt zum einen am Übergewicht der schriftlichen Überlieferung durch die Römer, die als Gegner und schließlich Unterlegene der Franken verständlicherweise nicht allzu gut auf diese »Barbaren« zu sprechen waren. Diese Geschichtssicht wirkt bis in unsere Tage fort, denn der Stolz der Kölnerinnen und Kölner auf ihre Abkunft von Ubiern und Römern ist allemal größer als auf jene von den Franken. Nicht zuletzt aus diesem Grund sind auch die Ausgrabungsfunde der nachrömischen Schichten oft nicht ernst genug genommen worden. Zum anderen aber hatten die Franken mit ihren Holzbauten keineswegs so massive und spurenträchtige Konstruktionen wie die Römer, deren Bauten sie vielfach weiternutzten. Die Franken sind kein eigener germanischer Stamm, sondern eine von den römischen Chronisten seit Mitte des 3. Jh. gebrauchte Sammelbezeichnung für jene bewaffneten Gruppen unterschiedlicher germanischer Völker, die die Römer immer wieder angriffen und in Schwierigkeiten brachten. Ab der Mitte des 4. Jh. bedrängten sie Köln, bis schließlich im Jahre 455 die endgültige Eroberung der Stadt erfolgte und Köln zur Hauptstadt der ripuarischen Franken wurde. Kurz danach, im Jahre 476, endete mit der Absetzung des letzten römischen Kaisers Romulus Augustulus das (West-)Römische Reich. Der Merowinger Chlodwig, König der rivalisierenden salischen Franken, erreichte zu Beginn des 6. Jh. durch militärische Siege und kaltblütig ausgeführte Morde, u. a. an den in Köln residierenden Königen der ripuarischen Franken, eine »Einigung« seines Reiches. Dieses umfasste nun einen großen Teil des ehemaligen römischen Gallien. Mit Chlodwig begann auch die systematische Christianisierung. Nach seinem Tod (511) teilten die vier Söhne das Gebiet wieder auf, Köln kam dabei zum ostfränkischen Reich und war zeitweise königliche Residenz. Dieser Tatsache wird die kostbarste bekannte Bestattung aus der Mitte des 6. Jh. zugeschrieben: zwei Gräber mit fürstlichen Beigaben, die in der Domschatzkammer ausgestellt sind. Es wird davon ausgegangen, dass die junge Frau und der Knabe dem merowingischen Königshaus angehörten. Über ihren eventuell gewaltsamen Tod wurden natürlich viele Spekulationen angestellt, denn die Umgangsformen beim merowingischen Adel waren seit Chlodwigs Zeiten keineswegs humaner geworden. Mit diesen Gräbern, die unberührt unter dem Domchor lagen, treffen wir auf die früheste bekannte Bestattung innerhalb der Stadt, denn die römischen Friedhöfe lagen streng getrennt von den Wohnbereichen außerhalb der Stadtmauern. Dies änderte sich mit der Christianisierung, die den Wunsch nach einer möglichst großen Nähe zu den Heiligen und den Kirchen auch im Tode nahelegte, um bei der verheißenen Auferstehung eine bessere Ausgangslage zu haben. Eineinhalb Jahrtausende blieb dies so, bis es erst während der französischen Besetzung (1794–1814) wieder zu einem Beerdigungsverbot innerhalb der Stadt kam.

Über die **Anfänge des Christentums** in Köln gibt es vor dem Beginn des 4. Jh. keine genauen Nachrichten. Gerne möchte man Erwähnungen in Gallien dahingehend interpretieren, dass es schon im 2. Jh. neben der Verehrung der klassischen römischen Götter und den zahlreichen anderen Kulten (u. a. des Mithras oder der Matronen) in Köln auch Christen gab. Tatsächlich aber ist erst im selben Jahr, in dem Kaiser Konstantin mit dem Mailänder Edikt die Duldung des Christentums gestattete, auch die erste konkrete Erwähnung für Köln verbürgt: Bischof Maternus wird in den Akten der Synoden von Rom (313) und Arles (314) als Bischof von Köln erwähnt (zur Legende → St. Maria Lyskirchen). Ein kleiner christlicher Versammlungsraum (»conventiculum ritus christiani«), vermutlich in der Nähe des Prätoriums, wird erstmals in dem Bericht über die Ermordung des Feldherrn Silvanus, der sich in Köln zum Kaiser hatte ausrufen lassen, im Jahr 355 schriftlich erwähnt. Welche Kirche damit gemeint war, ist völlig offen: Vielleicht der Vorgängerbau der nach der Säkularisation von 1802 abgerissenen Kirche St. Laurenz oder die erste Domkirche, die man gerne an derselben Stelle sehen möchte, wo sich der Dom erhebt. Tatsächlich aber lassen die archäologischen Befunde hier erst in der 2. Hälfte des 6. Jh. einen Kirchenbau sicher erkennen. Auch die Gründungsgeschichten der anderen Kölner Kirchen, die gerne möglichst früh in fränkische Zeit gelegt werden, müssen durchaus mit Vorsicht betrachtet werden, auch wenn sie ihren Beginn zum Teil in römischen Staatsbauten, wie (Groß-)St. Martin in einer Lagerhalle, St. Georg in einer Wachstation beim Südtor, St. Maria im Kapitol im

Kapitolstempel oder St. Pantaleon in einer vorstädtischen Anlage nahmen. Andere Kirchen hatten ihren Ausgangspunkt auf den römischen Gräberfeldern, wo das Andenken von Märtyrern (St. Ursula, St. Gereon) oder das Grab von Heiligen (St. Severin) entsprechende Verehrung erfuhr. Und natürlich spielt in Köln allzeit die **Legende** eine bedeutende Rolle. Sie stellt z. B. die Verbindung her zum wichtigen fränkischen hl. Martin, der als Bischof von Tours zwischen 397 und 401 starb: Dem Kölner Bischof Severin wurde dieses Ereignis durch den Gesang der Engel vermittelt. Noch heute erinnert die Kölner Straße »Im Martinsfeld« an diese frühe Form der Telepathie, und die »Engelskapelle« an der Kartäuserkirche bestimmt den genauen Ort des empfangenen Engelsgesanges. Im übrigen ist davon auszugehen, dass sich die Zahl der Einwohner nach der fränkischen Eroberung deutlich verminderte. Dies bedeutete auch, dass große Teile der römischen Stadtanlage nicht mehr bewohnt waren. Durch die Aufgabe ganzer Wohnblocks, v. a. im Westen, ergab sich in späterer Zeit die Anlage eines so großen Platzes wie des Neumarkts.

Im 8. Jh. vollzog sich der »Regierungswechsel« der fränkischen Könige vom Geschlecht der Merowinger zu dem der **Karolinger**, die bereits über einen längeren Zeitraum als Hausmeier, d. h. als oberste Verwaltungsbeamte und Heerführer, die Geschicke des Frankenreiches bestimmt hatten und dabei auch immer wieder in Köln anzutreffen waren, wie es bei St. Maria im Kapitol deutlich ist. Karl dem Großen, der 800 vom Papst in Rom zum Kaiser gekrönt wurde, verdankt Köln die Erhebung zum Erzbistum, die zwischen 795 und 800 erfolgte und damit einen engen Vertrauten und politischen Berater Karls beförderte: Hildebold, der vor 787 den Kölner Bischofsstuhl bestiegen hatte und bis 818 amtierte. Das Ende der Frankenzeit wurde in Köln durch den **Normannensturm** eingeleitet. Dieser aus Skandinavien vordringende Germa-

» *Coellen, des Rheines stolze Königin* «   17

nenstamm hatte seit dem frühen 9. Jh. das Frankenreich mit periodischen Plünderungen heimgesucht und machte wiederholt auf schnellen Schiffen auch »Ausflüge« den Rhein aufwärts. Die in Brandspuren nachweisbare Zerstörung und Brandschatzung von Köln im Winter 881/882 markiert einen vermutlich stärkeren Einschnitt als die Besetzung durch die Franken im 5. Jh. Während diese die Stadt erobert hatten, um hierzubleiben und sich in den vorhandenen Bauten einzurichten, verließen die Normannen mit reicher Beute Köln, das sie rücksichtslos zerstörten. Nur wenige Bauten, wie z. B. der Dom, St. Gereon und St. Severin waren glimpflich davongekommen.

Das 10. bis 15. Jh. ist Kölns Blütezeit. Die Stadt entwickelte sich nun zu jener mittelalterlichen Metropole, die sie zum damals größten und wichtigsten Gemeinwesen nördlich der Alpen machte und den bleibenden Klang des Begriffes Köln begründete. Diese Vormachtstellung auf wirtschaftlichem und kulturellem Gebiet hatte ihren Ursprung in der bereits mit Hildebold begonnenen politischen Bedeutung des Kölner Erzbischofs, die dann unter den **sächsisch-ottonischen Königen und Kaisern** praktisch institutionalisiert wurde. Durch diese Verbindung von geistlicher und weltlicher Herrschaft bei gleichzeitiger Oberhoheit über die Stadt Köln ergab sich die reichlich genutzte Möglichkeit, Privilegien und Vorteile zu erlangen, die die wirtschaftliche Macht von Köln begründeten. Ein wesentlicher Faktor dabei waren die »himmlischen Heerscharen«, die systematisch zur höheren Ehre Gottes und der Stadt Köln eingesetzt wurden. Dieser ständig vermehrte **Reliquienschatz** von Heiligen war das Kölner Hauptkapital. Seine Steigerung geschah durch zahllose Schenkungen: von den Petrusreliquien für den Dom (in der Domschatzkammer: Bischofsstab und Kettenglieder) durch Erzbischof Bruno, den Bruder Kaiser Ottos d. Gr., über die Reliquien des hl. Albinus durch Kaiserin Theophanu in St. Pantaleon bis zum Höhepunkt der »Übertragung« der Gebeine der Hll. Drei Könige durch Erzbischof Rainald von Dassel in den Dom. Zusätzlich gab es die innerstädtische Reliquienvermehrung durch Heiligsprechung der eigenen Bischöfe, wie z. B. St. Severin, St. Kunibert oder St. Heribert, deren Gebeine dann in kostbaren Schreinen zur Ehre der Altäre erhoben wurden. Vor allem aber war der Kölner Boden mit seinen umfangreichen römischen Friedhöfen und Bestattungen ein schier unerschöpfliches Reservoir an Gebeinen, deren heiligmäßige Verehrung durch die entsprechenden Legenden und Interpretationen sichergestellt werden konnte. Dabei ist zweifellos viel von tatsächlich auch hier erlittenen Martyrien während der frühen Christenverfolgungen in diese Märtyrerlegenden eingeflossen. Die Möglichkeit aber, Märtyrer einer ganzen Thebäischen Legion in St. Gereon oder eines Gefolges von 11 000 Jungfrauen mit etwa ebenso vielen männlichen Beschützern in St. Ursula zu haben, war vermutlich nur in Köln gegeben, weil die Realien und zusätzlich die geistliche und weltliche Macht und Deutungshoheit vorhanden waren, diese entsprechend zu interpretieren. Köln wurde dadurch eines der wichtigsten Zentren der abendländischen Wallfahrt. Scharen von Pilgern kamen zu den heiligen Stätten mit den unermesslichen Reliquienschätzen und mehrten damit auch die Wirtschaftskraft der Stadt, deren »Tourismusbilanz boomte«. Da der Verkauf von Reliquien offiziell untersagt war, entwickelte sich in Köln als Handelsware eine hochqualifizierte **Goldschmiedekunst**, die die begehrten Reliquienbehälter natürlich mit Inhalt vertrieb. Es war dieses ausgesprochene Handelsgeschick – die Anpassung an spezielle Möglichkeiten von Vertriebsformen – und insgesamt jene mit leichter Hand geübte Verbindung von Gott und Geld, die die Grundlage der Kölner Machtposition ausmachten. Ein entscheidender Faktor war dabei das architektonische Erscheinungsbild der Stadt, das in all diesen Jahrhunderten intensiv gepflegt und gesteigert wurde. Die seit der Rö-

»Coellen, des Rheines stolze Königin« 19

merzeit dominante **Ausrichtung zum Rhein** wurde in
der 1. Hälfte des 10. Jh. durch die **erste Stadterweiterung**
in das Gebiet der ehemaligen Rheininsel noch betont und
auch weiterhin gesteigert, was nicht zuletzt damit zusam-
menhängt, dass dieser größte mitteleuropäische Fluss die
Hauptverkehrs- und Handelsstraße war und geblieben ist.
Das einzigartige Erscheinungsbild von Köln mit seinen
zahlreichen Kirchen, der respektheischenden türmebewehrten Stadtmauer, den beeindruckenden Lagerhäusern und
den imponierenden Wohn- und Geschäftshäusern wurde
seit dem Spätmittelalter in zahllosen Stadtansichten vom
Rhein aus festgehalten. Diese Bilder vermitteln auch heute
noch den großartigen Eindruck, den die Stadt auf Handels-
partner und Pilger machte, die sich ihr in den meisten Fällen von dem großen Fluss her näherten.

    Kaiser Heinrich II., der von 1002 bis 1024 regierte und
sich baulich nicht in Köln, sondern in Bamberg engagierte, hatte 1021 auf den Kölner erzbischöflichen Stuhl
seinen Vertrauten **Pilgrim** gesetzt, der die Stadt bis 1036
regierte und St. Aposteln als seine Grabeskirche stiftete.
Dieser Erzbischof verschaffte Köln mit seiner pragmati-
schen Einstellung zur problematisierten Ehe von Hein-
richs Nachfolger, dem Salier Konrad II., mit Gisela, große
Vorteile. Der Erzbischof von Mainz, seit der Krönung Ottos I. in der Aachener Pfalzkapelle zuständig für die Krö-
nungen der deutschen Könige, hielt diese Ehe wegen zu
naher Verwandtschaft als kanonisch anfechtbar und wei-
gerte sich, Gisela zur deutschen Königin zu krönen. Da
erkannte der Kölner Erzbischof Pilgrim seine Chance,
übersah die genannten Probleme großzügig und krönte
Gisela umgehend zur deutschen Königin. Dieser Zugriff
sicherte in der Folge den Kölner Erzbischöfen das Krö-
nungsrecht und damit die politische Vorrangstellung unter
den deutschen Bischöfen, was die Position der Stadt in jeder Hinsicht stärkte. Im Reich hatten zwar die **Salier** mit
Konrad II. (1024–39) die Ottonen in der Herrschaft abge-

löst, in Köln dagegen waren diese mit einer wichtigen Seitenlinie noch sehr präsent. Der Nachfolger Pilgrims, Erzbischof Herimann II. (1036–56) aus dem Geschlecht der Ezzonen, war über seine Mutter Mathilde ein Enkel Kaiser Ottos II. und der Kaiserin Theophanu. Seine zahlreichen Schwestern, die fast alle Äbtissinnen wurden, zählen zu den wichtigsten Kirchengründerinnen des 11. Jh. Für Köln ist dabei ganz besonders Äbtissin Ida von Bedeutung, die in engem Zusammenwirken mit ihrem erzbischöflichen Bruder mit dem Bau der Kirche St. Maria im Kapitol eine der wichtigsten Architekturschöpfungen initiierte. Nachfolger Herimanns auf dem Kölner Bischofsstuhl war **Erzbischof Anno II.** (1056–75), der u. a. den Neubau von St. Georg sowie Umbauten an St. Gereon und Groß-St. Martin veranlasste. Er ließ sich aber nicht in einer seiner Kölner Kirchen zur letzten Ruhe betten, denn hier war es nämlich 1074 (→ Dom) zu einem Aufstand der Bürgerschaft gegen seine willkürliche Beschlagnahmung eines Handelsschiffes gekommen, in dessen Verlauf sich Anno an den Kölnern blutig rächte. Als er 1075 starb, führten seine Anhänger den toten Erzbischof in einer Prozession acht Tage lang durch die gesamte Stadt und bahrten ihn in den wichtigsten Kirchen auf: im Dom, in Groß-St. Martin, St. Maria im Kapitol, St. Cäcilien, St. Georg, St. Severin, St. Pantaleon, St. Aposteln, St. Gereon, St. Andreas, St. Ursula, St. Kunibert, St. Maria ad gradus (1817 abgebrochen), nochmals im Dom, dann in (Alt-)St. Heribert in Deutz, von wo aus er zur letzten Ruhe nach St. Michael in Siegburg gebracht wurde. Der spektakuläre Leichenzug Annos von 1075 galt seinen Gegnern als eine unerträgliche Demonstration der weltlichen Macht des Erzbischofs. Für seine Anhänger dagegen war er beinahe eine Reliquienprozession, die dem geistigen Schutz der Stadt Köln dienen und die Heiligsprechung Annos, die 1183 erfolgte, vorbereiten sollte. Beides aber wies in die unmittelbare Zukunft, die ebenso geprägt ist vom Unab-

»Coellen, des Rheines stolze Königin«

hängigkeitsstreben der Kölner Bürgerschaft wie von der sich steigernden Reliquienbegeisterung.

Der Aufstand der Kölner Bürgerschaft gegen Erzbischof Anno II. im Jahr 1074 war mehr als eine spontane Unmutsbekundung über ein unangemessenes Feudalverhalten des Stadtherrn. Er markiert den Beginn der zweihundert Jahre währenden Auseinandersetzungen der Kölner gegen das erzbischöfliche Regiment, das schließlich mit der **Schlacht von Worringen im Jahre 1288** erfolgreich abgeschüttelt werden konnte. Dabei verstand es die Kölner Bürgerschaft geschickt, sich die großen politischen Auseinandersetzungen im Reich zunutze zu machen, um das eigene Gemeinwesen zu befördern. Sichtbarstes Kennzeichen war zunächst die 1106 mit Genehmigung von Kaiser Heinrich IV. erfolgte **zweite Erweiterung der Stadt**, indem jeweils halbkreisförmig nach Norden, Westen und Süden größere bereits weitgehend besiedelte Flächen durch Befestigungsanlagen gesichert wurden. Damit waren vor allem die bedeutenden Stifte St. Aposteln, St. Georg, St. Andreas, St. Ursula und St. Kunibert in den schützenden Stadtbereich einbezogen. Einen besonderen Höhepunkt der Stadtgeschichte brachte das Jahr 1164 mit der Übertragung der **Gebeine der Hll. Drei Könige** aus Mailand, woher Erzbischof Rainald von Dassel diese besonderen Höhepunkte christlicher Verehrung als Kriegsbeute in seine Bischofskirche holte. Die hochverehrten und als Mittelpunkt der Kölner Reliquienwallfahrt besuchten Gebeine der Hll. Drei Könige wurden in den größten und kostbarsten Reliquienschrein gebettet. Es entsprach dem mittelalterlichen Selbstverständnis, dass eine Stadt, die von so vielen Heiligen geschützt wurde, auch eine besondere Sicherheit besaß und dementsprechend wirtschaftlichen Reichtum erwerben konnte.

»Das große Jahrhundert Kölnischer Kirchenbaukunst«, wie Werner Meyer-Barkhausen die Phase der **Spätromanik der Stauferzeit** so treffend bezeichnete, brachte in der

Zeit von 1150 bis 1250 die umfangreichen Neu-, Um- und Erweiterungsbauten praktisch aller Stifts- und Klosterkirchen mit sich (u. a. Groß-St. Martin, St. Pantaleon, St. Cäcilien, St. Aposteln, St. Gereon, St. Georg, St. Maria Lyskirchen, St. Andreas, St. Maria im Kapitol, St. Kunibert). Zu der großen Fülle sakraler Bauten, die trotz späterer Veränderungen erfreulicherweise erhalten sind, gehörte ursprünglich eine ebensolche Fülle bedeutender Profanbauten, von denen nur wenige erhalten sind. Von einem ersten Rathausbau wissen wir aus der 1. Hälfte des 12. Jh. Dem öffentlichen Sakral- und Profanbau entsprach auch das Wohn- und Repräsentationsbedürfnis der reichen Kölner Handelsfamilien. Von den einst zahlreichen romanischen Privatbauten ist nur das Overstolzenhaus in der Rheingasse als das »reichste Beispiel bürgerlichen romanischen Profanbaus in Deutschland« (Hans Vogts) erhalten. Das größte Bauunternehmen des 12./13. Jh. im Profanbereich aber war die Errichtung der neuen Stadtmauer (→ Stadtbefestigungen), die ab 1180 Kölns **dritte Stadterweiterung** in einem großen etwa sieben Kilometer langen Halbrund umschloss und so auch die reichen Stifte St. Severin und St. Gereon und vor allem die Benediktiner-Abtei St. Pantaleon einbezog. Köln war damit zur flächenmäßig größten Stadt des deutschen Mittelalters geworden, die allerdings innerhalb ihrer Mauern umfangreiche landwirtschaftlich genutzte Flächen v. a. der großen Stifte und Klöster besaß.

Mit der Grundsteinlegung für den Neubau des Domes am 15. August 1248 übernahm Köln die französische Kathedral-**Gotik** in ihrer reifsten und spätesten Form, die 1322 zwar zur Vollendung des Chores und seiner Weihe führte, dann aber in den nächsten beiden Jahrhunderten die Fertigstellung des Riesenbaus nicht mehr schaffte und schließlich nach 1528 den Weiterbau zunächst einstellte. Die gotische Kathedrale war zur Zeit ihres Entwurfs und der ersten Bauphase in Köln keineswegs so isoliert, wie es

»Coellen, des Rheines stolze Königin«

heute erscheinen mag, wo als stilistische Ergänzungen nur die schlichteren Klosterkirchen der Minoriten, Antoniter, Kartäuser oder die Chorneubauten von St. Ursula und St. Andreas erhalten sind. Jene Fülle von Pfarrkirchen (vgl. St. Peter), die durch die Säkularisation im 19. Jh. ebenso verschwunden sind wie zahlreiche weitere Klosterkirchen, Privatkirchen und Kapellen, prägten mit ihren gotischen Formen die Stadt ganz wesentlich. Von den **gotischen Profanbauten** hat sich lediglich der Hansasaal und der Turm des Rathauses, der Gürzenich an der Martinstraße und ein vereinzelt rekonstruiertes gotisches Wohnhaus wie das Haus Saaleck in der Straße Am Hof erhalten. Die Stadtansicht von Anton Woensam zeigt 1531 diese einstige Pracht der bedeutendsten Stadt des deutschen Mittelalters mit ihrem Reichtum vor allem gotisch überhöhter Kirchtürme, erkergeschmückter Häuser mit Zinnenkränzen oder Treppengiebeln und schlichteren Fachwerkbauten. Gleichzeitig ist Köln seit dem frühen Mittelalter ein Hort der Geisteswissenschaften. 1388 wurde hier die erste bürgerliche Universität gegründet. Die Kölner Malerei erlebte insbesondere im 14. und 15. Jh. einen Höhepunkt, von dem man sich v. a. im Dom und im Wallraf-Richartz-Museum ein Bild machen kann.

Das Zeitalter von **Renaissance und Barock** erlebt Köln ziemlich ruhig und in seinem dicken Mauerkranz gesichert – ganz im Gegenteil zu anderen Städten, die die Religionswirren und vor allem der Dreißigjährige Krieg verwüsteten. Der von Anbeginn geübte kölnische Realitätssinn ermöglichte es, während dieses schrecklichen Krieges alle Parteien mit Waffen und Verpflegung zu beliefern und so für die eigenen Handelsgüter weiterhin mit sicheren Transportwegen rechnen zu können. Gleichzeitig aber war das 17./18. Jh. in Köln eine Zeit der wirtschaftlichen Stagnation, als deren Folge auch das Erlahmen der künstlerischen Innovationsfähigkeit anzusehen ist. Die Gründe für diesen Niedergang sind unterschiedlicher Natur. Zum einen verlagerte sich der Schwerpunkt des Welthandels vom Binnenland auf die Weltmeere und führte so eher zum Aufblühen der Küstenstädte. Zum anderen fehlte wegen der Vertreibung des Erzbischofs gerade in diesen Zeiten der prunkfreudige Residenzbetrieb eines Fürsten, der die Baulust und damit verbunden die künstlerische Entfaltung gefördert hätte. Nicht zuletzt aber machte sich in der Handelsbilanz die langfristige Ausweisung der Juden genauso negativ bemerkbar wie die Abwehr der Reformation und der damit verbundene Auszug der Protestanten, die einen nicht unwesentlichen Teil der besonders aktiven Bevölkerung darstellten. Reformation und Gegenreformation waren auch in Köln nicht nur ein theologisches Thema, sondern weitgehend ein politisches. Für Köln hatte dabei das gute Verhältnis zum deutschen Kaiser oberste Priorität, denn nur er sicherte der Stadt ihren Freiraum als Freie Reichsstadt. Köln blieb in dieser Zeit fast ohne große Neubauvorhaben, was den Erhalt der zahlreichen mittelalterlichen Bauten mit sich brachte, die jeweils neu ausgestattet wurden. Wegen späterer Geringschätzung v. a. der Barockzeit blieb von diesen Ausstattungen aber nicht viel erhalten. Genannt seien der prachtvolle Renaissance-Lettner in St. Maria im Kapitol und die vergleichbare Vorhalle beim Rathaus, die barocke Chorausstattung in St. Pantaleon oder das berühmte Altarbild von Peter Paul Rubens in St. Peter. Es war allein der neue Orden der **Jesuiten**, der im 17. Jh. mit St. Mariä Himmelfahrt einen größeren Neubau errichtete, der aber weitgehend im mittelalterlichen Formenkanon blieb. Nur die kleine Karmelitinnenkirche St. Maria vom Frieden brachte mit ihrer Fassade einen Hauch römischen Barocks und die Ursulinenkirche etwas venezianischen Einfluss in jeweils abgelegene Winkel der Stadt, während z. B. die Elendskirche oder St. Maria in der Kupfergasse den schlichten Barocktyp niederländischer Prägung vertreten. Diese ist auch beim Zeughaus zu spüren und war bei vielen Wohn-

»Coellen, des Rheines stolze Königin« 25

häusern zu erkennen, von denen nur noch vereinzelte Beispiele am Alter Markt, am Heumarkt oder in der Severinstraße erhalten sind. Aus dem 18. Jh. kennt Köln heute
nur noch die beiden Äbtissinnenhäuser von St. Maria im
Kapitol und St. Ursula sowie das Klostergebäude am
Mauritiussteinweg. Erst die Eingemeindung des 20. Jh.
brachte u. a. mit Schloss Arff in Roggendorf-Thenhoven
ein veritables kleines Barockschloss ins heutige Stadtgebiet.

Es waren die **Franzosen**, die Köln den Anschluss an die
neue Zeit vermittelten: Am 6. Oktober 1794 zogen die
französischen Revolutionstruppen in die Freie Reichsstadt, die sich kampflos ergeben hatte, was zweifellos angesichts ihrer allgemein schlechten Verfassung und des de-
solaten Zustandes der seit langem nicht mehr gepflegten
Befestigungsanlagen sehr vernünftig war. Die französische
Verwaltung der Stadt, die bis zum Januar 1814 die Geschicke von Köln lenkte, brachte wichtige und längst notwendige Reformen in Gang. Die für Städtebau und Architektur ebenso wie für das gesamte Kunstleben der Stadt bedeutendste Neuerung war dabei die Durchführung der
Säkularisation (1802 linksrheinisch und 1803 rechtsrhei-
nisch). Diese Verweltlichung des kirchlichen Besitzes, wie
sie zuvor in vergleichsweise friedlicher Form unter Kaiser
Joseph II. in Österreich und in bekannt revolutionärer
Form in Frankreich stattgefunden hatte, war in Köln besonders überfällig, denn die Hälfte des städtischen Grund
und Bodens war im Besitz der »toten Hand«, wie hier der
geistliche Besitz in sehr anschaulicher Weise bezeichnet
wurde. Für die Weiterentwicklung der Stadt war es uner-
lässlich, dass in diese vielfach seit Jahrhunderten festgefüg-
ten Verhältnisse Bewegung kam. Es ist nur zu bedauern,
dass Köln nicht zuvor aus eigener Kraft die Säkularisation
geschafft und damit die Chance wahrgenommen hatte, dies
in relativ geordneten Bahnen und ohne den ungeheuren
Substanzverlust durchzuführen. So kam mit der Besetzung

durch die Franzosen und den auferlegten Kontributionen, verbunden mit der Säkularisation, alles gleichzeitig in auflösende Bewegung, die immense Verluste verursachte. Denn Köln war durch die Tradition der Stiftungen in Kirchen und Kapellen überreich mit Kunstwerken ausgestattet. Von mehr als 150 Kirchen wurden etwa 120 abgebrochen, wovon v. a. die kleineren Klosterkirchen und die Pfarrkirchen betroffen waren, während die großen romanischen Stifts- und Klosterkirchen als Pfarrkirchen erhalten blieben. Allerdings wurden fast alle ihre Konventbauten abgebrochen, so dass heute nur noch St. Pantaleon und die Kartäuserkirche mit ihrem Umfeld etwas von der ehemaligen Struktur dieser großen mittelalterlichen Anlagen zeigen.

Die zahllosen kirchlichen Kunstwerke der Malerei und Skulptur, die aus ihren ursprünglichen Besitzverhältnissen gelöst wurden, entfachten die **Sammelleidenschaft** und führten zu den bekannt umfangreichen Kollektionen u. a. von Ferdinand Franz Wallraf oder der Brüder Boisserée, die den Grundstock der Kölner und Münchner Museen bildeten. Das **Begräbniswesen** wurde von der französischen Verwaltung durch den außerhalb der Stadt im späteren Vorort Lindenthal angelegten Friedhof Melaten 1810 radikal modernisiert. Ab diesem Zeitpunkt durfte nicht mehr auf den innerstädtischen Kirchhöfen oder in den Kirchen beerdigt werden, da dies zu verheerenden hygienischen Zuständen geführt hatte. Mit dem Wiener Kongress kam Köln zum Königreich **Preußen,** worüber zunächst keiner sehr begeistert war. Köln sollte sich nie über den Verlust der Reichsfreiheit hinwegtrösten. Preußen misstraute der uralten katholischen Metropole so sehr, dass hier weder die Neugründung der Universität erfolgte, sondern in Bonn, noch andere Verwaltungszentralen installiert wurden, die stattdessen in Koblenz und in Düsseldorf entstanden. Insgesamt aber führte die Zugehörigkeit zum Flächenstaat Preußen verbunden mit der Industria-

Dom von Osten mit Hohenzollernbrücke

lisierung und der Entwicklung moderner Verkehrsmittel (Dampfschiff, Eisenbahn) zum **wirtschaftlichen Aufschwung**, gefolgt von der allgemein im 19. Jh. zunehmenden Bevölkerungsentwicklung. Hatten in der 1. Hälfte des 19. Jh. noch die durch die Säkularisierung freigewordenen Flächen der Stifte und Klöster für die Anlage neuer Straßen und Bauten gereicht, so wurde ab 1860 die Frage der Stadterweiterung dringlich, denn Industrie- und Gewerbeansiedlungen waren zunehmend nur noch außerhalb der Stadt- und Rayongrenzen der Festungsstadt Köln möglich. Nach langwierigen Verhandlungen mit dem Militärfiskus wurde schließlich die Verlagerung der Verteidigungslinie zu den 1873–81 neugebauten Forts an der Militärringstraße möglich (→ Stadtbefestigungen). Seit 1881 erfolgte mit dem Bau der halbkreisförmig um die Altstadt gelegten **Neustadt die vierte Stadterweiterung**, der unnötigerweise und nur aus kölnischen Spekulationsgründen die großartige staufische Stadtmauer bis auf wenige Reste zum Opfer fiel. 1888 wurden mit der **fünften Stadterweiterung** die linksrheinischen Vororte bis etwa zur Gürtellinie und im Rechtsrheinischen Deutz eingemeindet. Die ungeheure Neubautätigkeit des späten 19. Jh. veränderte zu einem großen Teil das Erscheinungsbild im gesamten auf 11 111 Hektar vergrößerten Stadtgebiet.

Ab 1842 war der **Weiterbau des Domes** unter besonderer Förderung und Anteilnahme des preußischen Königs Friedrich Wilhelm IV. in Angriff genommen worden, 1880 war der gotisch-neugotische Dom endlich vollendet. Auf den ausdrücklichen Wunsch dieses Königs geht auch die Anlage der Eisenbahnbrücke in der Achse des Domes zurück, der damit im romantischen Sinne die Verbindung von Geschichte und Fortschritt versinnbildlicht und konkret veranschaulicht haben wollte. Die Lage des Hauptbahnhofes nördlich des Domes war damit zunächst ebenfalls bestimmt und später nicht mehr zu ändern – trotz mehrfacher Versuche. Als **»protestantischer Dom** wur-

»Coellen, des Rheines stolze Königin«

de 1857–60 mit Unterstützung desselben Königs die Trinitatiskirche gebaut. Zeitgleich baute Dombaumeister Ernst Friedrich Zwirner die große **Synagoge** (→ Offenbachplatz). Die erhalten gebliebenen mittelalterlichen Kirchen wurden entbarockisiert und mit aufwändigen historistischen Ausstattungen versehen.

Die stetigen **Stadterweiterungen des 20. Jh.** begannen 1910 mit der Einverleibung von Vingst und Kalk, 1914 von Mülheim und den zugehörigen Dörfern von Flittard bis Rath, 1922 des linksrheinischen Nordens bis Worringen und 1975 des linksrheinischen Westens mit Widdersdorf, Lövenich, Weiden und Junkersdorf sowie des Südens zu beiden Seiten des Rheins mit Porz und Rodenkirchen. Diese Gebietsexpansion blieb natürlich nicht ohne Auswirkung auf die Altstadt und ihre bis zum Beginn des 20. Jh. noch weitgehend mittelalterlich geprägte städtebauliche Struktur. So brachte zunächst das Jahrzehnt vor Ausbruch des Ersten Weltkrieges mit den städtebaulich gelungenen Straßendurchbrüchen von Gürzenichstraße und Zeppelinstraße für den alten Stadtkern das, was man später mit dem Begriff **»Citybildung«** bezeichnete. Zusätzlich setzten die Sonderbundausstellung von 1912, in der hier erstmals in großem Umfang Werke von van Gogh, Cézanne, Gauguin oder Munch zu sehen waren, und die große Werkbundausstellung von 1914 in Deutz ganz besondere Akzente. Die **1920er-Jahre** prägen Köln durch die großzügigen Grünplanungen, die unter dem Oberbürgermeister Konrad Adenauer ebenso erfolgen, wie der Ausbau der Kölner Messe in Deutz und die Neugründung der Universität zunächst in der Neustadt (Claudiusstraße), dann in Lindenthal. Eine gleichzeitige umfassende Bautätigkeit im genossenschaftlichen Siedlungsbau linderte nicht nur die Wohnungsnot, sondern gab die Möglichkeit, vorbildliche städtebauliche und architektonische Lösungen zu schaffen (→ Bickendorf, Buchforst), zu denen nicht zuletzt die neuen Kirchenbauten in sachlichen Formen zählen. Zusätzlich war die allgemein beginnende Diskussion um die Liturgiereform ein in die Zukunft weisendes Thema (St. Georg, St. Engelbert in Riehl). Die Purifizierung von St. Georg bestimmte außerdem das weit über Köln hinauswirkende Romanik-Bild des 20. Jh. Das **Dritte Reich** fand auch in Köln statt und schuf z. B. die aufregend moderne Markthalle in Raderthal, sanierte das Martinsviertel, kennzeichnete aber sonst die Stadt in durchgreifender Weise: Die großen Straßendurchbrüche der Ost-West-Achse (Hahnenstraße) und der Nord-Süd-Fahrt wurden nun durch die Altstadt gebrochen, nicht zuletzt mit Hilfe der Bomben des Zweiten Weltkriegs. Der **Neuaufbau der Stadt** modifizierte unter Rudolf Schwarz diese Durchbrüche, konnte sie aber nicht durchgehend entsprechend architektonisch fassen. Ausnahmen sind die Hahnenstraße, der Offenbachplatz und die Kreuzung der Nord-Süd-Fahrt zum Rotgerberbach. Grundsätzlich bemühte sich Schwarz um die Bewahrung der typisch kölnischen Kleinteiligkeit, die v. a. beim Griechenmarktviertel ein sehr gelungenes Beispiel brachte. Bedauerlich ist, dass damals generationsbedingt die Qualität der historistischen Bauten des 19. Jh. noch nicht erkannt und Wertvolles v. a. in der Neustadt geopfert wurde. Die Wiedergewinnung auch stark beschädigter älterer Baudenkmäler, v. a. der Kirchen, führte zur Bewahrung des vielfach noch mittelalterlich geprägten Grundrisses der Altstadt – trotz Neuplanungen, wie z. B. beim Gerling-Konzern am Gereonshof oder in der Domumgebung mit den Museen. Obwohl die Altstadt manche nachfolgenden Maßstabsbrüche bisher noch nicht »verkraften« konnte, wie z. B. das Vierscheibenhaus des WDR (Neven-DuMont-Straße), artikuliert sich seit einiger Zeit verstärkt das Bedürfnis der Unternehmerschaft nach größerer Bauausnutzung in der Innenstadt – gleichzeitig werden städtebauliche Missstände angeprangert, ein Widerspruch, der für Köln durchaus typisch ist. Ein großes Neubauviertel entstand mit dem **Media-**

»Coellen, des Rheines stolze Königin«

park in der Neustadt auf den frei gewordenen Flächen des einstigen Güterbahnhofes, während sich beim **Rheinauhafen** eine vergleichbare Verdichtung ohne besondere Rücksichtnahme auf die bestehenden Hafenbauten oder den mittelalterlichen Bayenturm vollzog. Auf den überregional bedeutenden Schwerpunkt im **modernen Kirchenbau** der 2. Hälfte des 20. Jh. v. a. mit Gottfried Böhm, Emil Steffann, Rudolf Schwarz, Joachim und Margot Schürmann, Hans Schilling, Heinz Bienefeld sei besonders hingewiesen.

Köln hat mehr als 2000 interessante und kunstreiche Jahre hinter sich und mindestens 2000 solche Jahre vor sich – das relativiert manches. Insbesondere aber ist festzustellen, dass hier trotz allem vielfältigste und qualitätvollste historische Spuren aus allen Epochen zu finden sind – es lohnt sich, sie zu suchen. Deshalb versteht sich dieser Städteführer als Gebrauchsanleitung zum Kennenlernen für alle – ob Einheimische oder Besuchende.

Stadtgeschichte in Daten

38 v. Chr.	Römer am Rhein.
19 v. Chr.	Ansiedlung der Ubier durch die Römer.
9 n. Chr.	Erwähnung des Altars der Ubier (»Ara Ubiorum«).
15 n. Chr.	Geburt der Agrippina.
50 n. Chr.	Kaiserin Agrippina erreicht die Erhebung ihres Geburtsortes zur Stadt (»Colonia Claudia Ara Agrippinensium« – CCAA).
313 und 314	Erstmals wird mit Bischof Maternus ein Kölner Bischof genannt.
355	Erwähnung eines christlichen Gotteshauses (»conventiculum ritus Christiani«).
455	Ende der Römerzeit durch endgültige fränkische Eroberung.
Mitte 6. Jh.	Fränkische Fürstengräber, die unter dem späteren Domchor gefunden werden.
um 690	Plektrudis, die Frau des merowingischen Hausmeiers Pippin von Heristal, gründet einen Konvent im ehemaligen Kapitolstempel (St. Maria im Kapitol) und wird dort begraben.
795/800	Erhebung zum Erzbistum durch Karl d. Gr.: Erzbischof Hildebold (reg. 787–818).
873	Weihe des Alten Domes.
881/882	Normannensturm.
1. Hälfte 10. Jh.	Erste Stadterweiterung.
953–965	Regierungszeit des Erzbischofs Bruno, gleichzeitig Kanzler seines Bruders, Kaiser Otto d. Gr. Er wird 965 in St. Pantaleon bestattet.
991	Kaiserin Theophanu, Witwe Kaiser Ottos II., wird in St. Pantaleon bestattet.

Stadtgeschichte in Daten   33

1021–36	In der Regierungszeit Erzbischof Pilgrims geht das Krönungsrecht für die deutschen Könige an die Kölner Erzbischöfe. Pilgrim wird in St. Aposteln bestattet.
1049	Kaiser Heinrich III. und Papst Leo IX. sind zur Weihe des Vierungsaltars von St. Maria im Kapitol in Köln. Seit diesem Zusammentreffen in Köln sind Kaiser und Papst von Amts wegen Mitglieder des Domkapitels.
1074	Aufstand der Kölner Bürgerschaft gegen Erzbischof Anno II. (reg. 1056–75). Anno II. gründet u. a. St. Georg.
1106	Zweite Stadterweiterung, dabei u. a. Reliquienfunde bei St. Ursula.
1. Hälfte 12. Jh.	Bau eines Bürgerhauses (»domus civium«) als Keimzelle des Rathauses.
1164	Übertragung der Gebeine der Hll. Drei Könige nach Köln in den Dom. Dreikönigenschrein des Nikolaus von Verdun 1190–1220.
1180	Dritte Stadterweiterung und Baubeginn des großen staufischen Stadtmauergürtels.
1247	Weihe von St. Kunibert, der letzten großen romanischen Kirche.
1248	Am 15. August Grundsteinlegung zum Bau des gotischen Domes.
1288	Schlacht von Worringen und damit Vertreibung des Erzbischofs als Stadtherrn.
1322	Weihe des Domchors (1528 Einstellung des Weiterbaus des Domes).
1349	Blutiger Judenpogrom.
1388	Gründung der Universität.
1424	Endgültige Ausweisung der Juden.
1531	Große Stadtansicht von Anton Woensam.
1544	Niederlassung der Jesuiten, Scheitern der

	Reformation. Die Kölner Protestanten lassen sich u. a. in Mülheim nieder, das dadurch besonders aufblüht.
1618–48	Im Dreißigjährigen Krieg treibt Köln Handel mit allen Kriegsparteien und bleibt so von Kriegsschäden verschont.
1794	Französische Revolutionstruppen besetzen die sich kampflos ergebende Stadt. Unter der französischen Besetzung u. a. Religionsfreiheit für Evangelische und Juden, Schließung der Universität.
1802/03	Aufhebung der Stifte und Klöster 1802 im Linksrheinischen, 1803 im Rechtsrheinischen.
1810	Verbot innerstädtischer Bestattungen und Anlage von Friedhof Melaten.
1815	Auf dem Wiener Kongress wird Köln mit den Rheinlanden Teil des Königreichs Preußen.
1842	Grundsteinlegung durch König Friedrich Wilhelm IV. zum Weiterbau des Domes.
1859	Erste feste Brücke als Eisenbahn- und Straßenverbindung. Sie wird auf Wunsch von König Friedrich Wilhelm IV. in die Achse des Domes gelegt, was die romantische Verbindung von Geschichte und Fortschritt unterstreicht.
1880	Vollendung des Domes.
1881	Vierte Stadterweiterung und Baubeginn der Neustadt. Unnötiger Abbruch des größten Teils der staufischen Stadtmauer.
1910–75	Kontinuierliche Ausweitung des Stadtgebietes zur heutigen Größe.
1920er-Jahre	Unter Oberbürgermeister Konrad Adenauer wird u. a. die Universität wieder gegründet, entstehen zahlreiche Wohnsiedlungen, wird die Messe gebaut und

Stadtgeschichte in Daten 35

werden der Stadt umfangreiche Grünanlagen gesichert.

1933–45 Sanierung des Martinsviertels und Planung
der großen Straßendurchbrüche durch
die Altstadt, die durch die Bomben des
Zweiten Weltkriegs besonders stark
zerstört wurde.

nach 1945 Neuaufbau u. a. nach dem Konzept
von Rudolf Schwarz, der sich um die
Verbindung steigender Verkehrsansprüche
(→ Hahnenstraße, Nord-Süd-Fahrt)
und Bewahrung Altkölner Maßstäbe
(→ Griechenmarktviertel) bemühte.
Restaurierung der beschädigten Baudenkmäler v. a. in der Altstadt und Bau
zahlreicher neuer und architektonisch
besonders interessanter Kirchen in den
Vororten.

seit den 1990er-Jahren Ausbau des Mediaparks und des
Rheinauhafens. Anhaltende Tendenz zu
höherer Bauausnutzung und damit zu
Maßstabsbrüchen.

3. März 2009 Einsturz des Historischen Archivs der Stadt
Köln im Zuge des U-Bahn-Baus (→ Waid-
markt)

Kulturkalender

Da Köln eine über Jahrhunderte kirchlich-katholisch geprägte Stadt ist, haben auch die meisten periodisch wiederkehrenden Feste hier ihren Ursprung.

24. Dezember: Weihnachten. Am Weihnachtsabend, mit dem in christlichen Kreisen das Neue Jahr beginnt, versammelt sich die Stadt auf der Domplatte, um den »Dicken Pitter«, die große, so wunderbar tief klingende Petersglocke, zu hören. Viele gehen anschließend zur Christmette in den Dom.

31. Dezember: Silvester. Auch das profane Neue Jahr wird mit dem »Dicken Pitter« eingeläutet, dann aber mit einem wahrhaft heidnischen Feuerwerk begrüßt, das Heerscharen von Menschen von den Rheinbrücken aus bewundern.

6. Januar: Hll. Drei Könige. Da die Reliquien der Hll. Drei Könige im Domchor ruhen, wird dieser Festtag in der Hohen Domkirche mit einem besonders festlichen Hochamt begangen. In die zahlreichen Weihnachtskrippen in den Kirchen der Stadt, zu deren Besuch es in der Weihnachtszeit spezielle Krippen-Wallfahrten gibt, werden an diesem Tag die Figuren der Hll. Drei Könige eingestellt.

Karneval: Dass auch dieses mit dem Namen von Köln ganz besonders verbundene Ereignis, mitunter auch als »Fünfte Jahreszeit« bezeichnet, einen kirchlichen Hintergrund hat, muss meist extra erklärt werden: Vor dem Beginn der Fastenzeit wird die Fastnacht, auf kölsch Fastelovend, noch einmal kräftig gefeiert. In Köln handelt es sich dabei gleich um mehrere »tolle Tage«, die auf der Straße gefeiert werden. Es beginnt bereits vor dem Karnevalssonntag am Donnerstag mit der »Weiberfastnacht«, wird am Karnevalssonntag mit dem Umzug der Schulen, dem »Schull- und Veedelszoch«, fortgeführt und erlebt seinen unbestrittenen Höhepunkt am Rosenmontag mit dem großen Rosenmontagszug. Der Karnevalsdienstag, die eigentliche Fastnacht, hat dann in den einzelnen Stadtteilen die v. a. für Kinder besonders geeigneten Karnevalsumzüge. Am Aschermittwoch schließlich beginnen die Schulen und in den traditionsbewussten Kölner Betrieben die Arbeit erst etwas später, damit alle in den Kirchen ihr Aschenkreuz auf die Stirne bekommen können.

Art Cologne: Im Frühjahr findet die berühmte Kunstmesse statt, die den Kunstinteressierten die neuesten Kunsttendenzen vermittelt.

Fronleichnam: Eine wunderbare Schiffsprozession, die den Rhein abwärts Richtung Mülheim führt, lockt regelmäßig Tausende an die Ufer und auf die Brücken.

Romanischer Sommer und Romanische Nacht: Ende Juni / Anfang Juli findet traditionell eine besonders qualitätvolle Konzertreihe in den Romanischen Kirchen statt, die ihren Höhepunkt in der Romanischen Nacht in St. Maria im Kapitol findet.

Kölner Lichter: Das im Juni/Juli auf dem Rhein stattfindende Riesenfeuerwerk lockt Zehntausende an beide Ufer im Stadtzentrum.

15. August: Mariä Himmelfahrt. Die an diesem Tag im Jahre 1248 erfolgte Grundsteinlegung zum gotischen Dom wird mit einem besonders festlichen Hochamt begangen.

11. November: Martinstag. Einerseits finden rund um diesen Termin bei einbrechender Dämmerung die Martinsumzüge der Kinder mit ihren selbstgebastelten Laternen statt, andrerseits wird am 11. 11. um 11:11 Uhr im Martinsviertel der Auftakt der Karnevalssaison gefeiert.

Volkstrauertag: Zum Gedenken an die Toten der Weltkriege werden an der Figur der »Trauernden« auf dem Lichhof östlich von St. Maria im Kapitol Kränze niedergelegt.

Kulturkalender

Weihnachtsmärkte: Die mittelalterlichen Plätze Domhof (= Roncalliplatz), Alter Markt und Neumarkt geben die passende und sehr beliebte Umgebung für die nach dem Totensonntag beginnenden Weihnachtsmärkte.

Rundgänge

1. Tag: **Via Culturalis.** So wird jetzt das geistliche, kulturelle und politische Herzstück von Köln genannt.
Dom mit Schatzkammer und Domumgebung, St. Andreas, Römisch-Germanisches Museum, Rathaus mit Archäologischer Zone und Jüdischem Museum, das Wallraf, Alt-St. Alban, Gürzenich, St. Maria im Kapitol, St. Georg (evtl. noch St. Johann Baptist)

2. Tag: **Via Sacra.** Dieser große Rundweg (etwa 5 km) am Rande der Kölner Altstadt gibt die Möglichkeit, Köln als mittelalterliche Großstadt lebendig nachzuvollziehen.
St. Severin, Kartäuserkirche und Kartause, St. Maria vom Frieden, St. Pantaleon, Griechenmarktviertel, St. Mauritius, St. Aposteln, St. Gereon, Kölnisches Stadtmuseum, El-De-Haus, St. Petrus Canisius, St. Maria Ablass, St. Ursula, Eigelstein, Machabäerstraße, Ursulinenkirche, St. Kunibert

3. Tag: **Am Rhein**
Rheinauhafen, St. Maria Lyskirchen, Heumarkt, Groß-St. Martin, Martinsviertel, Museum Ludwig, Hohenzollernbrücke (empfohlen wird auch der Gang darüber, um das Altstadt-Panorama von Deutz aus zu sehen)

4. Tag: **Kulturzentren**
Neumarkt, Cäcilienstraße, Rautenstrauch-Joest-Museum Kulturen der Welt, St. Cäcilien mit Museum Schnütgen, St. Peter, Offenbachplatz, Kolumba, Museum für Angewandte Kunst

5. Tag: Neustadt und Lindenthal
Mediapark mit Photographischer Sammlung,
Kaiser-Wilhelm-Ring, Gereonshof, Christus-
kirche, Stadtgarten mit Neu-St. Alban,
St. Michael, Museum für Ostasiatische Kunst,
Lindenthal

6. Tag: Ins Rechtsrheinische
Deutz, Kalk, Ausflug nach Bensberg

7. Tag: Nach Süden
Raderberg, Marienburg, Ausflug nach Brühl

Altstadt

Sakralbauten

Dom St. Peter und Maria (II E8; Domkloster 4), Bischofskirche: fünfschiffige gotisch-neugotische Basilika mit Doppelturmfassade, dreischiffigem Querhaus mit Vierungsturm und fünfschiffigem Chor mit Kapellenkranz, 1248 begonnen und nach jahrhundertelanger Bauunterbrechung erst 1880 mit Verwendung der mittelalterlichen Originalpläne vollendet.

Planung und Beginn dieses gotischen Monumentalbaus sind Folge des »Erwerbs« der **Reliquien der Hll. Drei Könige**, die Erzbischof Rainald von Dassel für seine erfolgreiche Beteiligung an der Eroberung Mailands von Kaiser Friedrich Barbarossa als Kriegsbeute erhielt und 1164 aus der Mailänder Kirche Sant'Eustorgio nach Köln überführen ließ.

Gerne wird angenommen, dass in der Nordostecke des römischen Köln seit jeher die Kirche des Bischofs war, der namentlich erstmals 313 und 314 genannt wurde: Maternus (zur Legende → St. Maria Lyskirchen). Von einem **frühchristlichen Bau** hat sich im Dionysoshof östlich des heutigen Domchors das durch ein Gitter sichtbare Taufbecken (erneuert vermutlich im 6. Jh.) von einer Taufkapelle erhalten. In der Domschatzkammer sind die reichen Grabbeigaben von zwei um 540 begrabenen fürstlichen Franken zu sehen. Der sogenannte **Alte Dom**, der Vorgängerbau des heutigen Domes, war eine wohl 873 geweihte dreischiffige Basilika mit zwei Querhäusern und einem westlich anschließenden Atrium. Die Ausgrabungen v. a. dieses Baus sind in speziellen Führungen zu besichtigen. In der Tiefgarage vor dem Dom (Eingang neben der U-Bahn-Treppe) kann man den Atriumsbrunnen des

Alten Domes sehen. Hier befinden sich auch Teile der römischen Stadtmauer, der Fundamente des Nordtores sowie der Annostollen – jener Fluchtweg, den Erzbischof Anno 1074 bei seiner Flucht vor den rebellierenden Kölner Bürgern aus dem Dom und der Stadt nutzte. Am 15. August 1248 legte Erzbischof Konrad von Hochstaden den Grundstein für den **Bau des gotischen Domes**. Der Neubau des Domes ergab sich aus der nach damaligen Begriffen notwendig gewordenen angemessenen architektonischen Fassung der Reliquien der Hll. Drei Könige, die sich seit 1164 in Köln befanden und das Ziel großer Pilgerscharen waren. Der Dom wurde nach einem einheitlichen Plan errichtet, der bis zur Vollendung 1880 im Wesentlichen beibehalten wurde. Dies führte zur beispiellosen Einheitlichkeit dieses Höhepunktes gotischer Kathedralarchitektur. Als Schöpfer des genialen Planes gilt **Meister Gerhard**, der erste namentlich bekannte Dombaumeister. Ihm wird nicht nur der Grundriss des fünfschiffigen Baus mit dreischiffigem Querhaus und Umgangschor mit sieben gleichartigen Kapellen zugeschrieben, sondern auch die Grundkonzeption, nach der dann von Dombaumeister Arnold um 1285 der berühmte und erhaltene große Fassadenplan F der doppeltürmigen Westfassade ausgeführt wurde. Trotz aller Bezüge in Planung und Ausführung des Kölner Domes auf die französischen

---

Dom, Grundriss

1 Vierung	10 Engelbertkapelle
2 Hochchor	11 Kreuzkapelle
3 Marienkapelle	12 Sakristei
4 Stephanuskapelle	13 Sakramentskapelle
5 Michaelskapelle	14 Eingang zur Domschatzkammer
6 Agneskapelle	15 Eingangsportale Nordquerhaus
7 Achs- oder Dreikönigenkapelle	16 Eingangsportale Südquerhaus
8 Johanneskapelle	17 Eingangsportale im Westen
9 Maternuskapelle	

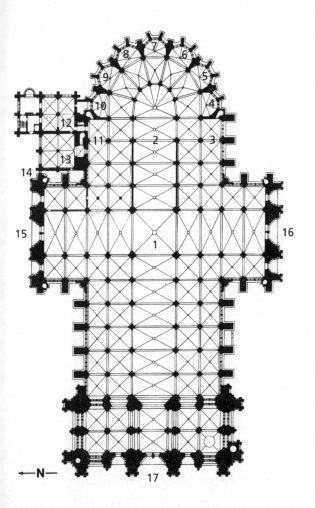

Vorbilder – wie vor allem die Kathedrale in Amiens, aber auch die in Troyes oder Bourges – gibt es sowohl in der überaus klaren und ebenmäßigen Grundrissform, als auch in zahlreichen wichtigen Bauformen völlig eigenständige, innovative Entwicklungen. Als Beispiel seien nur die bereits im Fassadenplan durchbrochenen Turmhelme genannt, für die es in der Architektur bis dahin keine Vorbilder gab. Ihre Form wurde möglicherweise von Werken der Goldschmiedekunst wie etwa Reliquiaren abgeleitet, zumal der gesamte Domneubau als »Reliquiar« insbesondere für die Gebeine der Hll. Drei Könige gedacht war. Um die zu ihnen drängenden Pilgerströme optimal zu lenken, sollte der Dreikönigenschrein zentral in der Vierung, die nach außen mit einem Vierungsturm markiert wurde, aufgestellt werden. Das im abgeschrankten Hochchor residierende Domkapitel hätte so in seinem Chorgestühl von den Pilgerscharen unbehelligt bleiben können.

Der Bau war mit dem Chor begonnen worden, dessen Weihe 1322 erfolgte. Bereits 1304 war an der Ostseite der Vierung die Trennwand zum Westteil des Alten Domes, der bis zu seinem endgültigen Abbruch 1325/30 weiterhin genutzt wurde, errichtet worden. Der weitere Baufortschritt erbrachte im Laufe des 14. Jh. die Südseite des Langhauses und den Beginn des Südturmes, während die Nordseite mit dem Nordturm im 15. Jh. begonnen wurde, wie an den spätgotischen Details insbesondere am Außenbau gut abzulesen ist. Als nach zunehmend stockendem Bauverlauf schließlich nach 1528 die Arbeiten eingestellt wurden, waren die bis ungefähr zu den Erdgeschosskapitellen fertiggestellten Bereiche des Lang- und Querhauses mit Notdächern versehen, so dass fast die gesamte Fläche des Domes genutzt werden konnte. Vom Nordturm stand im Wesentlichen das Erdgeschoss, vom Südturm ein Geschoss mehr, in dem bereits seit der Mitte des 15. Jh. die berühmten Glocken Pretiosa und Speciosa hingen. Der stehengebliebene Baukran auf dem Südturm ragte aus dem

Sakralbauten · Dom 45

Notdach und wurde zum Wahrzeichen, das auch durch die nächsten Jahrhunderte die Erinnerung an den erwünschten Weiterbau wachhielt. Erst 1868 wurde er zur Fertigstellung des Turmes abgebaut. Eine ungeklärte Frage in der Bauchronologie des Domes ist aber, warum nach der Fertigstellung des Chores inklusive östlichem Seitenschiff des Querhauses im Mittelalter nicht zügig am Querhaus mit der liturgisch so bedeutsam gedachten Vierung und am Langhaus weitergebaut wurde und stattdessen der Ausbau der Westtürme vorgezogen wurde. So blieb der Dreikönigenschrein, der 1322 aus dem Alten Dom für eine wohl vorübergehend gedachte Aufstellung in die Achskapelle des Chores gebracht wurde, schließlich dort. Auch nach der Fertigstellung des Domes im 19. Jh. kam er nicht in die Vierung. Der 1322 geweihte, aber wohl schon 1304 fertiggestellte **Chor** zeigt im Inneren den dreigeschossigen Aufbau des hochgotischen Kathedralsystems mit sehr schmalen hohen Arkaden, durchfenstertem Triforium und ebenfalls außerordentlich hohen Obergadenfenstern, über denen sich das Gewölbe in seinem eleganten Linienfluss der auf Diensten ruhenden Rippen erhebt. Um dieses überaus harmonische »Glashaus« mit seiner fast völligen Wandauflösung in dieser Höhenentwicklung statisch zu ermöglichen, wurde im Äußeren ein kompliziertes System von Strebepfeilern und -bögen konstruiert, das den Gewölbeschub gezielt auffängt. Mit einer Fülle an Schmuckformen versehen, lässt es vergessen, dass es in erster Linie ein Konstruktionsgerüst ist, das dem Innenraum zu seiner überirdisch wirkenden Schwerelosigkeit verhilft. Die weitgehend erhaltene originale Ausstattung des Chores verstärkt diesen Eindruck noch. Vor allem der **Hochchor** mit seinen Ende des 13. bis Anfang des 14. Jh. entstandenen Kunstwerken ist trotz mancher späterer Verluste das geschlossenste Ensemble, das Köln aus dem Mittelalter aufzuweisen hat. Verständlich scheint es daher, dass man dafür gerne eine Gesamtkonzeption annehmen möchte. Die **Fenster** des Hochchorobergadens zeigen in der Mitte die Darstellung von Maria mit dem Kind, das die Hll. Drei Könige anbeten, begleitet von einer »Königsgalerie« von Standfiguren, die Richtung Vierung gewendet sind, wo der Dreikönigenschrein aufgestellt werden sollte. Sie werden als die 24 Ältesten der Apokalypse und die 24 Könige Judas angesehen. Darunter, an den Pfeilern der Arkadenzone, sind die elegant geschwungenen **Skulpturen** der Zwölf Apostel versammelt, die sich in jugendlicher Idealisierung den Figuren von Christus und Maria zuwenden. Sie alle stehen auf blattgeschmückten Konsolen und sind von wunderbaren Baldachinen geschützt, deren Bekrönung ein Orchester musizierender Engel bildet. Mit dieser überaus qualitätvollen Gruppe beginnt in Köln um 1280/90 die gotische Skulptur, die ebenso wie die Glas- und Wandmalerei dem höfischen Stil Frankreichs verpflichtet ist. Die Ausstattung des Chorbereichs wird im **Chorgestühl** und den dahinter aufragenden **Chorschranken** konsequent fortgesetzt. Das mit 104 Sitzen größte Gestühl in Deutschland für den Dompropst, die 24 Mitglieder des Domkapitels mit Vertretern, Domvikaren und Gästen, hat an besonders prominenter Stelle im Osten je einen Sitz für den Kaiser (Südseite) und für den Papst (Nordseite), die als Ehrenmitglieder des Kölner Kapitels dessen politischen und geistlichen Anspruch dokumentieren. Die gemauerten Chorschranken hinter dem bereits 1308–11 geschnitzten Gestühl wurden kurze Zeit nach der Chorweihe mit Bildern geschmückt (1330/40), die zu dem künstlerisch herausragenden Beginn der berühmten gotischen Malerei von Köln gehören. In gemalten Arkaturen sind u. a. Szenen aus dem Leben der Gottesmutter, der Hll. Drei Könige, der hll. Petrus und Paulus, des Kaisers Konstantin und seiner Mutter Helena dargestellt. Darunter befinden sich aufgereiht die römischen und deutschen Kaiser und Könige, beginnend über dem Sitz des Kaisers mit Cäsar, und die Kölner Bischöfe und

Domchor, Innenansicht

Erzbischöfe, beginnend über dem Sitz des Papstes mit dem 313/314 erstgenannten Kölner Bischof Maternus (zu den Ramboux-Teppichen → St. Petrus Canisius). 1688 wurden die Rubens-Teppiche (s. u.) über die Malereien gehängt. Der Hochaltar im Chorhaupt, an dem 1322 die Weihe vollzogen wurde, ist mit seinen figürlichen Darstellungen dem Marienleben gewidmet, zu dessen Hauptszenen auch hier die Anbetung der Hll. Drei Könige (an der Ostseite) gehört. Im Mittelalter war östlich des Hauptaltares der Sitz des Erzbischofs, während seit 1948 hier der Dreikönigenschrein steht. Von der **Barockausstattung des Chores**, die beim Weiterbau im 19. Jh. entfernt wurde, sind im Dom noch einige wichtige Teile zu sehen: u. a. im Nordquerhaus als Dreikönigenaltar die Front des 1668–83 von Heribert Neuß für die Achskapelle geschaffenen Mausoleums, in dem bis 1864 der Dreikönigenschrein stand; das 1769 geschaffene schmiedeeiserne Gitter des Chores, das die steinernen mittelalterlichen Maßwerkschranken ersetzte; in der Marienkapelle einige barocke Epitaphien. 1794 wurde der Dom von den **französischen Revolutionstruppen** als Korn- und Futtermagazin profaniert. Nach der Verlegung des Bistums 1802 nach Aachen nutzte man ihn ab 1803 als Pfarrkirche, bis 1821 der Sitz des Bistums wieder nach Köln zurückkehrte.

Aus der Umbruchstimmung der Zeit um 1800, in der die mittelalterliche »altdeutsche« Welt auch als Ausgangspunkt der eigenen moralischen und künstlerischen Erneuerung betrachtet wurde, entwickelten sich die Visionen und Pläne zum **Weiterbau** des unvollendeten Kölner Doms – ein Weiterbau, der vor allem in Friedrich Schlegel, den Brüdern Boisserée, Johann Wolfgang Goethe und dem preußischen Kronprinzen Friedrich Wilhelm (IV.) entschiedene und tatkräftige Befürworter und Förderer hatte. Dabei spielten zwei Umstände als Triebkraft eine große Rolle: der Dom als Nationaldenkmal und als Denkmal altdeutscher Baukunst. Joseph Görres hatte vielen aus

Sakralbauten · Dom 49

der Seele gesprochen, als er 1814 im *Rheinischen Merkur*
seinen berühmten Aufruf zur Vollendung des Domes ver-
öffentlichte und dabei betonte: »In seiner trümmerhaften
Unvollendung, in seiner Verlassenheit ist es ein Bild gewesen von Teutschland seit der Sprach- und Gedanken-Ver-
wirrung; so werde es denn auch ein Symbol des neuen
Reiches, das wir bauen wollen.« Es war also insbesondere
die Propagierung des Kölner Domes als Nationaldenkmal
und die Beschwörung der Deutschen Reichsidee, die dem
Vorhaben in seinem nationalen Anliegen gegen die Be-
satzungsmacht Frankreich zur Schubkraft verhalf. Noch
war die Tatsache, dass die gotische Baukunst ausgerechnet französischen Ursprungs ist, nicht öffentlich bekannt.
So kam es unter Anteilnahme und Mithilfe von ganz
Deutschland, ob katholisch oder evangelisch, zur Vollendung. Sicher hätte es insgesamt auch keine so umfassende Neugotik gegeben, wenn nicht der Weiterbau des gotischen Kölner Domes ein so breites Anliegen gewesen
wäre. Am 4. September 1842 erfolgte durch den preußischen König Friedrich Wilhelm IV. am Südquerhaus feier-
lich die **Grundsteinlegung zum Weiterbau**. Da es für die
Querhausfassaden keine mittelalterlichen Vorlagen gibt,
gestaltete sie Ernst Friedrich Zwirner (1802–1861), der
seit 1833 Dombaumeister war, nach dem Vorbild des 1814
und 1816 wiederaufgefundenen mittelalterlichen Plans der
Westfassade. Der preußische Oberlandesbaudirektor Karl
Friedrich Schinkel, dessen oberster Bauaufsicht auch der
Kölner Dom unterstand, hatte zuvor einen Ausbauvor-
schlag gemacht, der bei Verzicht auf die Strebepfeiler und
die Türme eine Bauzeit von nur zwölf Jahren und Kosten
von 1,2 Millionen Talern projektierte. Es ist anzunehmen,
dass es Schinkel dabei nicht nur auf die Überschaubarkeit
von Zeit und Geld ankam, sondern dass der ohne Strebewerk und Türme strengere und geschlossenere Baukörper
seinem klassizistischen Stilempfinden wesentlich näher gekommen wäre. Der so wichtige Kölner Dombauverein

mit August Reichensperger als treibender Kraft setzte sich zusammen mit Dombaumeister Zwirner beim König mit der Forderung nach dem »ursprünglichen Plan« durch, dessen Ausführung wesentlich mehr kostete und mehr als dreimal solange dauerte. 1855 waren die Querhausfassaden vollendet. Vor allem die Südquerhausfassade ist eines der bedeutendsten und künstlerisch vollkommensten Werke der Neugotik, das Arnold Wolff so treffend als »klassizistisch in der Strenge und Konsequenz der architektonischen Entwicklung, romantisch in der Wahl des stilistischen Vorbildes« charakterisiert. Im Gegensatz zur Westfassade ist die größere Flächigkeit der Südfassade ebenso zu erkennen wie das Bestreben, Überschneidungen möglichst zu vermeiden und so die große Harmonie des Entwurfs zu betonen. Seine städtebauliche Wirkung mit der Hinwendung zur Stadtseite und dem seit dem Mittelalter hier im Süden des Domes sich erstreckenden (Roncalli-)Platz ist allzeit faszinierend. Die Fassade des Nordquerhauses ist bei gleicher Grundstruktur etwas schlichter gehalten. Das Langhaus war 1863 fertiggestellt und so konnte endlich die Wand fallen, die jahrhundertelang den Chor abgetrennt hatte. Die Türme und damit die Westfassade waren mit dem **1880 vollendeten Dom** fertiggestellt. Der Gesamteindruck, so wie es sich der mittelalterliche Baumeister beim Entwurf seines Planes wohl als Vision vorgestellt hatte, war nun endlich Wirklichkeit geworden. Dabei lässt sich durchaus darüber nachdenken, ob der Dom in seiner ungeheuren Dimension nicht doch erst im 19. Jh. möglich geworden war. In der **1. Hälfte des 20. Jh.** mussten die Strebepfeiler des Chores erneuert werden, für die anstelle des im Mittelalter verwendeten Drachenfelser Trachyts nunmehr Muschelkalk vom Main verwendet wurde. Die nach außen nicht so sehr in Erscheinung tretenden schweren Schäden des Zweiten Weltkriegs werden immer noch von der Dombauhütte (überwiegend mit Londorfer Basaltlava) beseitigt, auch wenn der Chor 1948 und das

Sakralbauten · Dom 51

Langhaus 1956 wieder geöffnet wurden. Die Finanzierung
der Baumaßnahmen erfolgt seit dem 19. Jh. zum größten
Teil über die staatlich genehmigten Lotterie-Einnahmen,
die der Dombauverein verwaltet.

SKULPTUREN: Außer dem im Innenraum bereits genannten Zyklus der Chorpfeilerfiguren von 1280/90 und der
stilistisch zugehörigen Mailänder Madonna in der Marienkapelle ist am Außenbau nur das südliche Westportal (Pe-
tersportal) im Mittelalter mit Skulpturen geschmückt worden: Um 1375 schufen Mitglieder der Parler-Sippe die fünf
Gewändefiguren und um 1385 die 34 Sitzfiguren der Bo-
genläufe (Originale im Lapidarium der Domschatzkammer) sowie die Szenen des Tympanons. Alle anderen Figuren wurden beim Weiterbau im 19. Jh. nach dem von
Sulpiz Boisserée entworfenen Programm geschaffen. Mit
über tausend Einzelwerken ist dieses Figurenprogramm
des Domes im Inneren und am Außenbau das größte Ensemble und der umfangreichste Zyklus, der seit der
Mitte des 19. Jh. in mehr als drei Jahrzehnten entstanden war. Die wichtigsten Künstler waren Christian Mohr
(1823–1888) und Peter Fuchs (1829–1898), die mit zahlreichen Schülern die damalige Skulpturenszene beherrschten.
Vor allem Peter Fuchs blieb zeitlebens der Neugotik verbunden. Dabei ist, wie in der Architektur, die Ebenmäßig-
keit und die klassizistische Klarheit, die nachfolgende
Generationen als Kälte, Starrheit und Unvermögen an-
prangerten, weil sie fälschlicherweise immer den direkten
Vergleich mit der mittelalterlichen Gotik suchten, auch in
der Skulptur von Peter Fuchs und seinen Schülern ein ent-
scheidendes und gezielt angestrebtes Stilelement der Neugotik. Die Madonna mit Kind von Peter Fuchs, die am
Mittelpfeiler des zentralen Westportals des Domes steht,
zeigt in ihrer hoheitsvollen Geste und der individuellen
Gestaltung jene ebenmäßig klare Neugotik, die das Anliegen dieser Kunstrichtung war. Die bronzenen Türflügel
der Westportale schuf 1887–90 Hugo Schneider, die der

Nordportale 1892 Wilhelm Mengelberg, die der Südportale fertigte 1948–54 Ewald Mataré auf den alten Holzkernen. Matarés Mitarbeiter war dabei sein Schüler Joseph Beuys.

GLASGEMÄLDE: Außer dem umfangreichen Zyklus der Glasfenster des Hochchors (um 1300) sind vor allem die mittelalterlichen Scheiben der Chorkapellen von großer Bedeutung. In der Achskapelle, der **Dreikönigenkapelle**, entstand um 1260 das Ältere Bibelfenster mit dem typologischen Programm, bei dem Szenen des Alten und des Neuen Testaments einander gegenübergestellt werden. In der linken Fensterbahn sind die Szenen des Alten, in der rechten die des Neuen Testaments dargestellt. Von unten beginnend finden sich gegenübergestellt: Erschaffung der Eva und Geburt Mariens, Werbung um Rebekka und Verkündigung an Maria, Moses mit brennendem Dornbusch und Geburt Christi, König Salomo mit Königin von Saba und Anbetung der Hll. Drei Könige, Aufopferung Samuels und Darstellung im Tempel, Noah mit der Taube und Taufe Jesu, Isaaks Entwöhnung und Letztes Abendmahl, Opferung Isaaks und Kreuzigung Christi, Jonas mit dem Wal und Auferstehung Christi, Himmelfahrt des Elias und Himmelfahrt Christi, Maria und Christus als Weltenrichter.

Die übrigen Chorkapellen erhielten um 1260/65 Grisaillefenster, die erst nach 1322 in den unteren Scheiben mit figürlichen Darstellungen geschmückt wurden. Im 19. Jh. kamen aus der abgebrochenen Dominikanerkirche wertvolle Glasgemälde in den Dom, insbesondere das um 1280 entstandene Jüngere Bibelfenster, ebenfalls mit typologischem Zyklus, in der **Stephanuskapelle**. In der **Sakramentskapelle**, die 1277 an der Nordseite des Doms als Kapitelsaal angebaut wurde, befindet sich der Glasfenster-Zyklus mit Szenen aus dem Leben Jesu von 1460/70 aus dem ebenfalls im 19. Jh. abgebrochenen Kreuzgang von St. Cäcilien. Entsprechend dem

Sakralbauten · Dom　　　53

Baufortgang des Domes wurden auch die anderen Glasfenster eingesetzt. Die Fenster im **nördlichen Seitenschiff** des Langhauses von 1507–09 entstanden nach Entwürfen von Kölner Malern (Meister von St. Severin oder
Meister der Hl. Sippe). Im Westen beginnend sind dargestellt: Leiden Jesu, Leben Petri und Wurzel Jesse, Geburt
Christi und ·Moses mit Dornbusch, Anbetung der Hll.
Drei Könige und König Salomo mit Königin von Saba,
Krönung Mariens. Die anderen Fenster in Lang- und
Querhaus stammen überwiegend aus dem 19. Jh., darunter v. a. die Bayernfenster im **südlichen Seitenschiff**, die
1842 von König Ludwig I. von Bayern gestiftet und kurz
danach in der Königlichen Anstalt für Glasmalerei in
München (Leitung Max Ainmiller) gefertigt wurden. Im
Westen beginnend sind dargestellt: Johannes der Täufer,
Anbetung der Hirten und der Hll. Drei Könige, Kreuzabnahme und Beweinung Christi, Pfingstfest, Steinigung
des hl. Stephanus. Aus derselben Werkstatt stammen im
Erdgeschoss des **Südquerhauses** das Petrusfenster von
1873 mit der Verbindung von Apostelkonzil und 1. Vati-
kanischem Konzil sowie das Görresfenster von 1854.
Das große zentrale Fenster schuf 2006/07 Gerhard Richter, der dafür auf die Idee seines Gemäldes »4096 Farben« von 1974 zurückgriff. Das große **Westfenster** mit
der Darstellung des Jüngsten Gerichts schuf Karl Julius
Milde 1865–70. Die Ornamentscheiben im **Obergaden**
des Langhauses entstanden 1948–56 nach Entwürfen von
Willy Weyres.

Fussboden des Chores: Nach Entwurf von August
Essenwein 1883 entstand das ornament- und figurenreiche
Fußbodenmosaik in der Vierung (z. Zt. verdeckt durch
das Altarpodium), im Hochchor und im Chorumgang.
Der nach dem Zweiten Weltkrieg zerstörte Fußboden der
Achskapelle wurde mit den 1870 entstandenen Platten der
1975 abgebrochenen Dominikanerkirche in Düsseldorf
belegt.

BEDEUTENDE AUSSTATTUNGSSTÜCKE: Der **Dreikönigen-schrein** im Hochchor ist der größte mittelalterliche Schrein, entstanden nach 1190 bis um 1220. Er hat die Form einer dreischiffigen Basilika, bzw. besteht aus drei übereinander gestellten Schreinen (→ St. Gereon). In ihm ruhen die 1164 nach Köln gebrachten Reliquien der Hll. Drei Könige sowie der hll. Felix und Nabor. Der um 1190 entstandene Holzkern ist mit einem aufwändigen Figurenprogramm aus vergoldetem Silber verkleidet. In den Kleeblattarkaden des Erdgeschosses sind die Sitzfiguren der Propheten vom Ende des 12. Jh., die Nikolaus von Verdun zugeschrieben werden, während die darüber dargestellten Apostel als Arbeiten seiner Werkstatt gelten. An der Stirnseite (um 1200) befindet sich die Anbetung der Hll. Drei Könige, zu denen sich König Otto IV. gesellt, sowie die Taufe im Jordan und Christus als Weltenrichter. An der Rückseite (um 1220) sind Geißelung und Kreuzigung Christi zu sehen und die von Christus gekrönten Märtyrer Felix und Nabor sowie im Dreieck dazwischen die Büste des Erzbischofs Rainald von Dassel, des Überbringers der kostbaren Reliquien.

Das **Gerokreuz** in der Kreuzkapelle (um 970) ist die älteste bekannte und erhaltene monumentale Darstellung des Gekreuzigten. Christus ist hier als Toter wiedergegeben. Sein Kopf ist seitlich auf die Brust gesunken, der Körper hängt schwer an den sichtlich gezerrten Armen, schwingt deshalb seitlich etwas aus und erhält nur durch die fest auf einer konsolenartigen Stütze aufruhenden Füße Halt. Das mit gebrochenen Augen und leicht geöffnetem Mund sehr ausdrucksstark gestaltete Antlitz ist vor allem im 20. Jh. in zahlreichen expressiven Detailaufnahmen verbreitet worden. Als Auftraggeber des Kreuzes ist Erzbischof Gero überliefert, was neuere dendrochronologische Untersuchungen bestätigt haben. Ursprünglich stand es im Alten Dom in der Mitte der Kirche beim Grab dieses Erzbischofs, dessen Grabplatte aus verschiedenfar-

Sakralbauten · Dom 55

bigem Marmor und Porphyr in der Stephanuskapelle erhalten ist. Diese prominente Aufstellung im Mittelschiff des Alten Domes, für die bei der Domgrabung auch Spuren zu interpretieren waren, wird für das Gero-Kreuz von den 970er-Jahren bis zum Neubau des gotischen Domes angenommen. Seine späteren Aufstellungen hatten dagegen wohl nie mehr die ursprüngliche Dominanz, auch wenn die Ende des 17. Jh. entstandene barocke Rahmung die weiterhin bestehende Verehrung als Gnadenbild belegen. Unter der letzten Farbschicht von 1904 befinden sich mehrere frühere Fassungen, die ebenfalls die ununterbrochene Wertschätzung und Kultpräsenz dieses frühen Meisterwerks der Kölner Kunstgeschichte belegen, das erfreulicherweise vollständig erhalten ist – auch der Kreuzbalken ist noch original, wie die detaillierten Untersuchungen zeigten. In der Engelbertuskapelle befindet sich das prachtvolle **Renaissance-Wandepitaph** des Erzbischofs Anton von Schauenburg (gest. 1558) von Cornelis Floris. In der Maternuskapelle ist das **Hochgrab des Erzbischofs Philipp von Heinsberg** (gest. 1191) zu nennen, das um 1300 entstand und mit der Darstellung einer mittelalterlichen Stadtmauer als seine nachträgliche Zustimmung zum Bau der Kölner Stadtmauer interpretiert wird. In der Johanneskapelle hängt, natürlich abgedeckt, der um 1285 gezeichnete **Fassadenplan F**, der Plan der Westfassade mit den beiden Domtürmen. In dieser Kapelle ist auch das **Hochgrab des Erzbischofs Konrad von Hochstaden** (gest. 1261) zu sehen, das den Bauherrn des gotischen Doms als jugendliche Bronzefigur zeigt. Der **Altar der Stadtpatrone** in der Marienkapelle wurde um 1440/45 für die Ratskapelle gemalt. Der große Flügelaltar von Stefan Lochner zeigt in der Mitteltafel vor Goldgrund und unter reichem Maßwerk die thronende Muttergottes mit dem Jesuskind, das die Anbetung der Hll. Drei Könige entgegennimmt. Es wendet sich mit Segensgestus dem links knienden alten König zu, der sein kostbares Geschenk auf

56 *Altstadt*

Altar der Stadtpatrone (Mitteltafel) von Stefan Lochner 1440/45

den Boden gestellt hat und die Hände betend zu dem Kind erhebt, während der rechts kniende König mittleren Alters seine wertvolle Gabe darbringt und der dahinterstehende jüngere König seinen goldenen Kelch ebenfalls dem Kinde entgegenstreckt. Links und rechts von dieser raumgreifenden Mittelszene, die durch die darüberschwebenden Engel besonders hervorgehoben wird, drängt sich das Gefolge der Könige mit seinen wehenden Fahnen. Auf den Außentafeln wenden sich, ebenfalls vor Goldgrund und unter Maßwerk, links die hl. Ursula mit Ätherius, den

Sakralbauten · Dom　　　57

Bischöfen und einer unübersehbaren Zahl ihrer jungfräulichen Gefährtinnen dem Mittelbild zu, während auf dem rechten Flügel der hl. Gereon mit seinen Begleitern aus der Thebäischen Legion dieses Geschehen aufmerksam begleitet. Die gesamte Darstellung ist eine politische Demonstration des Besitzanspruches der Stadt Köln an den Reliquien der Hll. Drei Könige gegen den seit 1288 aus Köln vertriebenen Erzbischof. 1372 hatten die Kölner sogar eine Bulle des Papstes erwirkt, die unter Androhung der Exkommunikation verbot, die Gebeine dieser Heiligen zu verkaufen oder sonstwie aus der Stadt zu entfernen. Diese Krönung des Kölner Reliquienschatzes bedeutete im mittelalterlichen Verständnis nicht nur besondere Macht und Sicherung der Stadt, vielmehr war sie vor allem ein Ziel der Pilgerscharen, deren ökonomische Bedeutung für den städtischen Reichtum ganz wesentlich war. Der Altar der Stadtpatrone ist Stefan Lochners bedeutendstes Kunstwerk und der unbestrittene Höhepunkt der mittelalterlichen Malerei in Köln. Stilistisch bildet er die von den Niederlanden beeinflusste Brücke zwischen der Epoche des »Weichen Stils«, dessen Endphase Stefan Lochner bei seiner Ankunft in Köln wohl noch miterlebte und der Entdeckung der Wirklichkeit, wie sie in der zweiten Hälfte des 15. Jh. begann und schließlich mit dem 16. Jh. das allgemeine Kunstschaffen prägte. In den Köpfen der Könige wie in denen ihres Gefolges und der Thebäer kann man ebenso Porträts der führenden Kölner Bürgerschaft und vielleicht Stifter des Altars vermuten, wie in den weiblichen Figuren die Darstellung Kölner Bürgerinnen und ihrer lieblich-handfesten Töchter. Bei geschlossenem Zustand ist die Verkündigungsszene zu sehen. Albrecht Dürer verdanken wir die Kenntnis von Lochners Namen, der auf seiner Reise in die Niederlande 1520/21 in Köln Station machte und die so wichtige Tagebuchnotiz hinterließ: »item hab 2 weißpfennig geben von der Taffel auffzusperren, die maister Steffan zu Cöln gemacht hat«. Dürer nennt zwar weder den Ort noch den Inhalt der »Taffel«, aber die Indizien sprechen doch für den »Altar der Stadtpatrone« in der Ratskapelle. 1809 wurde der für die Stadt so wichtige Altar von Ferdinand Franz Wallraf in den Dom gerettet, um seine Profanierung als Sammlungsobjekt zu verhindern. Der **Agilolphusaltar** im Südquerhaus, ein vielfiguriger Schnitzaltar aus Antwerpen, entstand um 1520 und stammt aus der ursprünglich östlich des Domes gelegenen Herrenstiftskirche St. Maria ad gradus, nach deren Abbruch er 1814 in den Dom kam. Der **Klarenaltar** im Nordseitenschiff, ein künstlerisch besonders bedeutender Altar mit geschnitztem Schrein und gemalten Flügeln, wurde um 1350 für die Kirche des Franziskanerinnenklosters St. Klara als Hauptaltar geschaffen. Nach der Säkularisation, die auch den Abbruch dieser Klosterkirche mit sich brachte, kam der Altar in den Dom (1811). Auf den Außenflügeln sind bei geschlossenem Zustand franziskanische Heilige zu sehen. Die erste Öffnung zeigt 24 Szenen aus dem Leben Jesu, die um 1400 z. T. übermalt wurden. Bei voller (Festtags-)Öffnung erscheinen die Holzskulpturen von Christus mit den Aposteln (oben) und von Ursula-Büsten mit Reliquien der hl. Jungfrauen. Das Bild mit der Darstellung der Dreifaltigkeit an der Rückseite des Altars malte Wilhelm Mengelberg 1907. Im Langhaus sind die **Rubens-Teppiche** im Frühjahr (um Pfingsten und Fronleichnam) für mehrere Wochen im Mittelschiff aufgehängt. Ihre Kartons schuf Peter Paul Rubens um 1625 für die Wandbehänge eines Madrider Klosters, deren Zweitausführung 1688 in den Kölner Domchor gelangte. Die acht großformatigen und sehr dekorativen Gobelins zeigen den Triumph der Eucharistie. Die **Domglocken** sind von besonderer Bedeutung: Pretiosa (1448), Speciosa (1449), Ursulaglocke (1862), Dreikönigenglocke (1880), Kapitel- und Aveglocke (1911) sowie die Petersglocke (1923), die größte läutbare Glocke der Welt.

DOMSCHATZKAMMER: Die vom nördlichen Querhaus

Sakralbauten · Dom 59

und auch von außen (Bahnhofsseite) zugängliche Schatzkammer wurde 1986–2000 insbesondere in dem doppelgeschossigen Keller der mittelalterlichen Sakristei eingerichtet. Ein schlichter dunkler Würfelbau von Architekt
Bernd Billecke markiert von außen die **Heiltumskammer**
für bedeutende Reliquien des Domes. Dies sind, neben den
im Hochchor des Domes verehrten Gebeinen der Hll. Drei
Könige, v. a. der Stab und einige Kettenglieder des hl. Petrus, die die enge Verbindung mit dem Heiligen Stuhl
belegen, sowie zwei Kreuzreliquiare byzantinischer Herkunft (mit späteren Veränderungen) und die Gebeine
des hl. Engelbert von Berg in dem 1630–33 entstandenen
Schrein mit der Liegefigur des (1225 ermordeten) Erzbischofs (Goldschmied Conrad Duisbergh, Entwürfe von
Jeremias Geißelbrunn und Augustin Braun). Unter den
weiteren zahlreichen kostbaren Goldschmiedearbeiten der
Schatzkammer befindet sich die Dom-Monstranz (um
1400), die Prunkmonstranz (1658 von dem Kölner Goldschmied Christian Schweling, 1975 beim Diebstahl zerstört, Rekonstruktion von Peter Bolg) sowie besonders
qualitätvolle Stücke des 19. und 20. Jh. Im **Lapidarium**
sind in Vitrinen die kostbaren Grabbeigaben der um 540
gestorbenen fränkischen Adligen (eine Frau und ein Knabe) ausgestellt, deren Gräber 1959 unter dem Chor gefunden wurden. Hier befinden sich auch die Originale des Fi-
gurenschmucks des Petersportals sowie besonders schöne
romanische Kapitelle (Umkreis Samsonmeister) und ein
Teil des Baldachins der Mailänder Madonna in der Marienkapelle, der um 1280/90 entstand und mit seiner erhaltenen Farbfassung den ursprünglich starkfarbigen Eindruck vermittelt. In der **Paramentenkammer** sind v. a.
Teile der Capella Clementina ausgestellt. Dieser 40-teilige
Prunkornat wurde 1742 in Paris für Kurfürst Clemens
August zur Kaiserkrönung seines Bruders Karl VII. gefertigt.

Domumgebung → Altstadt, Profanbauten

Alt-St. Alban (II D8; Quatermarkt 4): Der als Ruine erhaltene Bau bewahrt **eine der ältesten Pfarrkirchen** (→ St. Peter), deren Gründungsbau vielleicht schon aus dem 9. Jh. stammte, im 11. Jh. erneuert und danach kontinuierlich erweitert wurde. Die Neugestaltung von 1668 bis 1672 übernahm den 1494 entstandenen Turm mit romanisierender Gliederung, das Chorgewölbe und die Umfassungsmauern, in die auf vier mächtigen barocken Stützen eine lichte Halle mit gotischen Sterngewölben eingebaut wurde. Von der Restaurierung des späten 19. Jh. stammt die Skulpturengruppe *Christus bei Maria und Martha* von Alexander Iven über dem Portal. Nach der Kriegsbeschädigung wurde die gesicherte Kirchenruine eindrucksvolle Folie für das Treppenhaus des Gürzenich und erhielt die Funktion als **Kriegs-Gedenkstätte**, für die Ewald Mataré Kopien der Figurengruppe *Trauernde Eltern* von Käthe Kollwitz fertigte (Originale 1931 für den Soldatenfriedhof Dixmuiden, jetzt in Vladslo-Praetbosch, Belgien). Eine kleine Kapelle im Turmrest wurde 1964 dem **hl. Bruder Konrad** geweiht und von Peter Hecker ausgemalt, während das Patrozinium auf Neu-St. Alban in der Neustadt überging, wohin auch wichtige Ausstattungsstücke übertragen wurden.

St. Andreas (II E8; Andreaskloster): Kath. Pfarrkirche, seit 1947 von Dominikanern betreut, ehem. Herrenstiftskirche: dreischiffige romanische Pfeilerbasilika mit Westbau, Querhaus, Vierungsturm und Krypta sowie Langchor und Seitenkapellen der Gotik.

Der Standort von St. Andreas ist dem von St. Aposteln oder St. Georg zu vergleichen: Diese drei Kirchen lagen bei ihrer Gründung jeweils direkt **vor den Toren der Stadt**, die bis ins 12. Jh. das Ausmaß der römischen Gründung hatte. Der Vorgängerbau St. Matthäus lag so nahe beim Nordtor vor der nördlichen Stadtmauer, dass seine Stellung mit dem Beiwort »in fossa«, d. h. im Stadtgraben, gekennzeichnet wurde. An dieser frühmittelalterlichen

Sakralbauten · Alt-St. Alban, St. Andreas   61

Kapelle **St. Matthäus in fossa** gründete Erzbischof Bruno
(953–965) ein Herrenstift, dessen Kirche durch Erzbischof
Gero 974 dem hl. Andreas geweiht wurde, wobei der
hl. Matthäus als Nebenpatron beibehalten wurde. Da um-
fangreichere Ausgrabungen in St. Andreas bisher noch
nicht notwendig waren, haben wir vom Aussehen dieser
Kirche des 10. Jh. keine Vorstellung, während ein urkund-
lich nicht nachgewiesener **Neubau des 11. Jh.** durch die
Freilegung der **Krypta** nach dem Zweiten Weltkrieg zumindest in den östlichen Bauteilen bekannt wurde. Diese
nach den Bauformen 1050/60 zu datierende Krypta ist in
den Umfassungsmauern erhalten, während ihre Gewölbe
durch den Neubau des gotischen Chores zerstört wurden.
Diese Unterkirche erhielt durch Karl Band eine neugestaltete Decke mit Kuppeln, die zum Interessantesten gehört,
was in der Nachkriegszeit in Köln geschaffen wurde. Zusätzlich entstand im Anschluss daran ein neuer konfessio-
artiger Raum unter der Vierung für den aus St. Ursula
stammenden römischen Sarkophag, in den man die Gebeine des 1280 gestorbenen **hl. Albertus Magnus** bettete, die
im 19. Jh. aus der nahegelegenen und abgebrochenen Dominikanerkirche nach St. Andreas gerettet und damals in
der dann so genannten Albertuskapelle an der Südwestseite der Kirche aufgestellt worden waren (heute Rosen-
kranzkapelle). Der erst 1859 nach starker Restaurierung
für die Reliquien des Albertus Magnus verwendete Schrein
des 15. Jh., der jetzt im Chor steht, ist aus vergoldetem
Holz und zeigt gemalte Darstellungen von Jesus und Maria sowie der Apostel und zweier Bischöfe. Die bestehende romanische Kirche St. Andreas ist eine **um 1190–1220**
entstandene dreischiffige gewölbte Basilika mit Westbau
und östlichem Querhaus, die an den Ostbau des 11. Jh.
(Langchor und Krypta) angefügt wurde. Dabei wurden an
die Chorpfeiler als Zugänge zum achteckigen Vierungsturm Treppentürme angebaut, die wegen einer Planänderung im Inneren stark in die ursprünglich schmäler geplan-

ten Querschiffarme hervortreten. In die Zwickel zwischen
Querarmkonchen und Langchor fügte man doppelge-
schossige Anbauten, die im Erdgeschoss offene **Vorhallen**
als öffentliche Zugänge zur Kirche hatten. Davon ist nur
der nördliche Anbau erhalten, der im Erdgeschoss mit
den um 1500 zugemauerten Arkaden als Sakristei und
im Obergeschoss als Schatzkammer genutzt wird. Das
ehemalige Portal, nun in der Sakristei gelegen, ist mit
prachtvoller spätromanischer Bauzier und zwei Löwen
geschmückt (vgl. die verwandten und etwa gleichzeitigen
– um 1220/30 – Löwenportale in St. Gereon und Groß-
St. Martin sowie an St. Georg).

Im Westen schlossen die Stiftsgebäude mit dem **Kreuzgang** an. Da sich der Ostflügel des Kreuzganges innerhalb
des Westbaus der Kirche befindet, ist er den Abbrüchen
der Säkularisation entgangen und als Vorhalle erhalten geblieben. Ihre Zackenbögen werden gerne als arabischer
Einfluss angesehen – wenn sie sich nicht doch einfacher
als gebogener Rundbogenfries der Gurtbögen erklären ließen (vergleichbare Formen im Bogenfeld des Portals von
St. Maria Lyskirchen). Die **Querhausarme** erlebten im
15. Jh. umfangreiche Umbauten, nachdem bereits seit dem
Ende des 13. Jh. an die Seitenschiffe kontinuierlich Kapellen angebaut wurden. Die größte Veränderung des Innenraumes aber erfolgte in den Jahren 1414–20, als die Krypta
aufgegeben und der Langchor des 11. Jh. durch ein »mo-
derneres« **gotisches Glashaus** ersetzt wurde, wie es zuvor
schon in vergleichbarer Weise in St. Ursula geschehen war.
Besonders bedeutend im Chor die Engel- und Propheten-
konsolen sowie die figürlichen Gewölbeschlusssteine, die
u. a. die hll. Andreas und Matthäus zeigen. Das originale
zweireihige **Chorgestühl** mit den lebendig geschnitzten
Relief- und Vollfiguren entstand um 1430, während das
Sakramentshaus aus Kalkstein mit dem großen Abend-
mahlsrelief, der Darstellung der hll. Andreas und Matthäus und dem Mannaregen der südniederländischen Re-

Sakralbauten · St. Andreas　　63

naissance um 1550 entstammt. Die fünf figürlichen **Farb-fenster** des Chorhauptes sind von 1895 und 1918. Sie überstanden als einer der wenigen Glasfenster-Zyklen des Historismus die Zerstörungen des Zweiten Weltkrieges, da sie ausgelagert waren – eine Vorsichtsmaßnahme, die sonst nur bei den mittelalterlichen Glasfenstern angewandt wurde. Die seitlichen Chorfenster schuf Vincenz Pieper 1958. Insgesamt war die Kriegs-Beschädigung von St. Andreas wesentlich geringer als bei den anderen Altstadt-Kirchen.

Das Innere des gedrungenen Langhauses von St. Andreas zeichnet sich zu Beginn des 13. Jh. durch eine ungewöhnlich **plastische Gestaltung** aus, die sich nicht nur in den z. T. sogar figürlich gestalteten Kapitellen, in dem reichgeschmückten Ranken- und Palmetten-Fries über den Arkaden und in den differenzierten Blendbögen der Triforiumszone zeigt, sondern die gesamte Architektur in ihrer kräftig modellierten Durchbildung erfasst hat. Die erhalten gebliebene Ausmalung des 19. Jh. wurde bedauerlicherweise zugunsten des 1965–67 erfolgten hellen Anstrichs der Wand- und Gewölbefelder und ornamentaler Fassung der Rippen nach Entwurf des Architekten Karl Band und des Kirchenmalers Hans Heider entfernt (→ St. Kunibert). In den seit dem Ende des 13. Jh. angebauten Seitenschiffkapellen hat sich dagegen eine beeindruckende Fülle an mittelalterlicher **Wandmalerei** v. a. des 14. Jh. erhalten. An der Nordseite sind dies in der 2. Kapelle die Darstellung einer Kreuzigungsgruppe und in der 3. Kapelle ein vierzoniges Wandbild mit Szenen aus dem Marienleben (von oben: Marienkrönung, Verkündigung, Heimsuchung, Geburt, Anbetung der Hll. Drei Könige mit besonders apartem Gefolge mit Pferden, Kreuzigung mit Maria und Johannes, hl. Petrus und hl. Ursula mit Schutzmantel für ihre Gefährtinnen auf der linken Seite und der hl. Andreas, ein hl. Bischof und wohl der hl. Gereon auf der rechten Seite sowie zwei kleinen Stifterfiguren unter dem Kreuz). Gegenüber nimmt der hl. Christophorus die gesamte Wandfläche ein, während auf der Außenwand ein hl. Georg mit Drache zu erkennen ist. An der Südseite sind dies in der 1. Kapelle das Monumentalbild des apokalyptischen Weltenrichters, dem die ebenfalls großfigurige Marienkrönung begleitet von den hll. Petrus und Paulus gegenübersteht. An den östlichen Mittelschiffpfeilern haben sich Malereien des 15. Jh. erhalten, v. a. an der Nordseite die Darstellung des Jüngsten Gerichts: Christus mit Schwert und Lilie am Mund auf dem Regenbogen sitzend, Maria und Johannes auf Wolkenbänken, unter denen die Toten sich aus den Gräbern erheben. Auf dem Pfeiler gegenüber ist der Rest einer Darstellung des hl. Paulus zu sehen, dem die einst zugehörige und nach der Säkularisation abgebrochene Pfarrkirche geweiht war. Möglicherweise stammt aus dieser Kirche auch der **Taufstein** aus dem Anfang des 13. Jh. Von den **Altarbildern** sind v. a. zu nennen das Kreuzigungstriptychon mit kniendem Stifter, den die hl. Gertrud empfiehlt, das um 1550 in der Werkstatt von Barthel Bruyn d. Ä. entstand, und das aus der abgebrochenen Dominikanerkirche stammende Altartriptychon der Rosenkranzbruderschaft, vom Meister von St. Severin um 1500/10 gemalt. Der Schutzmantel Marias wird von den Dominikanerheiligen Dominikus und Petrus Martyr über die Mitglieder der Bruderschaft gehalten, zu denen Kaiser Friedrich III., sein Sohn Maximilian I. und Papst Sixtus IV. gehören. Ebenfalls aus der Dominikanerkirche stammt die Madonna des 15. Jh. und der hl. Michael mit dem Drachen, der ebenso wie die monumentale **Holzskulptur** des hl. Christophorus um 1485/90 als Hauptwerke von Meister Tilman geschaffen wurden. Aus der ebenfalls abgebrochenen Benediktinerinnenkirche St. Machabäer kamen im 19. Jh. der sog. **Blutbrunnen** (Vorhalle), ein steinernes Reliquiar in der Form eines großen gotischen Kelchs, der der Legende nach das Blut der hl. Märtyrer-Jungfrauen aufnahm, die in St. Ur-

Sakralbauten · Antoniterkirche 65

sula verehrt werden. Aus derselben Kirche stammt der Machabäeraltar (→ St. Maria in der Kupfergasse) und der zugehörige **Machabäerschrein,** der in St. Andreas im südlichen Querhausflügel, dem Machabäerchor, steht. Er wurde 1520–27 von dem Goldschmied Peter Hanemann geschaffen, hat die Form einer kleinen Kapelle und enthält die 1164 von Rainald von Dassel zusammen mit den Hll. Drei Königen (→ Dom) nach Köln gebrachten Reliquien der Machabäer, deren Martyrium die getriebenen Reliefdarstellungen zeigen und sie in Beziehung zur Passion Christi stellen. Das Machabäer-Martyrium ist auch dargestellt in den **Farbfenstern** von Markus Lüpertz, während im nördlichen Querhausflügel, dem Marienchor, Szenen aus dem Leben des Albertus Magnus dargestellt sind (2005–10). Die **Orgel** im Westbau wurde nach Entwurf von Maria Schwarz 1995 gebaut. Zur **Figur des hl. Albertus Magnus** von Anton Werres → Minoritenkirche. Das schöne **Bronzeportal** der Kirche schuf Karl Matthäus Winter 1962 mit Szenen aus dem Alten und Neuen Testament. Die kleine Platzfläche rund um die Kirche, **Andreaskloster**, erinnert an die ursprünglichen Stiftsbauten. Auf der gegliederten Platzfläche steht die 8-teilige geschmiedete Stahlskulptur von Ansgar Nierhoff »Lichtung zu Einem« von 1992. An der Südseite der Kirche sind die 1954/1955 von Karl Band errichteten schlichten Backsteinbauten des neu hier angesiedelten Dominikanerklosters.

Antoniterkirche (II D8; Schildergasse 57), Evang. Pfarrkirche, ehem. Klosterkirche: dreischiffige gotische Basilika mit polygonalem Chor, Dachreiter und neuer Westfassade.

Der 1350 begonnene Bau der Antoniterkirche im Zentrum von Köln wurde **um 1380 geweiht**. Der gewölbte Bau entspricht in seiner Erscheinungsform dem gotischen Schlichtbau der Bettelordenskirchen, wie ihn die Minoritenkirche in Köln als Vorbild prägte. Auch bei der Antoniterkirche ist das äußere Erscheinungsbild dominiert von dem über Chor und Mittelschiff durchgezogenen Dach, das lediglich ein Dachreiter ziert. Die schmucklosen Strebebögen wurden auch hier, völlig anders als beim Dom, auf die statischen Notwendigkeiten reduziert. Nach der Säkularisation erhielten die Evangelischen 1802 die Kirche, die damit zur ersten **evangelischen Kirche** im alten Köln wurde. Beim Umbau durch Ferdinand Franz Wallraf wurde im Inneren jeder zweite Pfeiler (insgesamt vier Pfeiler) entfernt und anstelle der spitzbogigen Arkaden weitgespannte Rundbögen eingebaut. Von der ursprünglichen Ausstattung ist nur ein **Glasgemälde** vom Anfang des 16. Jh. (Kreuzigung und zwei Antoniterwappen) erhalten, der **Taufstein** aus der 2. Hälfte des 12. Jh. wurde aus dem Museum Schnütgen übernommen. Der Zweitguss (1938) von Ernst Barlachs Schwebendem Engel (mit den Gesichtszügen von Käthe Kollwitz) hängt seit 1952 im Nordchor. Das Original von 1927 im Dom zu Güstrow wurde im Dritten Reich zerstört. Durch den Bau der Nord-Süd-Fahrt musste die nun freigestellte **Westfassade** gestaltet werden (Heinrich Otto Vogel, 1961–64). Das Bronzeportal mit der Aussendung der Jünger schuf Ulrich Henn (1964).

St. Aposteln (II D7; Apostelnkloster 10), Kath. Pfarrkirche, ehem. Herrenstiftskirche: dreischiffige romanische Basilika mit Westquerschiff, Krypta und Westturm sowie turmbekröntem Kleeblattchor im Osten.

Diese Stiftskirche mit dem so bedeutenden Patrozinium der Apostel liegt direkt am **römischen Haupttor nach Westen**. Wie bei St. Georg könnte man hier einen von der Funktion ähnlichen römischen Urbau annehmen. Da aber bisher in der Kirche keine umfangreicheren Ausgrabungen stattfinden mussten, wissen wir hier ebenso wenig über mögliche antike Vorläuferbauten wie bei St. Andreas beim römischen Nordtor in vergleichbarer Lage. Erst aus dem Jahre 965, anlässlich der Rückführung des in Reims verstorbenen Erzbischofs Bruno, ist eine erste Nachricht

St. Aposteln

über eine Apostelkirche überliefert. Bruno wurde in dieser ausdrücklich als »bescheiden« gekennzeichneten Kirche aufgebahrt. **Erzbischof Pilgrim (1021–36)** gründete hier ein **Herrenstift** und errichtete den heute noch vorhandenen Monumentalbau einer doppelchörigen dreischiffigen Basilika mit ausladendem Westquerhaus, das er als seine Grabstätte vorsah. Der den Aposteln geweihte Hauptchor über einer Krypta lag im Westen, der Ostchor war der Gottesmutter Maria geweiht. Die Bezugnahme auf den doppelchörigen Alten Dom mit dem Hauptchor für den hl. Petrus im Westen und dem der Gottesmutter geweihten östlichen Chor scheint ebenso deutlich zu sein, wie die Dimension des Neubaus von St. Aposteln das Vorbild von Altem Dom und St. Pantaleon erkennen lässt. Vergleichbare Ausmalungsreste wie in St. Pantaleon, ein die Flachdecke begleitender Mäanderfries, lassen erkennen, dass dieser Bau des frühen 11. Jh. insgesamt farbig gefasst war. Pilgrims Grab lag in der Mitte der westlichen Vierung, die sich durch eine Anschüttung zwei Meter höher und damit auf derselben Ebene wie der Westchor befand. Die hohen Sockel der Vierungspfeiler verdeutlichen noch heute diese erst im 17. Jh. abgesenkte und veränderte Situation. Nachdem ein Brand bereits um 1100 Bauarbeiten am Westchor erlaubt hatte, wurde er nach 1150 zusammen mit der Krypta im Zuge der Errichtung des Westturmes noch einmal verändert. Der massive **Westturm** scheint bereits als Teil einer Turmlandschaft konzipiert gewesen zu sein, die mit dem **Neubau des Ostchores**, vielleicht nach einem Brand von 1192, um 1200 folgerichtig weitergeführt wurde und später auch dem Westturm das oberste Giebelgeschoss einbrachte. Anstelle des bescheidenen rechteckigen Marienchores, dessen Form heute die Priesterbank nachzeichnet, entstand der Dreikonchenchor mit dem bekrönenden Achteckturm über der Vierung und zwei begleitenden Achtecktürmchen. Diese wachsen aus den Zwickeln der Chorkonchen heraus, sind aber mit ih-

Sakralbauten · St. Aposteln 69

nen durch die durchgehende Gliederung der Gesimse, Blendbögen und Zwerggalerien zu jener Einheit verbunden, die diese »klassische« Chorfassade in ihrer Wirkung auf den Neumarkt so harmonisch erscheinen lässt. Der interessante zusätzliche Zugang in den Chor über die damals noch erhaltene Römermauer (→ Stadtbefestigungen) ist außen an der zugemauerten Tür zu erkennen. Allerdings liegt das ehemals römische Niveau um einiges tiefer als das heutige. Das **Innere** wurde in der ersten Hälfte des 13. Jh. durch die schrittweise **Wölbung** von Seitenschiffen, Mittelschiff und Westquerhaus mit dem gewölbten Chor zur Einheit gebracht, die die unterschiedliche Entstehungszeit kaum erkennen lässt. Erst durch die genaue Beobachtung vor allem der Pfeiler des Langhauses zeigt sich ihre Entstehungszeit in unterschiedlichen Epochen. An die ursprünglichen relativ flachen Pfeiler wurde vorne noch eine Schicht angebaut, die als Wandverstärkung auch über den Arkaden zu sehen ist und darüber mit einem Rundbogenfries abschließt, auf dem die großen doppelten Blendbögen aufsitzen. Dasselbe gilt für die Halbsäulen, die im Wechsel mit den bis zum Boden reichenden Wandvorlagen als Dienste das sechsteilige Gewölbe tragen. Dieses deutlich erkennbare geniale Stützgerüst wurde nachträglich zu Beginn des 13. Jh. in den Bau des frühen 11. Jh. mit seinen Rechteckpfeilern und den glatten Mittelschiffwänden eingestellt. Vermutlich befinden sich hinter diesen Einbauten noch Ausmalungsteile des 11. Jh., was vielleicht einmal nachgeprüft werden kann, wenn sich die Ultraschalltechnik auch für Architektur entwickelt haben wird. Sicher wurde die Kirche nach Beendigung der umfangreichen Umbauarbeiten im 13. Jh. neu ausgemalt. Der erhaltene umfangreiche Zyklus in St. Maria Lyskirchen mag einen Anhaltspunkt dafür geben. Das **Gestühl der Stiftsherren** befand sich im 11. Jh. ausschließlich in der damals höher gelegenen und abgeschrankten Westvierung zu Seiten des Stiftergrabes vor dem westlichen Apostelaltar. Mit dem aufwändigen Neubau des östlichen Kleeblattchores um 1200 war ein Bedeutungszuwachs dieses Marienchores verbunden. In der neuen (Ost-)Vierung wurde unter der Kuppel ebenfalls ein Chorgestühl installiert. Mit dem großen **Umbau des 17. Jh.** verlor der Westchor dann endgültig seine Dominanz. 1643/44 wurde die Fußbodenhöhe des Langhauses bis in den Westturm durchgezogen und dort zwei neue Eingänge geschaffen. Dafür gab man die Krypta und die Aufschüttung für das ursprüngliche Chorgestühl mit dem Pilgrimgrab in der Westvierung auf. Nach dem **Zweiten Weltkrieg**, der die Kirche schwer beschädigte, erfolgte eine partielle Revision dieser Eingriffe. Die Zugänge im Westturm wurden wieder geschlossen, die zugeschüttete Krypta ausgegraben und neu gewölbt sowie der erhöhte Westchor wiederhergestellt – dann aber doch durch eine große Orgel wieder zugestellt. Die Westvierung blieb auf Langhausniveau. An der Südseite der Kirche entstand 1955 nach Entwurf von Jan Werner Starck die **Dr.-Josef-Könn-Aula** mit der schönen Glasfensterwand von Ludwig Gies. Die um 1900 entstandene großartige **historistische Mosaizierung** im Inneren von St. Aposteln zerstörten Krieg und Wiederaufbau, bis auf einen kleinen Rest im Bogenfeld des nordwestlichen Querhauses. Während nämlich das Äußere in zwei Etappen (1948–57 und 1967–74) möglichst detailgetreu wiederhergestellt wurde, fand im Inneren durch Willy Weyres eine Neugestaltung statt, die bewusst weiße Wände und zurückhaltend ornamentierte Farbfenster zum Ziel hatte. Kurz nach dieser sachlich-schlichten Neugestaltung von 1956/57 regte sich aber in der Gemeinde der Wunsch nach einer aufwändigeren Ausstattung, die 1975 begonnen wurde. Zunächst entstand eine **neue Inneneinrichtung** der Ostanlage von Sepp Hürten mit Fußbodenmosaik, romanisierendem Ambo und Altar, bekrönt von einem Baldachin mit goldbronzenem Strahlenkranz und einer Taube mit Tabernakel. Zusätzlich waren die vier großen Leuch-

Sakralbauten · St. Cäcilien 71

ter aus Messing reaktiviert worden, die von der historischen Ausstattung des 19. Jh. erhalten geblieben waren. 1988 wurden die zwölf bedeutenden **Apostelstatuetten** (um 1330/50) im Ostchor in einem prunkvoll wirkenden Retabel von Paul Nagel aufgestellt. 1988–93 erfolgte die intensiv diskutierte **Ausmalung des Ostchores** durch Hermann Gottfried. Dargestellt sind in abstrahierenden Formen Szenen aus der Offenbarung des Johannes: in der Ostkonche die Vision des himmlischen Thronsaales und der thronende Christus im Tonnengewölbe, in der Nordkonche der Gekreuzigte und die apokalyptische Frau und in der Südkonche der Auferstandene und das Lamm auf dem Berg Zion. In den Kuppelpendantifs sind die Evangelistensymbole und in den Nischen des Tambours Engel dargestellt. Die aus dem Weidenbachkloster stammende Figur des **hl. Michael** mit Drachen am südwestlichen Vierungspfeiler wurde von Meister Tilman um 1480/90 geschaffen und entspricht bis in Details derjenigen in St. Andreas. In der Werkstatt von Meister Tilman entstand auch zu Anfang des 16. Jh. die Ecce-Homo-Statue im Nordquerhaus. Die Figuren der **14 Nothelfer** im südlichen Querhaus sind aus dem 14. bis 16. Jh. und stehen auf einheitlichen Sockeln des 18. Jh. Außen am Westturm die Kopie eines Reliefs des **hl. Paulus** (Original in der Dr.-Josef-Könn-Aula) aus der Zeit um 1160/70.

St. Barbara → Kartäuserkirche

St. Cäcilien (II D7; Cäcilienkloster 17–19), Museum Schnütgen (→ Museen), ehem. Damenstifts- und Klosterkirche: dreischiffige turmlose Basilika mit Westempore über der Krypta.

Die ehemalige Stiftskirche für adelige Damen bildet bis heute zusammen mit St. Peter die einzig erhaltene der einst überaus zahlreichen Kölner **»Kirchenfamilien«**, bestehend aus Stifts- oder Klosterkirchen und daneben gelegener Pfarrkirche. Nach 1802 nutzte man den Klosterbereich von St. Cäcilien als Bürgerhospital, wodurch der Sakralbau zur Krankenhauskirche wurde. So blieb St. Peter als Pfarrkirche erhalten. Die Konventgebäude von St. Cäcilien aber mussten bereits 1843–47 dem Neubau des Bürgerhospitals durch Johann Peter Weyer weichen. Dabei errichtete er die **Westfassade** der Kirche in neuromanischen Formen. Das Hospital wurde nach dem Zweiten Weltkrieg aufgegeben, sodass sich erneut die Frage nach Erhaltung und Nutzung des im Krieg stark beschädigten Kirchenpaares stellte. Zum Glück ergab sich für St. Cäcilien die neue Nutzung als **Museum Schnütgen**, dessen ehemaliger Standort in Deutz als Neubaufläche für das Landeshaus diente. Das Innere von St. Cäcilien erhielt beim Wiederaufbau anstelle der Gewölbe Flachdecken, was zu einem stimmigen Raumeindruck mit der vermutlich originalen Proportion des Kastenraumes des 12. Jh. führte.

Die **Gründungsgeschichte** von St. Cäcilien ist vielfältig. Kirche und Stiftsgebäude entstanden dort, wo sich zur Römerzeit die weitläufige Anlage der **Thermen** ausbreitete. Der älteste Sakralbau, eine Saalkirche aus dem 9. Jh., deren Proportion im heutigen Mittelschiff erhalten ist, war bei der Gründung des adeligen Damenstiftes im Jahre 888 wohl schon vorhanden. Vermutlich im **10. Jh.** zwischen 940 und 960 wurde diese Kirche durch seitliche Annexräume, einen Westchor mit Krypta und Konventgebäuden im Norden erweitert. Etwa von **1100 bis 1170** entstand mit dem Umbau zur dreischiffigen Pfeilerbasilika mit flachgedecktem Mittelschiff und gewölbten Seitenschiffen der heute im Langhaus wieder vorhandene Raumeindruck. In dieser Zeit wurde auch die Westempore über der Kryptenvorhalle neu gebaut sowie das östliche Chorjoch mit Apsis. Von der **Ausmalung** der Zeit um 1300 waren umfangreiche Teile im Chor erhalten, die allerdings nach der Entfernung der »Schutzschicht« des 19. Jh. in kaum mehr lesbarem Zustand sind. Sie zeigen in Reihenanordnung die Geschichte der hl. Cäcilia im Norden und Szenen aus dem

Neuen Testament im Süden. Ein besonders interessantes Detail ist mit den Ausmalungsresten im nördlichen Obergaden verbunden, die musizierende Engel zeigen; sie markieren die Stelle, wo die vielleicht **älteste Kölner Orgel** im 14. Jh. ihren Standort hatte. **Kreuzgang und Stiftsgebäude** wurden im 12. Jh. im Westen neu gebaut, der ottonische Kreuzgang (um 940–960) im Norden aufgegeben. Der sogenannte »fränkische Bogen« erhielt sich nur, weil er in eine später errichtete, heute aber nicht mehr existierende Maternuskapelle an dieser Stelle einbezogen worden war. Das **Tympanon des Nordportals** zeigt die Halbfigur der hl. Cäcilia mit den hll. Valerian und Tiburtius (um 1160/1170, Original im Museum Schnütgen).

In St. Cäcilien pflegte der Kölner Erzbischof nach St. Maria im Kapitol die **zweite Weihnachtsmesse** zu lesen, was die besondere Bedeutung des Stifts betonte, die sich aber im weiteren Verlauf des Mittelalters verlor. 1475 wurden die Baulichkeiten unter standesgemäßem Protest der Äbtissin den **Augustinerinnen** übergeben, die kriegsbedingt ihr Kloster Weiher außerhalb der Stadtmauern verlassen mussten. Die Nonnen bauten im Mittelschiff die im Zweiten Weltkrieg zerstörte Wölbung ein und ließen anstelle der nördlichen Seitenschiff-Apsis eine zweijochige Sakristei anbauen.

Elendskirche St. Gregor (II C8; An St. Katharinen 5), Eigenkirche der Familie von Groote: barocker Backsteinsaalbau mit dominanter Westfassade.

Von den zahlreichen **Eigenkirchen** ist nur eine bis heute erhalten: die Elendskirche St. Gregor, die 1765–71 nach Entwurf von Balthasar Spaeth von Heinrich Nikolaus Krakamp gebaut wurde. Sie entstand anstelle einer älteren Kapelle auf dem Friedhof für die »Elenden«, wie man die Fremden bezeichnete, zu denen auch die aus den Niederlanden stammenden von Grootes gehörten. Der gesamte Schmuck des Backsteinbaus konzentriert sich auf die Eingangsseite mit ihrem reichen Portal, gekrönt von Friedrich Geiger mit der Darstellung des **Triumphs des Todes**: ein die päpstlichen Insignien und die Tiara tragendes Gerippe. Darüber ist ein Totenkopf, unter dem trophäenartig kirchliche Symbole hängen. Im Giebel sind die beiden von Groote'schen Wappen. Das **Innere** der Saalkirche zeigt auf ionischer Pilasterordnung ein dreijochiges Tonnengewölbe mit Stichkappen und im Chor vor der flachen Altarnische mit dem schönen Hauptaltar (Figuren von Johann Joseph Imhoff d. Ä.) ein Kreuzgewölbe. An der Nordseite sind die Gebäude der Schönstatt-Schwestern (1963), die auch St. Gregor mit betreuen.

Franziskanerkirche St. Marien (Ulrichgasse): Die im Zweiten Weltkrieg schwer beschädigte neugotische Franziskanerkirche von Karl Schellen (1892–1900) wurde von Emil Steffann (1953/54) als sehr **interessante Raumgestalt** von Mönchs- und Laienkirche neu konzipiert. Den freistehenden Altartisch stellte er diagonal in den Schnittpunkt beider Räume.

St. Georg (II C8; Georgsplatz, Waidmarkt), Kath. Pfarrkirche, ehem. Herrenstiftskirche: dreischiffige, doppelchörige frühromanische Säulenbasilika mit Ostquerhaus und Hallenkrypta.

Direkt hinter dem **römischen Südtor** vermutet man eine durch Ausgrabungen belegte Benefiziarier-Station, eine Wache römischer Soldaten zum Schutz der wichtigen Ausfallstraße nach Süden. Auf einem Teil ihrer Fundamente entstand vermutlich in merowingischer Zeit das überlieferte **Cäsarius-Oratorium**. Sein Altarstandort blieb für den **Kirchenneubau des 11. Jh.** bestimmend und ist auch heute der Ort des Pfarraltares von St. Georg. Erzbischof Anno II. gründete hier 1059 ein Herrenstift, dessen Kirche 1067 geweiht wurde. Diese dreischiffige Säulenbasilika ist mit dem östlichen Querhaus und dem dreiteiligen Langchor über einer Hallenkrypta bis heute erhalten. Die Säulen sind überwiegend wiederverwendete Baustücke aus römischen Bauten. Das ursprünglich flachgedeckte Lang-

St. Georg, Westchor

haus der Kirche wurde bereits in der **Mitte des 12. Jh.** gewölbt. Dafür stellte man zwischen die mittleren Säulen recht unbekümmert mächtige Pfeiler mit Wandvorlagen, die das zweiteilige Kreuzgratgewölbe des Mittelschiffes tragen. Die Stiftskirche war von Anbeginn an doppelchörig. Der zunächst halbrunde Westchor wurde Ende des 12. Jh. durch den bestehenden **monumentalen Westchor** erneuert. Dieser im Äußeren ungewöhnlich blockhafte Baukörper sollte wohl ursprünglich einen höheren Turmaufbau tragen, der im Konzert der Kölner Türme mitsprechen konnte. Es blieb aber beim massiven Unterbau, dessen barocke Bekrönung im Zweiten Weltkrieg zerstört und durch ein Notdach ersetzt wurde. Sein schlichtes Walmdach erwies sich in der Folge als so passend für unsere Zeit, dass es in dieser Form dauerhaft erneuert wurde. Das Innere dieses Westbaus erweckt mit seiner mehrschaligen und sehr differenzierten Gliederung einen völlig anderen Eindruck. Unter einer großen Hängekuppel sind die drei umfassenden Wände des quadratischen Baukörpers in eine zweizonige Nischen- und Fensterarchitektur aufgelöst. Sie ruft mit einem jeweils großen mittleren und zwei begleitenden kleineren Bögen das Vorbild römischer Toranlagen in Erinnerung – zur Bauzeit stand in unmittelbarer Nachbarschaft noch das römische Südtor. Die vor allem für das Innere einschneidenden Veränderungen der **Barockisierung** am Ende des 17. Jh. (u. a. Abbruch der Querhausflügel und Aufschüttung des Langhausfußbodens auf das Niveau von Ost- und Westchor) wurden bei der durchgreifenden **Neugestaltung 1928–30** durch Wilhelm Schorn und Clemens Holzmeister rückgängig gemacht. Gleichzeitig erfolgte eine Neuinterpretation romanischer Architektur durch Entfernung der damals ungeliebten Ausmalung des 19. Jh. und Betonung der Stein- und Putzsichtigkeit. Dabei wurden die Werksteinteile durch neue Scharrierung in einen raueren Zustand gebracht, als er jemals vorhanden war. Allerdings ging dabei viel von der ursprünglichen Substanz, insbesondere auch zahlreiche Steinmetzzeichen, verloren. Ergänzend zu diesem neuen ästhetischen Erlebnis von »Romanik« wurde eine starke Farbigkeit für die **Glasfenster** gewählt, die Johan Thorn-Prikker in den expressionistischen Formen der späten 1920er-Jahre schuf. Sie wurden bei der Wiederherstellung nach den schweren Schäden des Zweiten Weltkriegs weitgehend rekonstruiert. Die figürlichen Darstellungen im Westchor sind die hll. Georg, Anno und Jakob. Letzterem war die früher nördlich anschließende Pfarrkirche geweiht, die mit der Stiftskirche 1551/52 durch einen Gang verbunden war, der heute als **Vorhalle** von St. Georg teilweise erhalten ist. Die Fenster im nördlichen Seitenschiff zeigen die Darstellungen der Fische, des A und O, des Phönix mit Kreuzfahne und des Agnus Dei mit sieben Siegeln, im südlichen Seitenschiff (ebenfalls von West nach Ost) des Fischs, der Arma Christi mit Geißel, Lanze und drei Würfel, des IHS mit Trauben, Kelch, Ähren und Brot und des Sanctus. Die Fenster des Obergadens, des Querhauses und des Chores sind von Ornamenten besetzt. Holzmeister nahm auch die alte Tradition des **Kreuzaltares** auf, der an der Stelle errichtet war, wo in fränkisch-merowingischer Zeit das liturgische Zentrum des Cäsarius-Oratoriums war. Der neue Altartisch mit dem von Wilhelm Powolny geschaffenen Tabernakel kam damit als Volksaltar wieder zwischen die Treppenaufgänge zum Hochchor, auf dem direkt darüber ein zweiter Altar seinen Platz fand, zur Messfeier mit dem Gesicht zur Gemeinde (*versus populum*) – der Beginn und der Anstoß zur Liturgiereform des Zweiten Vatikanischen Konzils (1962–65). Zu dieser insgesamt programmatischen Neugestaltung gehörte auch die betonte Aufstellung **mittelalterlicher Ausstattungsstücke,** wie die (ergänzte) Kopie des Triumphkreuzes von 1067 (Original im Museum Schnütgen) oder das gotische Gabelkruzifix vom Ende des 14. Jh. im Westchor. Die zutreffendste Beurteilung dieser Neukonzeption der späten 1920er-Jahre gab Hermann Schnitzler im Rahmen der Diskussion »Kirchen in Trümmern« 1946/47: »Die Kirche wurde nach 1927 wiederhergestellt; von echten Künstlern dürfen wir sagen. Aber die Wiederherstellung, so treu sie sich geben wollte, stand jenseits der Grenze. Wir fühlten uns nicht in dem salisch-staufischen Raum, wir fühlten uns in einem schönen Raum der 20er-Jahre, wo uns der Geist der neuen Sachlichkeit vertraut berührte.« Besondere Betonung verdient die damals erfolgte und wohltuend untergeordnete Aufstellung der **Orgel** im südlichen Querhausflügel.

Der **Zweite Weltkrieg** hatte St. Georg schwer beschädigt. Erst 1964 war der Wiederaufbau abgeschlossen, der sich an der Restaurierung von 1927–30 orientierte. Dadurch wurde auch die Überlegung, ob anstelle der Gewölbe eine Flachdecke entstehen und damit das Bild der Säulenbasilika des 11. Jh. wiedergewonnen werden sollte, zugunsten der Holzmeister-Renovierung aufgegeben. Allerdings ist vor allem die Wandgestaltung im Inneren wesentlich glatter geworden. Die Farbfenster von Johan Thorn-Prikker wurden zum Teil nach den Kartons neu geschaffen. Die größte Veränderung geschah im Bereich des Hauptaltares, der nun als einziger Altar durch seine Freistellung, gemäß den Bestimmungen des Zweiten Vatikanischen Konzils, etwas weiter nach Westen verschoben wurde, während sich auf dem Standort des »Cäsariusaltares« eine Sitzbank befindet. Insgesamt ist bei den Details eine reichere Gestaltung entstanden, wie bei der Altarmensa, dem umgebenden Fußboden und den neuen Gittern, nach Entwurf von Sepp Hürten 1965. Das **Mosaik der Mutter Gottes**, wohl 1913 von Johan Thorn-Prikker geschaffen, konnte 1987 erworben werden.

Von der älteren Ausstattung ist neben den genannten Kreuzen das **Sakramentshaus** von 1556 erhalten. Es zeigt das Abendmahl und die Auferstehung Christi. Gegenüber ist das Epitaph seines Stifters Wilhelm Wysch. In der Vor-

Sakralbauten · St. Georg 79

halle von 1551/52 sind die figürlichen Kapitelle mit Darstellungen von Samsons Kampf mit dem Löwen, David mit der Harfe sowie Adam und Eva in paradiesischer Nacktheit sowie das spätgotische Kruzifix bemerkenswert. Das große **Triptychon**, Barthel Bruyn d. J. zugeschrieben, mit der Beweinung Christi im Mittelteil sowie Kreuztragung und Auferstehung auf den Flügeln, wurde vor 1558 vom dargestellten Propst und späteren Erzbischof Johann Gerhard von Mansfeld gestiftet. In den seitlichen Nischen des Westchores stehen die Figuren von Petrus und Paulus, die vermutlich einzig erhaltenen Reste des **barocken Hochaltars** (um 1770). Die **barocke Madonna** am Nordostpfeiler der Vierung wurde vor 1930 aus Bottenbroich erworben. Der südliche Nebenchor wurde 1965 als **Sakramentskapelle** der neue Standort des 1930 geschaffenen Tabernakels von Wilhelm Powolny, den nördlichen Nebenchor richtete nach 2003 Ingrid Bussenius als **Schatzkammer** ein. Hier ist u.a. in schlicht-eleganten Vitrinen das Georgs-Evangeliar des 11. Jh. ausgestellt und drei barocke Halbfiguren, deren eine Erzbischof Anno zeigt, der einst ein Kirchenmodell in der Hand hielt, das in den 1980er-Jahren gestohlen wurde.

Die fünfschiffige **Hallenkrypta** des 11. Jh. mit Würfelkapitellen auf schlanken Säulen birgt eine der wenigen frühmittelalterlichen Bauinschriften. Auf dem nordöstlichen Kapitell steht: »Herebrat me fecit«. **Kreuzgang und Stiftsgebäude**, die östlich des dreiteiligen Chores lagen, wurden nach der Säkularisation abgebrochen. Der neue 1928/30 entstandene **Kreuzhof** (von der Vorhalle zugänglich) mit den Mosaiken von Wilhelm Schmitz-Steinkrüger (1936) birgt die Gräber jener Menschen, die in der Kirche bei dem furchtbaren Bombenangriff vom 2. März 1945 den Tod fanden (→ St. Gereon und Neustadt, St. Paul). Das 1877 gestaltete neuromanische **Stufenportal der Vorhalle** erhielt 1927–30 im Bogenfeld ein Mosaik mit der Darstellung Erzbischof Annos II. und des drachentöten-

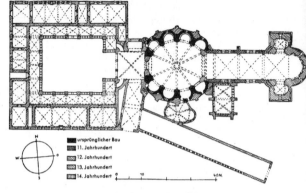

St. Gereon, Grundriss

den hl. Georg. Darüber ist im Giebelfeld die Figurengruppe der Gottesmutter mit Jesuskind begleitet von den hll. Anno und Georg vom Bildhauer Eduard Schmitz. Das Gittertor zum Südeingang mit den beiden Figuren stammt in seinen expressiven Ausdruckformen von 1927–30, das löwengeschmückte **Südportal** mit den eingestellten Säulen aus dem 12. Jh.

St. Gereon (II E7; Gereonshof 4), Kath. Pfarrkirche, ehem. Herrenstiftskirche: Zentralbau (römisch und romanisch) mit romanischem Langchor über der Krypta und zweitürmiger Chorfassade.

Zwar ist nicht gesichert, welche die älteste Kirche Kölns ist, der älteste Bau aber ist St. Gereon. Fast anderthalb Jahrtausende lang hielt sich hier die Überlieferung, dass die Mutter Kaiser Konstantins des Großen, die **hl. Helena,** zu Ehren der Thebäischen Märtyrer und ihres Anführers Gereon zu Beginn des 4. Jh. diesen prachtvollen ovalen Zentralbau mit Atrium, Vorhalle und angefügten gewölbten

Sakralbauten · St. Gereon 81

Nischen erbaut habe. Nach dem Zweiten Weltkrieg zerstörten die Archäologen diese Legende. Zusätzlich mussten die Kölner verkraften, dass Gereon kein nachweisbarer Heiliger war und daher aus der offiziellen Heiligenliste gestrichen wurde. Dies wog umso schwerer, als Gereon und die ebenfalls nur legendäre hl. Ursula (siehe St. Ursula) die Kölner Stadtpatrone sind. Für die ungewöhnliche Baugestalt der Kirche St. Gereon aber ist die Vorgeschichte prägend gewesen und hat so der abendländischen Kunst einen der aufregendsten Sakralbauten beschert.

In römischer Zeit befand sich hier, außerhalb der Stadt, ein Friedhof. Der **monumentale Kuppelbau** aus der Zeit um 350–365 mit den weitgehend original erhaltenen, je vier halbrunden Anbauten (Konchen) im Norden und Süden und ehemals einer größeren halbrunden Apsis im Osten war vermutlich der Grab- oder Memorialbau einer höhergestellten Persönlichkeit, die der kaiserlichen Familie zumindest nahestand. In den Konchen standen ursprünglich wohl die Sarkophage. Die Ausstattung des gesamten Baus mit vermutlich figürlichen Mosaiken war außerordentlich prächtig, wie die erste überlieferte schriftliche Nachricht durch Bischof Gregor von Tours (um 540–594) und Funde von Mosaikwürfeln belegen. Ein kleiner Rest des ursprünglichen Stiftmosaikbodens ist an vertiefter Stelle in der südwestlichen Konche zu sehen, wo auch, bei sehr genauem Hinsehen, der Ansatz einer Wandverkleidung aus Marmor zu erkennen ist. Von den Marmorsäulen, die einst das Innere zwischen den Konchen schmückten, hat sich möglicherweise in der Nische links vom Eingang ein Rest als sog. Blutsäule, auf die das Blut der Märtyrer gespritzt sei, erhalten. Im Westen hatte der römische Bau eine Eingangshalle, die in der Vorhalle tradiert wird, und ein säulenumstandenes Atrium, das vor der Kirche durch Ausgrabungen sichtbar gemacht wurde. An dieser Stelle lag der im 19. Jh. abgebrochene Kreuzgang des Stiftes (→ Gereonskloster und Gereonsdriesch).

Nachdem das römische Köln im Jahre 455 endgültig von germanischen Kriegern erobert und danach von den ripuarischen Franken als Hauptstadt gewählt worden war, wurden römische Massivbauten entweder einfach weitergenutzt oder mit neuen Inhalten versehen. Dies bestimmte auch das weitere Schicksal dieses prachtvollen römischen Zentralbaus, der erstmals **bei Gregor von Tours als Kirche** erwähnt wurde: »Bei Köln ist eine Kirche, in der 50 Männer aus jener heiligen Thebäischen Legion den Märtyrertod erlitten haben sollen. Und weil der wunderbare Bau mit seinem Mosaikschmuck wie vergoldet erglänzt, haben die Kölner sich gewöhnt, ihn ›Die Goldenen Heiligen‹ zu nennen.« Gregor von Tours berichtete ferner sehr präzise, dass die Leiber dieser aus Theben in Ägypten (daher Thebäer) stammenden Märtyrer an dieser Stelle in einen tiefen Brunnen geworfen wurden, über dem dann die hl. Helena den wunderbaren Bau errichten und mit Mosaiken ausschmücken ließ. Eindringlich erzählt Gregor, dass die Erde aus diesem Brunnen gegen Kopfschmerzen helfe. Leider blieb die intensiv betriebene Suche nach diesem Brunnen bei allen Ausgrabungen bisher erfolglos. Die namengebende **Legende von Gereon** sowie Mauritius (→ St. Mauritius) als Anführer der Thebäischen Legion entwickelte sich erst seit dem 7. Jh., als der Bau Haupt- und Begräbniskirche fränkischer Könige war. Ein später in der Achse der Kirche gefundenes Grab, dessen Inhalt als Reliquien des hl. Gereon gedeutet wurde, war wahrscheinlich die Grabstätte eines königlichen Franken. Ein vermutlich schon länger bestehendes **Herrenstift** ist 839 erstmals bezeugt. Es war nach dem Domstift das bedeutendste in Köln und nur hochadligen Kanonikern vorbehalten. In St. Gereon wurde 818 der 1. Kölner Erzbischof, Hildebold, beigesetzt, worauf eine Platte im Fußboden der südöstlichen Konche hinweist. Hildebold hatte auch einen Chorneubau mit Außenkrypta veranlasst.

Sakralbauten · St. Gereon 83

Eine Legende von **Annos Traum** gab im 11. Jh. den Anlass für die Reparatur des damals bereits rund 700 Jahre alten Baus und für die Erweiterung durch einen neuen Langchor. Es wird berichtet, dass dem Erzbischof Anno II., der von 1056 bis 1075 in Köln herrschte, die thebäischen Märtyrer im Traum erschienen und sich darüber beklagten, dass ihre Kirche so vernachlässigt sei. Die Anno dabei von den Heiligen angedrohten Prügel veranlassten ihn umgehend, über einer **Krypta** einen erhöhten Chor zu errichten (1060–62). Als Folge dieser Bauarbeiten musste auch der antike Ovalraum neu gestaltet werden, der anstelle der antiken Mosaiken eine wunderbare Ausmalung erhielt, von der abgenommene Teile an der Chorwand zu sehen sind. Das **Chorhaupt** wurde bereits 1151–56 unter Erzbischof Arnold von Wied durch die reichgegliederte Apsis mit den beiden Türmen über der erweiterten Krypta ersetzt. Dieser Chorabschluss der Mitte des 12. Jh. stellt mit der reich gegliederten halbrunden Apsis und den beiden seitlichen Türmen die eigentliche Schauwand, die Fassade der Kirche dar und wirkte damit immer schon im städtebaulichen Sinn weit in die Gereonstraße, die als verhältnismäßig breite mittelalterliche Prozessionsstraße direkt auf den Chor zuführte. Im Inneren stellt die Apsis mit ihrer Gliederung in mehreren Etagen das erste Beispiel dieser reichen hochromanischen Gestaltung dar. Von der damals entstandenen Gesamtausstattung des Chores sind bedeutende Reste der Ausmalung, (Christus in der Mandorla begleitet von Heiligen) und des **Mosaikbodens** (neuverlegt in der Krypta) erhalten. Dieser umfangreichste mittelalterliche Mosaikboden nördlich der Alpen zeigt die Geschichte Samsons und Davids. Dabei scheint besonders die Darstellung des Löwenkampfes dieser beiden alttestamentarischen Helden für Köln besonders wichtig gewesen zu sein (→ Rathaus). Die **Krypta**, die 1964 farbstarke Fenster von Alfred Manessier erhielt, lässt sehr deutlich die beiden Bauphasen des 11. und 12. Jh. erkennen. Um 1190 wurde die Confessio neugestaltet. Diese zentrale Begräbnisstätte der Heiligen zwischen der Krypta und dem Zentralraum ist von beiden Seiten einsehbar. In drei mächtigen Steinsarkophagen, die in derselben Form aufeinandergestellt sind wie beim gleichzeitig entstehenden Dreikönigenschrein im Dom, wurden die zahlreich gefundenen Gebeine der als Thebäische Märtyrer interpretierten Toten des römischen Friedhofs geborgen. Durch die nächste große Baumaßnahme wurde 1219–27 der durch die Legende als Gründung der Helena geheiligte antike Ovalbau durch Ummantelung zum **Zehneck (Dekagon)**, das mit einer Kuppel geschlossen wurde. Der antike Bau wurde dabei wie eine kostbare Reliquie erhalten. Es steht außer Zweifel, dass diese Maßnahme komplizierter war als ein Neubau. Zusätzlich war die Errichtung dieser Kuppel eine technische Meisterleistung des frühen 13. Jh., denn das letzte derart großartige und weitgespannte Gewölbe war im 6. Jh. mit der Hagia Sophia in Konstantinopel (Istanbul) errichtet worden, dann erst 200 Jahre später im Dom von Florenz durch Filippo Brunelleschi. Im Inneren des ovalen Zentralraums sind die genannten Bauphasen gut erkennbar: Der römische Urbau des späten 4. Jh. ist nicht nur im Grundriss ablesbar, sondern auch im aufgehenden Mauerwerk, das nach der Instandsetzung nach dem Zweiten Weltkrieg unverputzt gelassen wurde. Die Gewölbe der Konchen zeigen vor allem auf der Südseite die originale römische Wölbtechnik, während an den Stirnseiten der Bögen die römische Mauertechnik des Wechsels von Ziegel- und Hausteinen gut zu sehen ist. Die darüber liegende Emporenzone wurde beim Umbau 1219–27 in den durchfensterten Tambour des römischen Urbaus gesetzt und darüber der doppelte Lichtgaden mit Fächer- und Lanzettfenstern gebaut. Die den Bau in großer Höhe abschließende Kuppel wird von Rippen geprägt, deren Last auf den zwischen den Konchen befindlichen Diensten

St. Gereon, Innenansicht von Dekagon und Chor

ruht. Ein abhängender Scheitelknauf fasst im Zentrum der Kuppel das sichtbare und sehr ausgewogene statische Gerüst dieser Konstruktion auch optisch zusammen. Von der malerischen Innenausstattung, die das Dekagon damals zweifellos erhielt, gibt die Ausmalung der **Taufkapelle** von 1242–45 eine Vorstellung. Dieser kleine unregelmäßige achtseitige Zentralraum an der Südseite ist vom Dekagon aus zugänglich und zeigt in den Wandnischen stehende Heiligenfiguren in dem für die Zeit typischen Zackenstil. Das im Zweiten Weltkrieg **schwer beschädigte Dekagon** konnte in den 1940er und 1950er-Jahren durch die statische Meisterleistung von Wilhelm Schorn und Otmar Schwab gerettet werden. Danach wurde auch das Innere steinsichtig belassen, wobei die Fleckigkeit der erneuerten Wandgliederungen noch Fragen offen lässt. Die farbprächtigen Fenster von Georg Meistermann und

Wilhelm Buschulte entstanden 1979–84. Dargestellt sind von Meistermann in der obersten Zone Propheten und Apostel sowie das Lamm Gottes mit Maria und Johannes und gegenüber die Himmelfahrt mit Hl. Geist und Tod, darunter in der Zone der Fächerfenster die himmlischen Wesen in Form der Evangelistensymbole begleitet von apokalyptischen Reitern, während im Westen die Anbetung der Hll. Drei Könige erscheint. Im Emporengeschoss hat Buschulte die hll. Josef und Maria sowie Albertus Magnus, Heribert, Petrus Canisius (im Norden) und Ursula, Hildegard, Adelheid von Vilich (im Süden) als bedeutende Kölner Heilige geschaffen, während er die Fenster der Konchen mit schlichten geometrischen Mustern füllte, die eine Reverenz an die römische Architektur sein sollen. Den schönen Fußboden entwarf Elmar Hillebrand. Die wunderbare **Schöne Madonna** am südöstlichen Pfeiler des Dekagons von 1420/30 stammt aus der nach der Säkularisation abgebrochenen Herrenstiftskirche St. Maria ad gradus, die östlich des Domes stand. Die 1315–19 errichtete **Sakristei** ist einer der schönsten original erhaltenen Innenräume der Gotik in Köln, deren überaus reiches Maßwerk an Fenstern und Wänden dem gleichzeitig entstehenden gotischen Domchor verpflichtet ist. Dies betrifft auch die um 1330 geschaffenen Glasfenster, die u. a. Darstellungen der Anbetung der Hll. Drei Könige und des hl. Gereon zeigen. Die schönen neuen Couronnements stammen von Wilhelm Buschulte. Die bemerkenswerten Türflügel zur Sakristei vom Anfang des 16. Jh. zeigen in flachen Reliefs die Figuren des Schmerzensmannes und der Trauernden Maria. Die Gewölbe des **Langchors** und die zugehörigen großen gotischen Fenster sind aus der 2. Hälfte des 14. Jh. An der Außenwand sind aber die Formen der romanischen Rundbogenfenster des 11. Jh. im Mauerwerk ablesbar. Von der einst reichen barocken Ausstattung des gesamten Baus ist im Langchor nur das Altarbild von Johann Hulsmann und Johann Tous-

Sakralbauten · St. Gereon 87

syn von 1635 *Die Verehrung der Hl. Dreifaltigkeit durch die Heiligen der Stadt Köln* erhalten, mit der wunderbaren Kölner Stadtansicht, über der der Kölner Himmel mit seinen zahlreichen Heiligen wacht. Erhalten auch das Sakramentshaus von 1608 von Wendelin Beyschlag, vernichtet aber das schöne mittelalterliche Chorgestühl, die barocken Reliquienschränke an den Langchorwänden und einer der beiden Gobelins. Der an der Nordseite erhaltene zeigt Szenen aus der Josefsgeschichte. Möglicherweise für den Hochchor geschaffen war der schöne **Renaissancealtar** von 1530/40 in der Krypta. Sein Aufbau und die Verteilung der Figuren entsprechen den mittelalterlichen Altarretabeln, während das Architekturgefüge und die Ornamentik den neuen Renaissanceformen verpflichtet sind. Dargestellt sind u. a.: Der Gekreuzigte mit Maria und Johannes, die hll. Anno und Mauritius sowie die hll. Gereon und Helena. Auf der Spitze des Mittelgiebels thront die Madonna mit dem Kind, das die Hll. Drei Könige anbeten und der hl. Josef begleitet. Alle Zwickel sind von nackten geflügelten Putti bevölkert. Das Retabel steht auf einer romanischen Altarmensa.

Die prachtvolle historistische **Pietà-Kapelle**, die 1897 für die edle Figurengruppe von Josef Reiß an der Südseite der Vorhalle von Heinrich Krings angebaut wurde, überstand wie durch ein Wunder Krieg und Wiederaufbau. Die beiden **Löwen**, die das Portal zum Dekagon begleiten, wurden vermutlich nicht für diesen Standort geschaffen und stammen auch aus verschiedenen Zeiten: Der linke ist aus dem 12. Jh. und hat ein Loch im Rücken, was darauf hinweist, dass er ursprünglich am Boden stand und eine Säule trug, der rechte ist aus dem 13. Jh. und hält ein Lamm in den Klauen.

St. Gregor → Elendskirche

Jesuitenkirche → St. Mariä Himmelfahrt

St. Johann Baptist (II C 8; An Zint Jan / Severinstraße), Kath. Pfarrkirche, Stadtjugendkirche: Saalkirche mit

Turm von 1960 bis 1963, die romanisch-gotische Reste einbezog.

948 erstmals erwähnt und seit etwa 1080 Pfarrkirche (→ St. Peter), entstand **1210 ein Neubau** als flachgedeckter dreischiffiger Emporenbau, der vom 14. bis 16. Jh. durch Seitenschiffe und Einwölbung vergrößert und verändert wurde. Die malerische Baugruppe hatte im Zweiten Weltkrieg stark gelitten, aber bereits 1948 war das nördlichste Seitenschiff als Notkirche nutzbar gemacht worden. Der **Neuaufbau von 1960 bis 1963** durch Karl Band präparierte die vier Mittelschiffjoche des romanischen Kerns als erhöhten »Schrein« heraus und setzte weiter westlich einen neuen romanisierenden Backstein-Turm. Im Inneren entstand im Ausmaß des ehemaligen dreischiffigen romanischen Baus eine Saalkirche, die zeltartig von einer Holzdecke überspannt ist. Aus ihrer Mitte erhebt sich der weiß gestrichene romanische »Schrein« mit beibehaltenem gotischem Gewölbe als Altarraum. Die Farbverglasung 1963 stammt von Willi Strauß, die an der Südseite 1965 von Hermann Gottfried, der die spätgotischen englischen Scheiben von 1490 ornamental ergänzte. 2007–09 erfolgte eine teilweise Umgestaltung des Inneren zum **»Jugendpastoralen Zentrum«.** An der Nordseite steht an der Brückenrampe zur Severinsbrücke die Figur des **hl. Severin** von Elmar Hillebrand 1964. Der Gestus des Heiligen mag den vorbeibrausenden Autofahrern als Segen gelten insbesondere aber auf die hier nach wie vor unbefriedigende städtebauliche Situation nach dem Einbruch der Brückenrampe hinweisen.

Karmelitinnenkirche → Gereonskloster

Kartäuserkirche St. Barbara (II B8; Kartäusergasse 7–9), Evang. Pfarrkirche, ehem. Klosterkirche der Kartäuser: langgestreckte gotische Saalkirche mit Dachreiter und Anbauten von Kapellen und Kapitelsaal.

Das »Heilige Köln« war im Mittelalter geprägt von einer Fülle von Konventen und Kirchen. Durch die großen

Sakralbauten · St. Johann Baptist, Kartäuserkirche 89

Besitzungen und die Sonderrechte der geistlichen Gemeinschaften, wie z. B. Steuerfreiheit, war die Bewegungsfreiheit der Stadt allmählich empfindlich eingeschränkt, so dass neue Ordensniederlassungen nach Möglichkeit ausgeschlossen wurden. Nur der sehr hohen Protektion bis hin zum Kaiserhaus ist es zuzuschreiben, dass die Kartäuser als **letzte mittelalterliche Klostergründung** hier Fuß fassen konnten. Ihrem Wunsch nach Weltabgeschiedenheit entsprechend, ließen sie sich 1335 am weitgehend noch unbesiedelten Südrand der Stadt nieder, wo eine kleine Barbara-Kapelle stand. Deren Patrozinium übernahmen sie für den **Neubau der Kirche**, die um 1365 begonnen und 1393 geweiht wurde. Der schlichte kreuzrippengewölbte Saalbau und der polygonale Chor sind unter einem langgestreckten Satteldach zusammengefasst und mit dem bei diesen gotischen Schlichtbauten üblichen Dachreiter geschmückt. Der in seiner ungegliederten Form unendlich lang und schmal erscheinende Innenraum mit dem niedrigen Gewölbe auf Konsolen war ursprünglich in seiner Mitte durch einen **Lettner** unterteilt. Einige der besonders wertvollen mittelalterlichen Altäre Kölns befanden sich auf diesem Lettner, wie z. B. der Kreuzaltar und der Thomasaltar des Meisters des Bartholomäusaltares von 1498/99 (heute im → Wallraf, siehe Museen). Allein diese sind schon ein Hinweis auf die ehemals überaus reiche Ausstattung dieser Kirche sowie der Konventbauten. Gerade dieser strenge Orden, dessen Mitglieder sich dem intensiven Gebet und dem Studium widmeten, erfreute sich besonderer Stiftungsfreude hochgestellter Persönlichkeiten. Dem sind auch die Kapellenanbauten an der Nordseite zu verdanken, von denen die **Engelkapelle** und die **Marienkapelle** von 1425 und 1427 nur noch in der Bauhülle und in wichtigen Skulpturresten erhalten sind, während die heute als Trau- und Taufkapelle genutzte **Neue Sakristei** ihren architektonischen Gesamteindruck durch die Bewahrung des 1510 eingebauten reichen Netzgewölbes weitgehend ungeschmälert zeigen kann. Alle Glasfenster aus den 1950er-Jahren sind Werke von Carl Crodel.

Es mag vielleicht nachdenklich stimmen, dass ausgerechnet die Kirche und das **Klosterareal der Kartäuser**, die in Köln bei der Abwehr der Reformation eine ganz entscheidende Rolle spielten, seit 1922 den **Evangelischen** übertragen wurden. Die im Kern noch mittelalterliche Immunitätsmauer ist zu großen Teilen erhalten und mit zwei barocken Skulpturen-Tabernakeln geschmückt. Im südlich der Kirche gelegenen ehem. kleinen Kreuzgang befindet sich seit 1980 die Gedenktafel für Pfarrer **Georg Fritze**, der 1938 den Eid auf Hitler verweigerte und auf Antrag der Kirchengemeinde zwangspensioniert wurde. Die ehem. **Laienbrüder-Gebäude** schließen nördlich der Kirche an. Sie wurden um 1740 um einen länglichen Innenhof als zweigeschossige Dreiflügelanlage errichtet und mit einem prachtvollen Portal mit den Figuren der hll. Maria, Barbara und Bruno des Kartäusers zur Kartäusergasse abgeschlossen. In diesem Komplex ist seit 1960 der Evangelische Stadtkirchenverband Köln untergebracht.

St. Kolumba (II D8; Kolumbastr. 2), Kath. Kapelle »Madonna in den Trümmern« und Kolumba: Kunstmuseum des Erzbistums Köln (Diözesanmuseum).

St. Kolumba war Kölns wichtigste **Bürgerpfarrkirche** (→ St. Peter), die ihren Ursprung im 7./8. Jh. hat. Die Emporenbasilika des 12. Jh. war durch An- und Umbauten der nachfolgenden Jahrhunderte auf fünf Schiffe angewachsen. Die bedeutende Ausstattung gelangte über die Sammlung Boisserée in die Alte Pinakothek nach München (Bartholomäus-Altar des danach benannten Meisters, Dreikönigs-Altar des Rogier van der Weyden).

Die durch Stadtplanung und Bomben bewirkte Entvölkerung dieses Innenstadtbereiches führte dazu, dass St. Kolumba als Pfarrkirche aufgegeben wurde. Wohl aber bewirkte die wie durch ein Wunder erhaltene gotische Madonna (um 1460/70) die Entstehung eines wunderba-

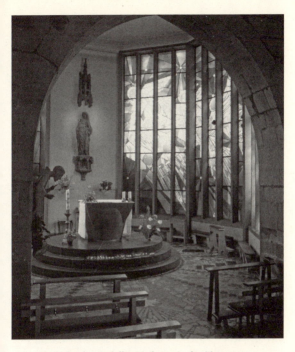

St. Kolumba, Kapelle »Madonna in den Trümmern«

ren neuen Sakralraumes durch Gottfried Böhm 1949–50. Diese Kapelle »**Madonna in den Trümmern**« bildet inmitten des turbulenten Geschäftstreibens dieser City-Zone einen vielbesuchten Ruhepunkt. Das ehemalige Turmuntergeschoss von St. Kolumba wurde der Kapellenraum, dem Gottfried Böhm im Bereich des ehemaligen Mittelschiffs einen zehnseitigen gläsernen Zentralraum als Chor anfügte, in dessen Zentrum die unzerstört überkommene Schöne Madonna einen neuen Standort erhielt. Die ausdrucksstarken farbigen Engel-Fenster von Ludwig Gies entstanden 1954, das Heilig-Geist-Fenster nach dem bereits 1911 geschaffenen Entwurf von Johan Thorn-Prikker, das Katharinenfenster von Georg Meistermann 1948, die Figur des hl. Antonius von Padua, den Fischen predigend, von Ewald Mataré 1942/43. Im Norden fügte Böhm 1956 die Sakramentskapelle an, einen mystisch dunklen Raum mit zentralem Altar aus hellen Kerzenbäumen und einem Tabernakel von Elisabeth Treskow sowie einer dunklen Basaltwand mit dem zarten Relief der Kreuzwegstationen von Rudolf Peer.

2002–07 wurde die Kapelle von Peter Zumthor »eingehaust« in den **Neubau des Diözesanmuseums »Kolumba«** (→ Museen), das die noch vorhandenen Umfassungsmauern der alten Pfarrkirche sowie die Ausgrabungszone einbezogen hat (→ Kolumbastraße). Eine adäquate Lösung, um dem gläsernen Chor der Kapelle die so wichtige und entscheidende Lichtzufuhr von außen zu sichern, fehlt bisher, damit die von innen beleuchtete Kapelle nicht nur als Stimmungsfaktor für die Ausgrabungszone zur Wirkung kommt. Der **Kolumbaaltar** von Johann Franz van Helmont steht seit 2001 in der Ursulinenkirche.

St. Kunibert (II F8; Kunibertskloster 6), Kath. Pfarrkirche, ehem. Herrenstiftskirche: dreischiffige romanische Basilika mit türmeflankiertem Ostchor und turmbekröntem Westquerhaus.

Als letzte der großen romanischen Kirchen in Köln entstand in der ersten Hälfte des 13. Jh. der Neubau von St. Kunibert, als letzte der romanischen Kirchen wurde sie nach dem Zweiten Weltkrieg wiederhergestellt. Erst am 3. Oktober 1993 konnte die **Feier zu ihrer Vollendung** stattfinden. Nachdem bereits 1955 das Langhaus wiederhergestellt war und mit dem weitgehend erhalten gebliebenen Chor genutzt werden konnte, war die Ruine des

Sakralbauten · St. Kunibert 93

durch eine Trennwand abgeteilten Westquerhauses mit
dem fehlenden Turm lange ein Diskussionspunkt. Für
die kirchliche Aufsichtsbehörde erschien das Langhaus
ausreichend und das Westquerhaus verzichtbar, aber aus
kunsthistorischer, städtebaulicher und kirchenhistorischer
Sicht war die Gesamtherstellung unverzichtbar. Die nicht
zuletzt für die Komplettierung von St. Kunibert 1981 erfolgte Gründung des **Fördervereins Romanische Kirchen Köln e. V.** belebte genau diese Diskussion und erreichte schließlich den Weiterbau und die Vollendung. Gerade mit Bezug auf die unvergleichliche architektonische
und städtebauliche Vielfältigkeit der Kölner Romanischen
Kirchen war die kunsthistorische Forderung nach dem
Wiederaufbau von Westquerhaus und Turm gerechtfertigt.
Zusätzlich konnte argumentiert werden, dass dieser westliche Teil der Stiftskirche einst vor allem der Pfarre diente,
die hier ähnlich wie in St. Aposteln und St. Severin zusammen mit den Stiftsherren die Kirche nutzte. Auch wenn
die Fertigstellung eine gewisse Schematisierung gerade der
Türme und ihrer Hauben nicht verleugnen kann und ihre
vergleichsweise Trockenheit ganz besonders im Vergleich
mit früheren Zuständen durchaus bewusst wird, so ist der
erreichte Abschluss auch dieses Wiederaufbaus trotz aller
Kompromisse sehr zu begrüßen. Da die Turmabschlüsse
bei St. Kunibert in den vergangenen 700 Jahren ständig
verändert wurden, mag dies auch für die Zukunft angenommen werden.

Ob der in einem ehemals profanen und früher von außen zugänglichen Raum unter dem Chor vorhandene
Brunnen, der als legendärer Kölner Kinderborn gilt, ein
heidnisches Wasser-Heiligtum war, das durch die Anlage
der Kirche christlich überformt werden sollte, ist unge-
klärt. Auf jeden Fall gründete oder erneuerte Bischof Kunibert (um 623–663) hier außerhalb der Stadt am nördlichen Rheinufer eine dem **hl. Clemens geweihte Kirche**, in
der er vermutlich bestattet wurde und in der man um 690

die von den Sachsen getöteten Brüder Ewaldi, angelsächsische Missionare, beisetzte. Einer Legende nach waren sie durch den Brunnen unter der Kirche angeschwemmt worden. 866 ist hier erstmals ein **Herrenstift** genannt, das Mitte des 11. Jh. einen dreischiffigen Neubau mit türmebekröntem Westbau erhielt. 1074 erhob man die Gebeine der beiden Ewaldi und 1168 die von Kunibert zur Ehre der Altäre. Spätestens seither ist **St. Kunibert**, der seit dem 9. Jh. schon verehrt wurde, der Hauptpatron der Kirche. Die Gebeine der Heiligen befinden sich im Ewaldischrein und im Kunibertschrein, die im 19. Jh. neu geschaffen wurden und im Hochchor aufgestellt sind. Der seit etwa 1215 errichtete **Neubau** der dreischiffigen gewölbten Basilika mit doppeltürmigem Chorhaupt über einem kryptenartigen Brunnenraum und mit breitausladendem Westquerhaus wurde 1247 geweiht und erhielt bis 1261 den Westturm. Das Fehlen ausreichender Fundamente dafür und die jahrhundertelangen Bauprobleme mit dem Turm legen den Schluss nahe, dass er nicht von Anbeginn geplant war. Der **Wiederaufbau** seit 1982 nach der Planung von Leo Hugot hat diesen ursprünglichen »Planungsfehler« nur durch eine massive Verstärkung der Tragkonstruktion beheben können. Diese führte zu bedauerlichen, aber unvermeidlichen Einschnürungen im Inneren des Westquerhauses und beeinträchtigt seine ehemals lichte Weite, wie sie fast unverändert im vergleichbaren Westquerhaus von St. Aposteln zu sehen ist. Die Form der **Innenraumfassung** der 1950er-Jahre, wie sie mit ihren hellen Wandflächen und den ornamentierten Gliederungen im Chor und im Langhaus von St. Kunibert durch Willy Weyres, Karl Band und Hans Heider bereits angelegt war, wurde 1991/92 in das Westquerhaus übernommen. Im östlichen Langhausjoch lassen die auf hohen Sockeln stehenden Gewölbedienste erkennen, dass hier das **Gestühl der Stiftsherren** in einem bis ins Mittelschiff verlängerten Stiftschor stand. Vor seiner westlichen Schranke

St. Kunibert, Verkündigungsgruppe

war der Kreuzaltar, an dem der Pfarrgottesdienst statt-
fand, der allerdings im Spätmittelalter an einen eigenen
Volksaltar im südwestlichen Querhaus verlegt wurde. Mit
der Aufhebung des Stiftes 1802 erhielt die Pfarre die gesamte Kirche. Allerdings stürzte der Westturm 1830 ein,
nachdem der gesamte Westbau bereits 1828 wegen Baufäl-
ligkeit gesperrt worden war. Dies bedingte die Entfernung
der Abschrankung des Stiftschores, um Platz für die Gläubigen zu schaffen. Erhalten aber blieb die auf diesen abgeschrankten Stiftschor ausgerichtete **Figurengruppe der
Verkündigung** an den östlichen Mittelschiffpfeilern. Die
beiden überlebensgroßen, farbig gefassten Sandsteinfiguren sind an der Engelskonsole mit der kleinen Darstellung
des Stifters Hermanus von Arcka 1439 datiert. Die raum-
übergreifende Gruppe, mit wunderbarem spätgotischem
Pathos und der schönsten Lockenpracht eines Verkündi-
gungsengels gestaltet, wird als Werk des Dombaumeisters
Konrad Kuyn angesehen. Wie die **farbige Gesamtausstattung** des Mittelalters die Innenarchitektur belebte, zeigen
die Wandmalereien der Taufkapelle, die um 1260 als mar-
kantes Beispiel des sog. Zackenstils entstanden. Insbesondere der Chor überrascht durch eine Vielfalt der farbigen
Ausstattung aus der Erbauungszeit (um 1220/30): Auf
dem Schmuckfußboden aus geometrischen Mustern steht
der originale säulengegliederte Hauptaltar. In den Wandnischen befinden sich, später verdeckt durch Wandschränke, umfangreiche figürliche Malereien. Weitere vier z. T.
säulengeschmückte Altäre aus den 1220er-Jahren haben
sich in den östlichen Querarmen und an den Langhauspfeilern erhalten.

Vor allem aber vermitteln die **romanischen Farbfenster**
des Chorhauptes, die ältesten erhaltenen in Köln, mit ihrem kräftigen Kolorit die einst prachtvolle Farbgestaltung
im romanischen Innenraum. Das obere Mittelfenster der
Apsis zeigt die Darstellung der Wurzel Jesse als Stamm-
baum Christi: Unten liegt Jesse, aus dessen Körper ein Ast

Sakralbauten · St. Kunibert 97

St. Kunibert, Fenster (Ausschnitt): König Dagobert
und der schlafende Kunibert

emporwächst, der sich nach oben zu Medaillons erweitert, die die Verkündigung, die Geburt Christi, den Kreuzestod, seine Auferstehung und die Himmelfahrt enthalten. Im obersten Gipfel des Baumes thront Gottvater. In den Verästelungen sind Propheten mit Spruchbändern sowie Engel und Heilige zu sehen. Die beiden Fenster links und rechts davon zeigen in bildreichen Szenen die Lebensgeschichten der hll. Clemens und Kunibert. Im rechten Fenster die Kunibertlegende: Unten schläft Kunibert als Page des Königs Dagobert, der durch den auf Kunibert fallenden Lichtstrahl merkt, dass dieser ein Heiliger ist. Darüber nimmt Kunibert Abschied vom Hofe, um Priester zu werden, darüber wird Kunibert vom König zum Bischof von Köln ernannt. Das folgende Bild zeigt das Wunder in St. Ursula, wo sich während der Messe des Bischofs Kunibert eine Taube in der Kirche niederließ, als Hinweis auf das bis dahin unbekannte Grab der hl. Ursula. Das oberste Bild zeigt Tod und Beerdigung des hl. Kunibert, während ein Engel seine Seele in einem Tuch zum Himmel bringt. Das linke Fenster zeigt die Clemenslegende: Unten sitzt der Heilige in einem Taufbecken, darüber sieht man seine Verbannung durch Kaiser Trajan, gefolgt vom Wasserwunder im Marmorbruch von Chersones, seinem Verbannungsort. Dort findet ein Lamm, nach Clemens' Gebet, eine Quelle und rettet so die Arbeiter vor dem Verdursten. Diese werden daraufhin Christen und stürzen die Götzenstatue. Kaiser Trajan ist darüber erbost und verurteilt Clemens zum Tod durch Ertränken, was die beiden Männer rechts im Boot auch sogleich durchführen. Das oberste Bild zeigt den Leichnam des hl. Clemens, der am Jahrestag seines Todes in einem marmornen Tempel aus dem Wasser steigt. In den anderen Fenstern von Chor und Querhaus sind weitere Heilige dargestellt – nur das mittlere untere Fenster mit dem Ewigkeitssymbol der unendlichen Schlange ist aus den 1950er Jahren. In der Ostkonche steht das um 1470/80 für St. Kunibert gefertigte **Retabel vom Meister der Georgslegende** mit der Kreuzigung Christi auf der Mitteltafel. Auf den Seitenflügeln sind Verklärung und Auferstehung dargestellt, auf ihren Außenseiten Heilige, darunter v. a. die hll. Ewaldi. Das im 19. Jh. in die Sammlung Lyversberg gekommene Triptychon kehrte 1998 an seinen angestammten Platz zurück. In der Kirche befindet sich eine Reihe von Gemälden des 16. Jh., die dem **Umkreis des Barthel Bruyn** zugeschrieben werden. Interessant ist darauf v. a. die Darstellung des hl. Kunibert mit dem Modell der Kirche. Im südlichen Teil des **Westquerhauses** sind die von einem geschnitzten Flügelretabel erhaltenen Holzreliefs einer Kreuzigung und

Sakralbauten · St. Maria Ablass 99

einer Grablegung angebracht, die um 1500/05 von Meister
Tilman und seiner Werkstatt nach Gemälde-Vorlagen von
Derick Baegert geschaffen wurden. Ihre helle Elfenbein-
Fassung entspricht der vermutlich im 18. Jh. angelegten
und 1884/85 erneuerten Weißtönung. Meister Tilman wird
auch die hier aufgestellte Holzfigur des hl. Quirinus zugeschrieben. Der nördliche Teil des Westquerhauses birgt
seit 1997 das von Ingrid Bussenius gestaltete transparente
Schatzhaus mit einer Reihe schöner Reliquienbüsten
(u. a. Antonius-Bartreliquiar von 1222) und im Zentrum
den modernen Behälter mit der Ewaldidecke (10. Jh.) und
dem sassanidischen Seidenstoff mit Jagdszenen, deren Abbildungen seine Abdeckungen zieren. In der Achse zwischen Westquerhaus und Langhaus steht der fünfarmige
als stilisierter Baum gestaltete Bronzeleuchter vom Beginn
des 16. Jh., der am Mittelast ein Kruzifix trägt.

St. Maria Ablass (II E7; Ablass-Platz 4), Kath. Kapelle: Der kleine, dreijochige, gewölbte Saalbau war nach
1431 als Liebfrauenkapelle an die katholische Pfarrkirche
St. Maria Ablass angebaut worden, um ein an ihrer
Nordwand befindliches **Gnadenbild** zu schützen. Nach
dem 1808 erfolgten Abbruch der Pfarrkirche blieb allein
die Kapelle mit dem (erhaltenen) Gnadenbild übrig und
tradiert seither ihren Namen. Dieser bezog sich auf die
»Kölner Stadtwallfahrt«, die am Palmsonntag vom Dom
nach St. Gereon führte, wo die Palmenweihe erfolgte.
Danach verkündete der Erzbischof in dieser zum Ursula-
stift gehörenden Pfarrkirche St. Maria die bewilligten Ab-
lässe.

St. Mariä Empfängnis → Minoritenkirche

St. Maria vom Frieden (II C7; Vor den Siebenbur-
gen 6–10), Klosterkirche der Karmelitinnen: barocker
Saalbau mit Querhaus und seitlichem Turm.

Nach dem Karmel St. Maria in der Kupfergasse entstand 1637 im Süden ein zweites Kloster mit niederländischen Karmelitinnen (1643–49), die durch eine wundertä-

tige **Schwarze Muttergottes**, die sie nach dem Tod der in
Köln in der Verbannung lebenden französischen Königin
Maria von Medici (1642) erhielten, schnelle Akzeptanz
und reiche Spenden bekamen. Die 1652 geweihte Kirche
ist in Köln der vom italienischen Barock am meisten beeinflusste Bau. Der Vergleich mit Il Gesù in Rom (1584)
zeigt bei der 1716 vollendeten **Fassade** denselben Grund-
aufbau der Pilastergliederung, der betonten Mittelachse
mit der hier besonders bekrönten Mittelnische und mit
den Voluten. Der einschiffige Bau mit Querhaus und
Rechteckchor wird in der Vierung von einer flachen Kuppel bekrönt, die nach außen nicht in Erscheinung tritt.
Das den Innenraum zusammenfassende massive Horizon-
talgesims und die Ausrichtung auf den Hochaltar gehören zusätzlich zu den wichtigsten Merkmalen der barocken Sakralarchitektur seit Il Gesù. Das Sterngewölbe im
Chorquadrat weist aber auf die gerade in Köln weiterwir-
kenden gotischen Tendenzen, wie auch die Kreuzrippen-
gewölbe im Kirchenschiff anstelle der zeitüblichen Längs-
tonne mit Stichkappen. Der ursprüngliche **Hochaltar** war
um 1683 für die Kirche geschaffen worden und füllte die
gesamte Rückwand des gerade geschlossenen Chorraumes
aus. Er war aus schwarz gefasstem Holz mit Vergoldun-
gen und wurde 1942 zerstört. Der 1962 aufgestellte Hochaltar, der über den Kunsthandel aus der im 19. Jahrhundert evangelisch gewordenen gotischen Georgibergkirche
in Kindberg (Steiermark) gekauft wurde, ist von 1725 und
repräsentiert daher mit seiner spätbarock schwungvollen
Gestaltung und starken Farbigkeit einen anderen Typ. Im
Zentrum des Altares, dessen geschwungene Form auf seine ursprüngliche Aufstellung in einer gotischen Apsis hinweist, ist anstelle des Altarbildes in vergoldeter Umrah-
mung das neue, 1948 gekrönte **Gnadenbild** aufgestellt.
Die Fenster sind von Otto Schwalge. Der Altar im rechten
Querhausarm sowie Gedenkplatten in der Krypta und in
der Gruft bewahren das Gedächtnis der im KZ, vermut-

Sakralbauten · St. Maria vom Frieden 101

St. Maria vom Frieden

lich Auschwitz-Birkenau, ermordeten Philosophin und Karmelitin **Edith Stein** (1891–1942), die 1998 heiliggesprochen wurde. Außerdem befindet sich hier das Edith-Stein-Archiv (→ St. Petrus Canisius). Im kleinen Klostergarten erinnert ein Gedenkstein an die jungen Ukrainerinnen, die als **Zwangsarbeiterinnen** im März 1945, als Bomben die damals hier gelegene Schule zerstörten, verschüttet wurden und starben.

102 *Altstadt*

St. Mariä Himmelfahrt (II E8; Marzellenstr. 30), Kath. Kirche, ehem. Jesuitenkirche: dreischiffige barocke Emporenbasilika mit Chorturm und Doppelturmfassade.

Die ehemalige Jesuitenkirche steht in besonderem Maße für die auch in Köln politisch motivierten Auseinandersetzungen um **Reformation und Gegenreformation**. 1540 war der 1534 gegründete Jesuitenorden vom Papst bestätigt worden und bereits 1544 waren, auf Veranlassung der Kartäuser, die Jesuiten als erste deutsche Niederlassung in Köln. Der Rat der Stadt aber stand schon seit längerer Zeit, wie auch bei der Kartäuserkirche erwähnt, neuen Ordens-Niederlassungen ablehnend gegenüber und versagte den Jesuiten zunächst das Aufenthaltsrecht. Über ihren exzellenten Schulunterricht, den sie mit der Übernahme des **Dreikönigs-Gymnasiums** in der Stadt einführten, erreichten sie aber schließlich doch die nötige Akzeptanz. Außerdem war die Berufung des Wittelsbachers Ernst von Bayern (1583) auf den Kölner Erzstuhl für ihre Förderung von großer Bedeutung, nachdem sie kurz zuvor in der Marzellenstraße ansässig werden konnten. Seit 1609 gab es konkretere Überlegungen für den Bau einer Kirche, **1618 lieferte Christoph Wamser dafür den Plan.** Durch die großzügige Förderung des Erzbischofs Ferdinand und seines Bruders Herzog Maximilian von Bayern war der Bau bereits um 1630 soweit abgeschlossen, dass er genutzt werden konnte. Die Weihe fand allerdings erst 1678 statt. Die Kirche ist eine dreischiffige Säulenbasilika mit Emporen zur zusätzlichen Unterbringung möglichst vieler Menschen, die der großen Anziehungskraft der Predigten dieses Ordens folgten und seine Musik- und Theateraufführungen besuchten. Die große Orgel auf der Westempore zeugt davon. Die nur wenig vortretenden Querhausarme enden nach Osten in polygonalen Apsiden. Der Langchor schließt im Inneren mit einer dreiseitigen Apsis, die von einem rechteckig schließenden Umgang umgeben ist, aus dem auch der Chorturm aufwächst. Die Kirche ist im

Sakralbauten · St. Mariä Himmelfahrt 103

Mittelschiff mit einem reichgestalteten Netzgewölbe versehen, dessen spätgotisches Erscheinungsbild den »mittelalterlichen« Eindruck des Innenraumes trotz der barocken Ausstattung stark bestimmt. Die Spitzbögen der Arkaden und das Maßwerk der Emporenbrüstungen verstärken den Widerspruch zusätzlich. Auch im Äußeren ist dieser spannungsvolle Kontrast an der 1689 vollendeten doppeltürmigen **Westfassade** mit dem großen mittleren Maßwerkfenster zwischen dem geschwungenen Barock-Giebel und dem reichverzierten barocken Portal zu erkennen. Der Chorturm wird trotz romanisierender Tendenzen von einer barocken Haube bekrönt. Über die Frage der **Verwendung mittelalterlicher Formen** bei diesem Kölner Hauptbau des 17. Jh. ist viel diskutiert worden, da gerade die Mutterkirche dieses Ordens in Rom, Il Gesù (geweiht 1584), der Gründungsbau barocker Architektur war, wie sie in Köln bei St. Maria vom Frieden verwirklicht wurde. Das Abweichen von diesem Vorbild ausgerechnet bei der Jesuitenkirche wird in Köln dem prägenden Eindruck der zahlreichen mittelalterlichen Kirchen zugeschrieben, in deren gewohntes Erscheinungsbild die um Anerkennung bemühten Jesuiten sich einfügen wollten und mussten. Aus diesem Grund wählten sie mit Christoph Wamser einen Baumeister, der kurz zuvor (1615–17) die Jesuitenkirche im elsässischen Molsheim mit einem vergleichbaren Innenraum gebaut hatte. 1773 bereits wurde der **Jesuitenorden aufgehoben**, so dass nach der französischen Besetzung (1794) die Kirche im Jahre 1798 ohne große Umstände zum **»Tempel der Vernunft«** umgewidmet werden konnte. 1801 aber wurde sie wieder konsekriert, seit 1803 war sie Pfarrkirche, seit 1991 ist sie Nebenkirche des Doms. Nach starker Beschädigung im Zweiten Weltkrieg ist ihre Rettung dem besonderen Engagement von Erzdiözesanbaumeister Wilhelm Schlombs zu verdanken, der ihren **Wiederaufbau** durchsetzte und intensiv begleitete. Insbesondere waren das Netz-Stern-Gewölbe des Mittelschiffs und große Teile der Stuckdekoration zu rekonstruieren. Die für den barocken Innenraum so entscheidende Farbfassung wurde in den originalen Farben Grau, Rosé, Blau und Gold wiederhergestellt. Der das gesamte Raumerlebnis auf sich konzentrierende **Hochaltar** (1628), dessen dreigeschossiger Aufbau die gesamte Chorwand beherrscht und seine besondere Wirkung von der seitlichen Belichtung erfährt, musste rekonstruiert werden. Er konnte mit erhaltenen Teilen barocker Ausstattung aus anderen Kirchen bestückt werden. So stammt das zentrale Bild aus St. Aposteln (Himmelfahrt Mariä von Johann Hulsmann, um 1643), die sechs barocken Figuren von 1694 im Untergeschoss konnten aus St. Pantaleon übernommen werden. Der Tabernakel wurde unter Verwendung erhaltener Reste geschaffen, original erhalten ist vor allem die bei der Öffnung erscheinende Monstranz.

Während beim Hochaltar die originalen **Figuren von Jeremias Geißelbrunn** verloren gingen, blieben seine Figuren und Reliefs der Kanzel erhalten und ermöglichten so die Rekonstruktion dieses ursprünglich 1634 entstandenen Prunkstücks, das für Inhalt und Form einer Jesuitenkirche zentrale Bedeutung hat. Ebenfalls erhalten blieben die hölzernen Pfeilerfiguren der 12 Apostel nach Entwurf von Geißelbrunn (1624), die zusammen mit den überlebensgroßen Gestalten von Christus und Maria am Chorbogen einen Zyklus darstellen, wie er u. a. vom benachbarten Kölner Domchor vertraut ist.

Nördlich an die Kirche schließt das ehem. **Jesuitenkolleg** an, ein um zwei Höfe gruppierter Baukomplex, deren Giebelfassade von 1715 (wohl von Matteo Alberti) am Ende des Straßentraktes als Pendant der Kirchenfassade zu sehen ist. Seit dem Umbau 1930 durch Bernard Rotterdam ist das Kolleg Erzbischöfliches Generalvikariat. Südlich der Kirche haben sich in der Marzellenstraße zwei ältere Bürgerhäuser erhalten (Nr. 28 aus dem 18. Jh., Nr. 26 von 1880/90), deren gute Maßstäblichkeit der **Hochbau**

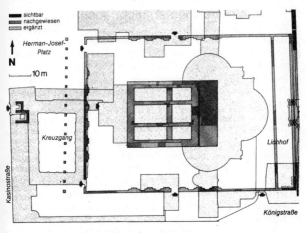

St. Maria im Kapitol
Grundriss von Tempel- und Kirchenbereich (nach Gerta Wolff)

der ABC-Bank (1976 von Margot und Joachim Schürmann) verletzt. Zusätzlich beeinträchtigt dieser massive »Schwarz«-Bau das ursprünglich von Süden in die Kirche einfallende Licht, das ein wichtiges Gestaltungselement gerade im Hinblick auf die an der Nordseite der Kirche von Anbeginn geplanten Bauten des Jesuitenkollegs war.

St. Maria im Kapitol (II D8; Kasinostr. 6), Kath. Pfarrkirche, ehem. Damenstiftskirche: dreischiffige frühromanische Basilika mit Kleeblattchor und Hallenkrypta und Westturmgruppe.

Die Namen von Kirchen verraten meist ebenso viel über ihre Geschichte oder ihren Standort wie etwa Straßennamen. Bereits seit dem 12. Jh. (1189) ist der Name der Kirche als »S. Maria in Capitolio« überliefert. Aber erst die Bauuntersuchungen und Ausgrabungen des 20. Jh.

brachten den endgültigen Beweis, dass sich in römischer Zeit an dieser erhöhten Stelle tatsächlich der **Kapitols-tempel** befunden hatte, der den römischen Göttern Juno, Jupiter und Minerva gewidmet und mit seiner Giebelfront zum Rhein ausgerichtet war, der zu dieser Zeit noch am Fuße der östlichen neuromanischen Treppenanlage von 1895 vorzustellen ist. Hier am **Lichhof** ist auch ein Teil des antiken Tempelbezirks gut zu erkennen, der von einer (Temenos-)Mauer umschlossen war, die in der späteren Immunitätsmauer tradiert wurde. In der Flucht der antiken Mauer liegt im Süden des Lichhofes als letztes der Immunitätstore auch das sog. **Dreikönigenpförtchen** mit der schönen Figurengruppe der Anbetung der Hll. Drei Könige von 1330 (Abgüsse; Originale im Museum Schnütgen). Auf dem Lichhof steht die Figur der **Trauernden** von Gerhard Marcks (1949) als Erinnerungsmal für die Toten Kölns im Zweiten Weltkrieg.

Um 690 soll in dem römischen Tempelbezirk **Plektrudis** einen Damenkonvent mit Marienkirche gegründet haben. Sie war die Frau des fränkischen Hausmeiers Pippin des Mittleren und wird auf dem um 1180 entstandenen Grabstein (s. u.) als Königin und als Heilige bezeichnet. Beides ist eine Wunschvorstellung der Stiftsdamen von St. Maria im Kapitol geblieben. Gleichwohl aber erhielt gerade diese Kirche auch weiterhin ihre besondere Bedeutung durch die Zuwendung des deutschen Herrscherhauses. **Erzbischof Bruno**, der Bruder Kaiser Ottos I., gründete hier ein Benediktinerinnenkloster und ließ dafür möglicherweise einen Neubau errichten, der ein Saalbau mit Westbau, vergleichbar St. Pantaleon, gewesen sein könnte. In Brunos Testament von 965 wird der Bau großzügig bedacht. Ganz besonders aber nahmen sich die Urenkel Kaiser Ottos I., Erzbischof Herimann II. und vor allem seine Schwester, **Äbtissin Ida**, dieses Standorts an. Sie veranlassten um 1040 einen Neubau, der im Mittelschiff möglicherweise Bezug nimmt auf den Saalbau Erz-

Sakralbauten · St. Maria im Kapitol 107

bischof Brunos, und sich in den Ausmaßen des Langhauses an dem Umfang des römischen Tempels orientierte. Erhalten hat sich bis heute: Ein basilikales Langhaus mit dominantem Mittelschiff und schmalen Seitenschiffen, die sich als Umgang um das kleeblattförmige Chorhaupt ziehen. 1049 gab es eine erste Weihe, bei der Papst Leo IX. in Anwesenheit von Kaiser Heinrich III. den Kreuzaltar am Ende des Mittelschiffs konsekrierte; die Hauptaltarweihe im Chor erfolgte 1065 durch Erzbischof Anno II. Der **Kleeblattchor** ist die große Besonderheit der Kirche und das erste Beispiel einer innovativen Bauform, die im nachfolgenden Jahrhundert wiederholt variiert wurde. Ob diese spezielle Grundrissgestalt der kleeblattförmigen Dreikonchenbaus ihr Vorbild in dem erstaunlich übereinstimmenden Chor der Geburtskirche in Bethlehem hat oder ob es in Köln in dieser Zeit zu einer unabhängigen Neuschöpfung kam, bleibt ein Diskussionspunkt der Forschung. Neuerdings kann aber als sicher angesehen werden, dass der bisher umstrittene Vierungsturm wohl tatsächlich vorhanden war, nach zweimaligem Einsturz aber nicht mehr aufgerichtet wurde. Die Kirche war auf jeden Fall in den Seitenschiffen und den Konchen des Chores von Anbeginn gewölbt. Spätere Umbauten veränderten die Decken im Chor, in der Vierung und im Langhaus, dessen frühgotisches sechssteiliges Gewölbe von 1240 heute noch durch die Bewahrung der Auflager, der Dienste, an den Obergadenwänden zu erahnen ist. Den kaiserlichen Anspruch der Stifter betont auch die großartige **Hallenkrypta**, die der kurz zuvor entstandenen Unterkirche des salischen Dombaus in Speyer verpflichtet ist. Ihre Kreuzgratgewölbe ruhen auf mächtigen Säulen mit Würfelkapitellen. Die **Westturmgruppe** des 11. Jh., deren Erscheinung im folgenden Jahrhundert noch monumentalisiert wurde, war in der Nachfolge von St. Pantaleon zu sehen. Im Äußeren seit dem 17./18. Jh. nur noch eingeschränkt erhalten, wurde sie nach dem Zweiten Weltkrieg

108 Altstadt

St. Maria im Kapitol, Bildertür, Ausschnitt: Flucht nach Ägypten

durch einen schlichten Backsteingiebel ersetzt. Im Inneren aber birgt dieser Bau mit der **Westempore** unverändert ein weiteres Zitat kaiserlichen Anspruchs. Die Öffnung dieser Empore nimmt mit ihrer Arkade, die mit einer zweiteiligen Säulenstellung geschmückt ist, unverkennbar Bezug auf die gleichartigen Emporen der Pfalzkapelle Karls des Großen in Aachen. Von der Bauausstattung dieser wichtigsten Kölner Marienkirche ist aus dem 11. Jh. die hölzerne **Bildertür** von 1049 erhalten geblieben, die den öffentlichen Haupteingang im Scheitel der Nordkonche bildete und dort, geschützt durch die Vorhalle, bis in die 1930er-Jahre blieb. Sie steht heute am Westende des südlichen Seitenschiffes. Die beiden fast fünf Meter hohen Türflügel zeigen in 26 überwiegend gut erhaltenen Relieffeldern das Leben Jesu von der Verkündigung bis zur Ausgießung des

Sakralbauten · St. Maria im Kapitol   109

Heiligen Geistes. Die überaus kraftvolle Bildsprache mit
den ausdrucksvollen Mienen und Gesten stellt den Höhepunkt der Skulptur ihrer Zeit dar. Die Reste der starkfarbigen Fassung lassen darüber hinaus ahnen, welche Farb-
pracht ursprünglich die Architektur in ihrer Gesamter-
scheinung beherrschte. Nach der Schlacht von Worringen,
in der die Kölner 1288 die Unabhängigkeit vom Erzbischof als Stadtherrn erreichten, wuchs die Damenstiftskirche St. Maria im Kapitol allmählich in die Rolle einer offiziellen »**Stadtkirche**« hinein. Hier wurden die Bürgermeister eingeführt oder die offiziellen Trauerfeiern beim
Tod wichtiger Persönlichkeiten des Reiches abgehalten.
Zahlreiche opulente Stiftungen der Bürgermeisterfamilien
künden noch heute von dieser wichtigen städtischen
Funktion, wie die steinernen **Maßwerkschranken** im Ostchor von 1464 der Familien Hardenrath und Schlössgin
(1981/82 erneuert) oder die **Hardenrathkapelle** samt Mu-
sikempore von 1466 im südlichen Zwickel der Ostkonche
mit dem schönen Kreuzigungsfenster, dem Flügelaltärchen
und den Figuren des Christus Salvator und der Maria als
Fürbitterin aus dem Umkreis des Nikolaus Gerhaert von
Leyden. Ihr Pendant, die Hirtzkapelle, ist eine Stiftung
von 1493.

Die größte Stiftung, deren unübersehbare Wappenschil-
der der Familien Hackenay und Hardenrath die Geldge-
ber benennen, ist der 1525 in Mecheln entstandene **Lettner** aus weißem und schwarzem Marmor. Er wurde 1525
aufgestellt und ist eines der ganz wenigen Architekturwer-
ke der Renaissance in Köln. In den Nischen und Relieffeldern der Brüstung befinden sich Standfiguren von insgesamt 22 Propheten und Heiligen sowie acht Szenen des
Neuen und Alten Testamentes. Während der barocken
Neuausstattung der Kirche 1765–67 wurde der Lettner
abgebaut. Seine westliche Seite stellte man als Schauseite
für die neue Orgelempore ans Westende der Kirche, während die Ostseite des Lettners eingelagert wurde, um sie

zu verkaufen. Als dies aber nicht zustande kam, stellte
man diese Ostseite zu Beginn des 19. Jh. jeweils zur Hälfte an den westlichen Mittelschiffseiten auf. Durch diese
Versetzung des Lettners in den Eingangsbereich entging er
der Zerstörung im Zweiten Weltkrieg, dessen Bomben
ganz besonders den östlichen Teil trafen. Als der Lettner
dann in den 1980er-Jahren abgebaut wurde, um ihn zu
restaurieren und am originalen Standort vor der Vierung
wieder aufzustellen, kamen darunter an den westlichen
Langhauspfeilern kostbare Reste der **Ausmalung von
1765–67** zutage, die einen Apostelzyklus zum Thema hatten. Sie geben einen kleinen Einblick in die Farbenpracht
und die Qualität barocker Ausstattungen, wie wir sie uns
in allen romanischen Kirchen in Köln vorstellen müssen,
von der aber kaum etwas erhalten ist, denn im 19. Jh. wurden die Kunstwerke des 17. und 18. Jh. abgelehnt, entfernt
und durch historistische Neuausstattungen ersetzt. Es gehört zum Lauf der Geschichte, dass dann das 20. Jh. die
Werke des 19. Jh. ablehnte und rigoros entfernte. In
St. Maria im Kapitol sei in diesem Zusammenhang hingewiesen auf die beiden freundlichen Löwen an den Seiten
des heute allgemein genutzten Westeinganges. Sie halten
die Erinnerung an die einst überaus prachtvolle **historistische Ausstattung** des späten 19. Jh. wach, die seit der
Restaurierung der 1930er-Jahre und fortlaufend durch
Krieg und Neuaufbau bekämpft wurde. Nach den starken Beschädigungen des Zweiten Weltkriegs entstand die
Notkirche durch Abmauerung des nördlichen Seitenschiffes, wo die neue Eingangstür ebenso noch zu sehen
ist wie die am Westende eingerichtete Sakristei.

Der **Neuaufbau** nach dem Zweiten Weltkrieg verfolgte
die Vision einer Wiedergewinnung des Originalzustandes
des 11. Jh. oder zumindest eine Aussage in diesem Geist.
So wurde im Langhaus das Gewölbe des 13. Jh. nicht
mehr wiederhergestellt, sondern von Willy Weyres durch
eine modifizierte Flachdecke ersetzt. Nur die an den

Sakralbauten · St. Maria im Kapitol   111

Langhauswänden erhaltenen Dienste, die als Auflager die
Gewölbe von 1240 trugen, bezeugen diesen Zustand. Der
Dreikonchenbau wurde durch den Aufbau zwar grundsätzlich in seiner Dominanz gerettet, außen verzichtete
man aber auf eine Wiederherstellung der im 12./13. Jh. reicher gestalteten Ostapsis zugunsten einer Gleichmäßigkeit
der drei Apsiden, von denen letztlich unbekannt ist, ob sie
im 11. Jh. wirklich so gemeint waren. Ihre Zugehörigkeit
zu den 1950er-Jahren ist heute bereits klar erkennbar. Im
Inneren des Chorbaus wurde wie selbstverständlich die
Wölbung aller Teile gewählt, obwohl die Diskussion um
eventuelle originäre Flachdecken im 11. Jh. immer noch
anhält. So entstand insgesamt in vielen Teilen ein gegenüber allen historischen Epochen völlig verändertes archi-
tektonisches Erscheinungsbild, das von der im 20. Jh. so
dominanten Vorliebe für Stein- und Putzsichtigkeit geprägt ist. Neben einigen älteren Scheiben von 1520 in den
Seitenschiffen ist eine Vielfalt neuer **Glasfenster** zu sehen,
an denen sich hervorragend ihre stilistische Abfolge im
20. Jh. ablesen lässt. Die Glasfenster für die Neugestaltung
des Dreikonchenchores in den 1930er-Jahren plante Anton Wendling, dessen Entwürfe nach dem Zweiten Weltkrieg den beim Wiederaufbau verkleinerten Ostchorfens-
tern angepasst wurden. Wendlings Grisaille-Entwürfe waren auch Ausgangspunkt für die Gestaltung der unteren
Umgangsfenster des Chores durch Paul Weigmann 1984,
der auf besonderen Wunsch von Pfarrer Angenendt Kabi-
nettscheiben mit den Geheimnissen der drei Rosenkränze
einfügte. Im Südseitenschiff entwarf Willy Weyres 1956
als Modifizierung von Maßwerkformen moderne Raster-
fenster aus Basaltlava, die Franz Pauli mit Ornamentscheiben schloss. Wilhelm Buschulte schuf 1979/80 die eindrucksvollen ornamentalen Fenster der Krypta und 1995
die vielleicht allzu zarten Obergadenfenster, während Dieter Hartmann in seinem besonders schönen Fenster im
Westbau starke Farben einsetzte. Besonders hervorzuhe-

bende Stücke der **Ausstattung** sind die figürlichen Grabplatten, die Madonnen und der »Gabelkruzifix«. Die romanische **Grabplatte der Plektrudis**, die jetzt in einer Nische des nördlichen Seitenschiffs über einer Tumba des 19. Jh. steht, entstand um 1170/80 und zeigt die lebensgroße Relieffigur mit muschelförmigem Heiligenschein und der hoffnungsvollen Inschrift »S. Plectrudis Regina«. Als Pendant ist gegenüber im südlichen Seitenschiff die Tumba mit **Grabplatte der Äbtissin Ida** aus dem 19. Jh. aufgestellt. In einer Nische des südwestlichen Mittelschiffs steht die Ende des 13. Jh. zu datierende **gotische Grabplatte** mit der Darstellung einer gekrönten Frau mit dem Kirchenmodell, das deutlich den Dreikonchenchor mit einem Vierungsturm zeigt. Für die bisher als Plektrudis gesehene Darstellung wird neuerdings aber auch die Deutung als Äbtissin Ida vorgeschlagen. Am Ende des nördlichen Seitenschiffs befindet sich die **Thronende Muttergottes** mit gekröntem Kind (Nikopoia), die um 1200 für die Außennische der Ostkonche des Chores geschaffen wurde und erst nach dem Zweiten Weltkrieg ins Innere kam. Im Nordchor steht die **das Jesuskind liebkosende Madonna** (Eleùsa), die um 1170/80 als Teil eines Reliefs geschaffen wurde und erst im 19. Jh. zur vollplastischen Figur umgearbeitet wurde. Mit ihr verbindet sich die Legende des hl. Hermann Joseph, der dem Jesuskind dieser Madonna einen Apfel reichte, den es auch annahm – was sichtlich heute noch viele Menschen ausprobieren. Die beim Altar stehende **Limburger Madonna** (um 1300) wurde 1879 erworben. In der nördlichen Zwickelkapelle des Chores hängt das **»Gabelkreuz«** (Crucifixus dolorosus), das am Beginn des 14. Jh. das Leiden Christi in sehr drastischem und zur mystischen Erschütterung anleitenden Realismus zeigt. Der **hl. Christophorus** und die **Madonna mit Kind** aus dem Umkreis des Konrad Kuyn stehen seit 2010 zusammen mit den Figuren des Ehepaares Sybille Schlössgin und Johannes Hardenrath wieder an ih-

Sakralbauten · St. Maria in der Kupfergasse 113

ren alten Standorten bei den Chorschranken, die sie 1464 gestiftet hatten. Vom **barocken Himmelfahrts-Hochaltar** des 18. Jh. ist noch die Figur des Christus erhalten. Ein beliebtes Kuriosum der Ausstattung sind die am Ende des südlichen Seitenschiffs aufgehängten riesigen Knochen eines Wals, im Kölner Volksmund als »Zint Märjens Rippcher« benannt, die mit der Jonasgeschichte in Verbindung gebracht wurden.

Von den ursprünglichen **Stiftsgebäuden** hat sich im Westen die Anlage des Kreuzganges mit Neubebauung des 19. und 20. Jh. erhalten, sowie das Äbtissinnenhaus (Kasinostr. 1–3) von 1749 bis 1751. Das ursprüngliche Mansarddach fehlt seit dem Wiederaufbau. Am südlich gelegenen **Marienplatz** hält das wiederaufgebaute Singemeisterhäuschen die Erinnerung wach an diese für das Kölner Musikleben so wichtige Stiftung des 15. Jh. der Familie Hardenrath. Das Haus Marienplatz 11–13 ist ein besonders schönes Beispiel der Neuromanik (um 1880 von Jan Mertens).

St. Maria in der Kupfergasse (II E7; Neven-DuMont-Str. 7 / Ecke Schwalbengasse), Kath. Pfarrkirche St. Mariä Himmelfahrt, ehem. Kirche St. Josef des Karmelitinnenklosters: barocker Backsteinsaalbau mit Dachreiter.

In jeder katholisch geprägten Stadt gibt es einen besonderen Ort, an dem das Anzünden von Kerzen in besonders brisanten Fällen als Rettung aus höchster Not oder als Dank nach einem erfolgreich verlaufenen Gelübde Tradition hat. Der zentrale Ort dafür ist in Köln **»die Schwarze Muttergottes in der Kupfergasse«.** Unbeschuhte Karmelitinnen aus s'Hertogenbosch kamen 1630 nach Köln und zogen bereits 1635 in den Neuenahrer Hof an der Schwalbengasse, den ihre neue Kölner Mitschwester, Norbertine Theresia de Jesu, geborene Binsfeld, als Mitgift eingebracht hatte. 1660–66 bauten sie anstelle dieses Hofes die Konventgebäude, in denen auch das von den Schwestern benutzte Oratorium war. 1673–75 entstand als

Stiftung östlich der Konventgebäude eine **Loreto-Kapelle**, nach dem Vorbild der Casa Santa in Loreto ebenfalls nach Süden orientiert, mit dem Gnadenbild einer Schwarzen Muttergottes mit Kind. Möglicherweise war sie eine Reaktion auf die beliebte und einträgliche Schwarze Muttergottes der Karmelitinnen von St. Maria vom Frieden. Der große Zuspruch zu dem in zentraler innerstädtischer Lage leicht erreichbaren Gnadenbild war dann der Anlass für den **Bau der Kirche 1705–15**. Sie umschloss die Loreto-Kapelle wie eine kostbare Reliquie. Die Saalkirche mit schmalem, aber sehr hohem Kirchenraum und polygonalem Chor ist außen ein schlichter Backsteinbau, der den Einfluss der niederländischen Barockbaukunst erkennen lässt. Die einfache Gestaltung der Rundbogenfenster spricht dafür ebenso wie die nur zweckmäßige Form der Strebepfeiler. Das hohe Satteldach ziert ein Dachreiter. Der Turm rechts des Einganges ist im unteren Teil noch der letzte Baurest des Neuenahrer Hofes, dessen Treppenturm er war. Heute dient er als Glockenturm. Die Eingangsseite ziert ein Barockgiebel mit Werksteingliederungen. Der Innenraum des gewölbten Kirchensaales wird rhythmisiert von der einfachen Gliederung der Wandvorlagen im Wechsel mit den hohen Rundbogenfenstern. Die einst reiche Barockausstattung ging im Zweiten Weltkrieg verloren, wurde aber durch schöne Stücke aus anderen Kirchen weitgehend ersetzt, auch wenn manches im Zusammenklang nicht ganz aufeinander abgestimmt ist. Der **Hochaltar** stammt aus der im 19. Jh. abgebrochenen Machabäerkirche und war zwischenzeitlich im südlichen Querarm von St. Andreas aufgestellt. Der 1717 aus braungebeiztem Eichenholz von Johann Franz van Helmont geschaffene Altar entspricht zwar nicht dem ursprünglich farbig gefassten Altar von St. Maria in der Kupfergasse, seine zentrale Aufstellung im Chor dieser Kirche bringt aber seine außerordentliche Qualität besser zur Geltung als die seitliche Unterbringung in St. Andreas. Von dort stammt die farbig gefasste **Rokoko-Kanzel** mit der sehr lebendigen Figur des Jonas unter dem Kanzelkorb. Die zu Beginn des 18. Jh. mit reichem Holzschnitzwerk und figürlichen Szenen von J. F. van Helmont verkleidete Außenseite der Loreto-Kapelle ist allerdings verloren. Das Erscheinungsbild der Kapelle ist nach dem Wiederaufbau wesentlich schlichter – was aber der Frequenz der Betenden bei der Schwarzen Muttergottes keinen Abbruch tut.

St. Maria Lyskirchen (II D8; An Lyskirchen 8), Kath. Pfarrkirche: dreischiffige romanische Emporenbasilika mit Chorfassade und großflächig erhaltener Ausmalung.

Der Legende nach hat der erste namentlich bekannte Kölner Bischof, **Maternus**, hier eine Kirche gegründet, in der er auch seine vorläufige Grablege fand. Maternus lebte zu Beginn des 4. Jh. (erwähnt 313 und 314), aber die Legende verbindet ihn mit dem ersten Bischof in Rom, dem Apostel Petrus (gest. 64). Dessen Stab habe Maternus vom Tode errettet, worauf er ein sehr hohes Alter erreichte und erst im Jahre 128 in Köln gestorben sei. Da er angeblich gleichzeitig Bischof von Tongern und Trier war, beanspruchten alle drei Städte seinen Leichnam, den schließlich die Trierer bekamen. Zu St. Maria Lyskirchen aber gab es bis ins 20. Jh. eine Maternus-Wallfahrt. Hier wird am 13. September der Maternustag gefeiert. Zusätzlich ist ein Maternusaltar in der Krypta bezeugt. Er wird traditionell mit drei Mitren für die drei innegehabten Bischofssitze dargestellt, wie es u. a. die Figur zeigt, die vermutlich vom ehemaligen barocken Hochaltar von 1665 erhalten ist, wozu als Pendant der hl. Nikolaus gehört.

Die erste urkundliche Erwähnung als »Kirche der hl. Gottesmutter« stammt aus dem Jahre 948. Man nimmt an, dass sie eine **Eigenkirche** oder Hofkapelle eines Herrn Lisolvus oder Lysolfus war, dessen Haus nördlich davon auf dem Grundstück des heutigen Pfarrhauses vermutet wird. Allerdings tauchte dieser Name erst gegen Mitte des 12. Jh. auf. Aus »Lisolfikyrken« wurde schließlich »Lyskirchen«

(St. Maria in Lyskirchen ist daher falsch). Bereits 1067 kam das Gotteshaus, eine Saalkirche, als Pfarrkirche zum Stift St. Georg und wurde möglicherweise am Ende des 11. Jh. als dreischiffige Kirche mit Krypta neu errichtet. Die heute noch vorhandene Pfarrkirche ist ein **Neubau vom Beginn des 13. Jh.**, dessen Datierung sich aus dendrochronologischen Befunden und stilistischen Vergleichen der Baudetails ergibt. Die dreischiffige gewölbte Emporenbasilika sollte sich mit einem doppeltürmigen Chorhaupt, vergleichbar St. Kunibert oder St. Severin, in der Rheinfront behaupten. Da aber der südliche Chorturm nicht ausgebaut wurde, blieb diese Wirkung aus. Durch die wesentlich höhere Erneuerung der **Chorapsis 1658–62** mit sehr großen Fenstern in gotischen Formen wurde außerdem das ursprüngliche Erscheinungsbild der romanischen Chorfassade verändert. Die Chorerneuerung war notwendig geworden, da diese Kirche, die am tiefsten Punkt des Rheinufers steht, unter den periodisch wiederkehrenden **Hochwassern** leidet. Einige dieser besonders gravierenden Rheinhochstände sind an der Westfassade markiert, darunter ganz besonders das mit Eisgang verbundene von 1784, dessen Höhe an dem Querstrich über dem **Portal** zu erkennen ist. Dieses Portal ist mit seinen Kapitellen und den reich gearbeiteten Friesen mit zahlreichen figürlichen Darstellungen das aufwändigste Beispiel romanischer Portalskulptur in Köln. Es war einst insgesamt farbig gefasst, wie das gesamte Äußere der Kirche. Das **Innere** war bei der Umgestaltung im 16./17. Jh. tiefgreifend verändert worden. Es wurden nicht nur die Fenster in gotischen Formen vergrößert, sondern vor allem die romanischen Emporenbrüstungen durch barocke Baluster ersetzt. Nur im westlichen Joch sind die ursprünglichen Drillingsbögen der Emporen noch erhalten. Zusätzlich erhielt die Kirche damals einen weißen Anstrich. Darunter blieb der umfangreichste Bestand **romanischer Decken- und Wandmalerei** in Köln erhalten, der 1879–81 freige-

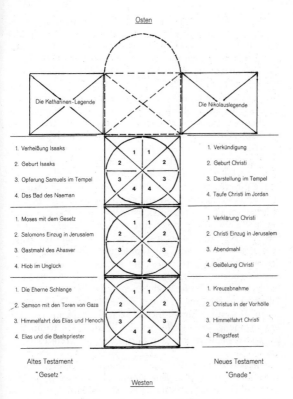

St. Maria Lyskirchen, Gewölbemalerei, Übersichtsschema

legt und entsprechend der damaligen Erhaltungspraxis durch Matthias Göbbels ergänzend übermalt wurde. Mit der im 20. Jh. üblichen Ablehnung der Kunst des Historismus wurden auch in dieser Kirche (bereits 1934 durch Anton Bardenhewer) die Ergänzungen dieser Epoche von den mittelalterlichen Malereien entfernt – und dann doch durch neue ersetzt, um die Geschlossenheit des Raumeindrucks und die Lesbarkeit zu wahren. Das Original der Bildkomposition und Zeichnung wurde so zweifellos besser wahrnehmbar, die Starkfarbigkeit des Mittelalters aber traf das 19. Jh. mit seinem Konzept sicher wesentlich besser, wie heute hier noch in der nicht purifizierten nördlichen Turmkapelle mit Darstellungen der Katharinenlegende zu erkennen ist. Im Tympanon über dem Eingang ist die Madonna mit Kind und der Anbetung der Hll. Drei Könige um 1230 entstanden, während die Deckengemälde der Mitte des 13. Jh. zugeschrieben werden. Sie zeigen die Gegenüberstellung von insgesamt 24 Szenen des Alten und Neuen Testaments, die typologisch aufeinander bezogen wurden. So entspricht etwa im ersten Joch die Darstellung der alttestamentarischen Szenen der Verheißung Isaaks oder des Bades von Naeman der neutestamentarischen Verkündigung bzw. der Taufe Christi. Die Komposition der radial angeordneten Szenen ergibt in den drei kreuzrippengewölbten Jochen die Illusion von Kuppeln – folgt also nicht streng dem vorgegebenen Architekturgerüst.

Zur Ausstattung der Kirche gehört die zierliche kleine Madonna des 14. Jh. sowie Kölns schönste »Schöne Madonna« des Weichen Stils. Diese als **»Schiffermadonna«** bekannte Skulptur aus Nussbaumholz ist um 1430 entstanden und mit älteren farbigen Fassungen versehen. Sie steht seit dem 19. Jh. in der Nische unter der Emporentreppe, die Peter Hecker in den 1930er-Jahren neu ausmalte. Seine helle Farbgebung erscheint dabei wie eine Vorwegnahme der pastellartigen Stimmung der kurz danach

Sakralbauten · Groß-St. Martin 119

purifizierten Wand- und Deckenmalereien. Ein kunst- und sammlungsgeschichtlich besonders interessantes Ausstattungsstück ist das **Retabel mit der Beweinung Christi**. Das Original, das 1524 für diesen Seitenaltar in der nördlichen Turmkapelle gestiftet wurde, wird dem niederländischen Maler Joos van Cleve zugeschrieben. Im Zuge der Sammlungs-Euphorie in Köln, die sich als Folge der Säkularisation zu Beginn des 19. Jh. vor allem zur Rettung heimatlos gewordener kirchlicher Kunstschätze entwickelte, wurde 1812 auch dieses überhaupt nicht gefährdete Original abgenommen (heute im Städel, Frankfurt a.M.), allerdings vor 1822 durch eine Kopie von Kaspar Benedikt Beckenkamp ersetzt. Die Reste der farbigen **Glasfenster** von 1520/30 wurden im nördlichen Seitenschiff durch Franz Pauli 1957 in neuen Zusammenhang gebracht und durch weitere Ornamentscheiben ergänzt. Im Chor sind die starkfarbigen Fenster von Hans Lünenborg (1987) zu sehen, der das benachbarte Haus Auf Rheinberg Nr. 4 bewohnte.

St. Marien → Franziskanerkirche

Groß-St. Martin (II D8; Martinspförtchen 8), Kath. Pfarrkirche, ehem. Benediktiner-Klosterkirche: dreischiffige romanische Basilika mit Dreikonchenchor und monumentalem Vierungsturm.

Der hl. Martin, dem im alten Köln mit Groß-St. Martin und der Pfarrkirche Klein-St. Martin zwei Kirchen geweiht wurden, gehört zu den populärsten Heiligen, um den sich besonders viele Legenden ranken, die besonders im Rheinland in den beliebten Bräuchen um den **Martinstag am 11. November** weiterleben. Dabei spielt vor allem die Legende vom Soldaten Martin, der hoch zu Ross einem armen frierenden Bettler die Hälfte seines Mantels gab, eine besondere Rolle. Die Martinsgänse, die um diese Zeit gegessen werden, erinnern an die schnatternde Gans, die den Bescheidenen in seinem Versteck verraten musste, als er zum Bischof von Tours gewählt worden war. Eine andere Legende berichtet, dass der Tod des hl. Martin im

Jahre 397 dem Kölner Bischof Severin durch Engelsgesang übermittelt wurde. Wie St. Gereon und St. Maria im Kapitol ist auch Groß-St. Martin aus einem römischen Bau erwachsen. Die Kirche birgt in ihrem Langhaus aufgehendes Mauerwerk einer **römischen Lagerhalle**, vor allem aber in der Disposition von Mittel- und Seitenschiffen die Proportion dieses antiken Gewerbebaus. Dieser war Teil einer Hof-Anlage mit vier Lagerhallen aus der Mitte des 2. Jh. nach Christus, die vor der römischen Rheinfront in ausgesprochen repräsentativer Lage direkt gegenüber dem Prätorium anstelle einer Sportanlage mit Schwimmbecken des 1. Jh. n. Chr. gebaut worden war und deren Innenhof die moderne Wohnanlage tradiert (→ Martinsviertel). Wann die südöstliche Lagerhalle nach dem Ende der Römer-Herrschaft (455) zu einer Kirche umgenutzt wurde, muss offenbleiben. In der zugänglichen **Ausgrabungszone** unter der Kirche sind ein Teil des Schwimmbeckens sowie Pfeiler-Stümpfe der Lagerhalle zu sehen. Sie zeigen Spuren nachträglicher Verschönerungen in Form von Profilierungen, die ebenso wie spätere feinere Estriche der Umnutzung zur Kirche zugeschrieben werden. Einerseits wird das Martinspatrozinium gerne als Beleg für eine fränkische Gründung gesehen, da der hl. Martin der wichtigste Heilige der Franken war, auf der anderen Seite gibt es aber erst unter Erzbischof Bruno (953–965) schriftliche Nachrichten. Bruno gründete hier ein **Herrenstift**, das noch vor dem Ende des 10. Jh. in eine Benediktinerabtei umgewandelt wurde. Der Bauphase des 11. Jh. unter Erzbischof Anno II. (1056–75), in dessen Lebensbeschreibung die Errichtung zweier Chortürme genannt ist, wird zusätzlich die westliche Verlängerung der Kirche bis in den Bereich der südwestlichen römischen Lagerhalle zugeschrieben. Um 1100 entstand eine östliche Krypta oder eine Confessio, deren Westwand mit gewölbter und farbig gefasster Nische in der Ausgrabungszone zu sehen ist. Außerdem wird für diese Zeit der Bau einer westlichen

Sakralbauten · Groß-St. Martin   121

Dreiturmgruppe angenommen. Das Fußbodenniveau der Kirche lag zu dieser Zeit etwa drei Meter über dem der römischen Lagerhallen, wie an den Spuren neben und unter den Stufen, die zum Ausgrabungsbereich führen, zu sehen ist.

Der Stadtbrand von 1150, der das gesamte Rheinviertel in Mitleidenschaft zog, war der Anlass für einen kompletten **Neubau (1150–1250)**, wofür das Fußbodenniveau noch einmal um einen Meter erhöht wurde. Das dreischiffige Langhaus dieses Monumentalbaus fußt aber weiterhin auf den antiken Lagerhallen, die auch die Breite der drei Schiffe bestimmen. Die etwa ein Jahrhundert während Bauzeit brachte Planwechsel und Veränderungen mit sich. Die überlieferten Daten beschränken sich auf eine Weihe 1172 und die Nachricht von einem neuerlichen Brand 1185. Begonnen wurde nach dem Brand von 1150 mit dem Bau des neuen Chorhauptes, das sich am Dreikonchenbau von St. Maria im Kapitol orientierte. Dabei ergab sich aber beim **Kleeblattchor** von Groß-St. Martin eine vereinfachte Grundrissdisposition ohne Chorumgang. Im inneren Aufbau des Etagenchores kann man die unteren Nischen mit den Arkaden und den schmückenden Säulen allerdings als eine Reduktionsform des Umganges von St. Maria im Kapitol ansehen. Die obere Etage des Chores ist in Groß-St. Martin wohl erst nach dem Brand von 1185 neu entstanden, was die weiterentwickelten und der Spätromanik verpflichteten Detailformen nahelegen. Nach diesem Brand von 1185 wird auch die Planänderung des **Vierungsturmes** angesetzt, der, ursprünglich achteckig vorgesehen, nun als massiver Quadratblock mit vier schlank wirkenden oktogonalen Ecktürmen bis 1230 heranwuchs. Seine beherrschende Stellung im Rheinpanorama der Stadt wurde durch die 1450/1460 hochgezogenen Turmspitzen zusätzlich betont. Der wuchtige Vierungsturm erforderte besondere Stützmaßnahmen durch die verstärkten Vierungspfeiler und die Tonnengewölbe der jeweils anschließenden Joche. Zusätzlich werden die westlichen Ecktürme über den östlichen Seitenschiffjochen durch allgemein nicht zugängliche kuppelartig gewölbte Räume unterfangen. Ihre Stützfunktion wurde allerdings nach 1945 durch massive Betonkonstruktionen so verstärkt, dass die ehemals als Archiv oder Schatzkammer genutzten schönen Räume erheblich gestört sind. Im östlichen Mittelschiffjoch geben die beiden vermauerten Fenster, die von dreiteiligen Blendarkaden überfangen werden, einen Hinweis auf diese verborgenen Räume. Die Wandgliederung von Chor und Turm entspricht mit der Mehrschaligkeit und den akzentuierenden Zwerggalerien dem spätromanischen Schmuckreichtum dieser Epoche. Das dreischiffige **Langhaus** wurde im zweiten Viertel des 13. Jh. gewölbt. Um das dafür nötige Stützsystem zu erreichen, waren Umbauten der Obergadenwände vonnöten, welche die vorhandenen Gliederungen mit Laufgangtriforium und Muldennischen ergaben. Das Gewölbe lässt in seiner hochgezogenen, spitzbogigen Form die im benachbarten Frankreich längst entwickelte Gotik ahnen. Im letzten Bauabschnitt wurde bis etwa 1250 vor den Eingang im Westen eine zweijochige Vorhalle gesetzt, die beim Wiederaufbau nach dem Zweiten Weltkrieg, den seit 1961 Joachim Schürmann leitete, allerdings nicht mehr wiederhergestellt wurde. Sie diente vor allem dem Schutz des reichgegliederten **Löwenportals** der Westseite, durch das die Laien die Kirche betreten konnten. Die Benediktinermönche kamen dagegen durch das Portal in der Nordkonche aus ihren Konventgebäuden, die beim Kreuzgang an der Nordseite lagen. Für das **Innere** der Kirche lassen erhaltene Reste erkennen, dass die mittelalterliche Ausstattung mit farbigen (figürlichen) Ausmalungen an Gewölben und Wänden, dazu passenden Schmuckfußböden sowie Altären, Skulpturen und Tafelbildern so gestaltet war, wie sie auch aus anderen Kölner Kirchen bekannt ist und unser Bild der einst besonders prachtvollen Ausstattung mittelalterlicher Kirchen prägt. In den nachmittelalterlichen Jahrhunderten entstanden auch in Groß-St. Martin wechselnde Neuausstattungen. Nach der **Säkularisation** und der damit verbundenen Aufhebung der Benediktiner-Abtei erhielt die Pfarre St. Brigida den Bau als Pfarrkirche. 1868–85 gestaltete man das Innere nach dem Programm (1864) von August Essenwein, damals Direktor des Germanischen Nationalmuseums in Nürnberg, völlig neu. Es war eine **Gesamtausstattung des Historismus**, das die Ausmalung von Gewölben und Wänden (Maler Alexius Kleinertz), den reichgestalteten Fußboden (Fa. Villeroy und Boch), die figürlichen Glasfenster (Zeichner Johannes Klein), die Altäre, Skulpturen, Kanzel, Beichtstühle, Kirchengestühl bis ins kleinste Detail nach einem umfangreichen Programm festlegte. Die Schäden des Zweiten Weltkrieges betrafen bei Groß-St. Martin vor allem den Vierungsturm, die Gewölbe und die Pfarrgemeinde, deren verbliebene Reste der Dompfarre zugewiesen wurden. So gab es für den **Wiederaufbau** von Groß-St. Martin nicht den bei anderen Kirchen treibenden Willen der Pfarrangehörigen nach Wiedergewinnung ihres Gottesdienstraumes. Es gab aber den festen Willen der Bürgerschaft nach Rekonstruktion des Vierungsturmes, um die Silhouette der Rheinfront wiederherzustellen. Bereits 1965 war dieser Turm in seiner Grundform aufgebaut und hatte sogar die gotischen Spitzhelme erhalten. Die penible Rekonstruktion von Baugliederungen, wie zum Beispiel die Details der Zwerggalerie, wurde im anschließenden Jahrzehnt durchgeführt. Im Inneren war, wegen des langsamen Wiederaufbaus, die **historistische Ausstattung** zu einem sehr großen Teil erhalten geblieben. Da sie aber nicht in das zunächst von Architekten und Denkmalpflegern übereinstimmend gepflegte Konzept der Purifizierung passte, wurde ihr Bestand so vernachlässigt, dass von dem fast völlig erhalten gebliebenen Schmuckfußboden nur geringe Reste gerettet und wiederverlegt werden konnten. Auch auf die Erhaltung der Ausmalung wurde kein Wert gelegt.

Trotzdem ist heute in Groß-St. Martin noch mehr von der historistischen Ausstattung erhalten als in irgendeiner anderen alten Kölner Kirche, und es bleibt abzuwarten, wie in Zukunft ihre Bestandssicherung erfolgen wird. Den leider unvollendet gebliebenen Glasfenster-Zyklus schuf Hermann Gottfried in den 1980er-Jahren. Von der **älteren Ausstattung** ist wenig erhalten. Ein Würfelkapitell mit Köpfen ist im südlichen Seitenschiff zu sehen, wo auch vor der Ostnische der kleine Rest des mittelalterlichen Stiftmosaikbodens aus dem frühen 13. Jh. neu verlegt wurde: ein Löwe mit dreifach geteiltem Schwanz. Das schöne Taufbecken im nördlichen Seitenschiff ist vom Beginn des 13. Jh., seinen Deckel gestaltete Karl Matthäus Winter 1985. Die 1509 gestiftete Kreuzigungsgruppe, die etwas jüngere Grablegungsgruppe sowie der Schmerzensmann werden Meister Tilman und seiner Werkstatt zugeschrieben. Die beiden Holzfiguren, Petrus und Paulus, stammen von Peter Joseph Imhoff (um 1800). Seit 2009 wirken hier die Monastischen Gemeinschaften von Jerusalem

Klein-St. Martin (II D8; Augustinerstr. 25), ehem. Pfarrkirche: Von dieser 1080 erstmals erwähnten und im 15. Jh. weitgehend neu erbauten Martinskirche blieb nur der **Turm** erhalten. Die Pfarre erhielt nach der Säkularisation die Stiftskirche St. Maria im Kapitol, die zu diesem Zeitpunkt keine Türme mehr besaß. Daher blieb der Turm der alten Pfarrkirche als Glockenturm erhalten. Nach dem Zweiten Weltkrieg wurde, im Zuge einer allgemeinen »Reromanisierung«, der stilistisch zugehörige schlanke Achteckhelm durch ein niedriges Pyramidendach ersetzt.

St. Mauritius (II D7, Mauritiuskirchplatz 9), Kath. Pfarrkirche, ehem. zusätzlich Klosterkirche: in den Umfassungsmauern der neugotischen Kirche spannende Neugestaltung nach dem Zweiten Weltkrieg.

Der wichtigste neugotische Bau in Köln war die Pfarrkirche St. Mauritius. Das dringende Bedürfnis, auch im direkten Schatten des Kölner Domes einen »Ableger« seiner

Sakralbauten · Klein-St. Martin   125

Bauformen zu haben, war offensichtlich entscheidend für
den sonst kaum verständlichen Abbruch der romanischen
Vorgängerkirche von St. Mauritius, die als erster gewölbter Kirchenbau Kölns 1141 geweiht worden war. Der
hl. Mauritius war der Anführer einer anderen Abteilung
der Thebäischen Legion, die im Schweizer Wallis den
Märtyrertod erlitten hatte und dort begraben wurde
(Saint-Maurice). Es nimmt daher nicht wunder, dass der
Kollege des in Köln so geschätzten hl. Gereon hier ebenfalls bereits frühzeitig verehrt wurde, wie auch ein weiterer Märtyrer dieser Legion, der hl. Vitalis (→ Müngersdorf). Anstelle einer Kapelle der Benediktinerabtei St. Pantaleon wurde um 1135 ein **Neubau** gestiftet und 1141
geweiht: St. Mauritius war gleichzeitig Kirche von Bene-
diktinerinnen (im Westen) und Pfarrkirche (im Osten).
Die **Säkularisation** von 1802 führte bei dieser Kirche zu
einem absoluten Kuriosum. Die Aufhebung des Klosters
brachte die Versteigerung des westlichen Teils der Kirche:
Nonnenempore mit Turm wurden privatisiert und dienten zunächst gewerblichen Zwecken, bis sie 1829 für den
Alexianerorden erworben wurden. Der östliche Teil von
St. Mauritius war unverändert weiterhin Pfarrkirche geblieben, wurde aber auf Dauer für die auch in diesem Gebiet steigende Bevölkerungszahl zu klein. Seit den 1840er-
Jahren wurde dann sehr bewusst der **neugotische Bau**
betrieben, der durch eine große Spende des Kölner Bür-
gers Franz Heinrich Nicolaus Frank 1856 auch realisiert
werden konnte. Frank knüpfte seine Spende an die Bedin-
gung, dass der in der Dombauhütte als »Neugotiker« ausgebildete Vincenz Statz diesen Bau errichten solle. 1861–
1864 entstand die dreischiffige Basilika mit Westturm und
polygonalem Ostchor mit Zwickelkapellen aus Backstein
mit Werksteingliederungen. Der Zweite Weltkrieg beschädigte auch diesen Bau. Für einen am Original orientierten
Wiederaufbau aber war das Bewusstsein der Bedeutung
dieses neugotischen Baus noch nicht reif. So konnte, bei

Erhaltung des Turmes, Fritz Schaller 1956–57 in den vorhandenen Umfassungsmauern eine **spannende Neugestaltung** verwirklichen, die mit gotisierenden Elementen vor allem in der Stahlbetondecke im Inneren aber doch eine Hommage an die Neugotik ist und wichtige Teile des Grundrisses der neugotischen Kirche erlebbar bleiben ließ. Die schönen Fenster im neuen Kirchenraum schuf 1961 Franz Pauli. Von der alten **Ausstattung** erhalten: Gabelkreuz (Crucifixus dolorosus) von 1415/20. Kreuzigungsgruppe um 1525. Das ehem. Klostergebäude: → Mauritiussteinweg 59.

Minoritenkirche (II D8; Kolpingplatz), Kath. Pfarrkirche St. Mariä Empfängnis, ehem. Klosterkirche St. Franziskus: dreischiffige gotische Basilika mit Dachreiter.

Auch in Köln kam den **Bettelorden** bei der Einführung der Gotik große Bedeutung zu. Die Franziskanerkirche St. Franziskus gilt als der erste Bau in Köln, der mit gotischen Konstruktionsprinzipien geplant und begonnen wurde. Der gebräuchliche Name ›Minoritenkirche‹ bezieht sich auf den offiziellen Titel ›Ordo Fratrum Minorum‹, Orden der Minderen Brüder. Nach der Säkularisation mit der Aufhebung auch dieses Klosters wurde der Bau 1849 Annexkirche des Domes und erhielt ein neues Patrozinium: St. Mariä Unbefleckte Empfängnis.

Die im Kathedralbau zur repräsentativen Prächtigkeit gesteigerten Möglichkeiten der **neuen Errungenschaften gotischen Bauens**, die in besonderer Perfektion den Neubau des Kölner Domes bestimmten, wurden von den Reformorden dieser Zeit wegen der darin enthaltenen Rationalisierungs-Chancen aufgegriffen. Im 12. Jh. waren es die Zisterzienser, deren schlichte, frühgotische Bauten in ihrer Einfachheit im bewussten Gegensatz zum prunkvollen Aufwand der Benediktiner und vor allem der reichen Stifte entstanden waren. 1209 wurde in Italien der Franziskanerorden gegründet, 1215 in Südfrankreich der Dominikanerorden. Ihr bewusster Rückgriff auf die vom hl. Augus-

Sakralbauten · Minoritenkirche 127

tinus im 4./5. Jh. für das Klosterleben zugrundegelegte
Regel vor allem der Armut wurde anfänglich so konsequent vertreten, dass sie nur durch Betteln ihren Lebens-
unterhalt ermöglichen wollten. Zunächst bedeutete dieses
Armutsideal, das auch nach Ablehnung von gemeinsamem
Besitz verlangte, sogar den Verzicht auf einen eigenen Kirchenbau. Dies war theoretisch möglich, da ihnen eine
päpstliche Erlaubnis die Mitnutzung aller bestehenden
Kirchen ermöglichte. Da allerdings das besondere Anliegen der Bettelorden Missionierung, Seelsorge und Predigt
war, führte dies in der Praxis relativ schnell zu Konflikten
mit den örtlichen Geistlichen und in der Folge doch zum
Bau eigener Kirchen. Diese Entwicklung lässt sich auch
bei den Kölner Franziskanern ablesen, die bereits kurz
nach der Gründung des Ordens in dieser Stadt mit ihren
Predigten begannen. 1229 erhielten sie im Severinsviertel
ein Grundstück für den Bau eines Oratoriums und bereits
1246 übersiedelten sie in die Stadtmitte, in die Kolumba-
pfarre, wo sie bald danach mit dem **Bau von Kirche und
Kloster** begannen. Der Hochaltar im Chor wurde bereits
1260 geweiht, während der Bau des Langhauses sich mit
dem Abschluss der Westfassade bis ins 14. Jh. hinzog. Im
Äußeren sind Chor und Mittelschiff unter einem durchgehenden Dach vereint, das nur durch den ehemals aus der
1. Hälfte des 15. Jh. stammenden zierlichen Dachreiter an
der Schnittstelle von Chor und Langhaus betont wird. Seine heute wesentlich einfachere Form stammt vom Aufbau
der Nachkriegszeit, die auch am südlichen Seitenschiff die
im 15. Jh. vergrößerten Fenster wieder auf die ursprünglichen Rundfenster verkleinerte. Der Verzicht auf ein architektonisch aufwändiges und schmuckreiches Strebewerk,
wie es den gotischen Kathedralbau bestimmt, gehört
ebenso zum Bettelordensideal, wie die bewusste Turmlo-
sigkeit. Ihre Konsequenz ist eine einfache basilikale **Westfassade**, die bei der Kölner Minoritenkirche allerdings mit
einem besonders reichen mittleren Maßwerkfenster ge-

schmückt ist. Auf den **Langchor** mit polygonaler Apsis folgt die dreischiffige Basilika, deren Mittelschiff die Breite des Chores aufnimmt. Wie weit der abgeschrankte Mönchschor ehemals ins Mittelschiff reichte, ist nicht mehr festzustellen. Für den umgemein einheitlich wirkenden Innenraum wird zwischen Chor und **Langhaus** eine Planänderung vermutet, die zunächst vielleicht eine Hallenkirche vorsah oder ein Querhaus. Ablesbar ist dies vor allem an der reicheren Profilierung der beiden östlichen Arkadenbögen. Die kreuzrippengewölbte Basilika mit dem hochgezogenen Mittelschiff wird heute vor allem durch die Gewölbedienste strukturiert, die die Jochteilung betonen. Dieser betont schlichte Raum erscheint in der unserer Zeit angemessen erscheinenden Form franziskanischer Schlichtheit, die er aber weder zur Erbauungszeit noch in den Jahrhunderten danach besessen hat. So waren zumindest die großen zweibahnigen Chorfenster mit dem bekrönenden Kreis, die ihre Herkunft von den formal ähnlich gestalteten Fenstern der französischen Kathedralen erkennen lassen, ursprünglich mit farbstrahlenden figürlichen **Glasfenstern** gefüllt. Eine Darstellung der Steinigung des Stephanus, die sich im Schnütgen Museum befindet, wird der Ausstattung dieses Chors zugesprochen. Zusätzlich ließen zahlreiche **Ausmalungsbefunde** erkennen, dass auch diese Bettelordenskirche einst an den Wänden und Pfeilern mit Bildern geschmückt war, die die Predigt der Mönche anschaulich unterstützten, wie es vor allem die italienischen Beispiele dieser Ordensarchitektur bis heute zeigen. Die Barockisierung der Kölner Minoritenkirche ließ die mittelalterliche Ausmalung unter der Neugestaltung verschwinden, der Zweite Weltkrieg zerstörte dann die im 19. Jh. freigelegten Reste. Von den 1956 am westlichen Langhauspfeiler aufgedeckten Malereien mit der Darstellung einer Kreuzigung Christi mit Maria und Johannes als Assistenzfiguren ist heute nur noch ein schemenhafter Eindruck zu gewinnen. Die **Fenster des**

Sakralbauten · Minoritenkirche 129

Chores und des Obergadens schuf Helmut Kaldenhoff, das der Fassade mit der Darstellung der Apokalyptischen Frau Franz Pauli und die der Seitenschiffe Robert Rexhausen. Im nördlichen Seitenschiff ist das ehem. **Reliquienkreuz** der Pfalzgräfin Mathilde, das 1024 für Brauweiler gestiftet wurde, zu sehen. Das kupfervergoldete Kreuz trägt einen silbernen Kruzifix von 1330. Das **Retabel** im Hochchor von 1480 stammt aus Alfeld, der gläserne **Kruzifix** von Thomas Kesseler ist hier seit der Sanierung von 2009/10. Die Kirche birgt die Grabmäler für den Franziskaner-Scholastiker Johannes **Duns Scotus** (1265–1308) und den Gesellenvater **Adolf Kolping** (1813–65), dessen Denkmal (1903 von Johann Baptist Schreiner) auf dem Kolpingplatz steht. Nördlich des Chores ist die bereits 1250 vollendete Sakristei, die ursprünglich vermutlich der **Kapitelsaal** des Klosters war. Der quadratische Raum, den fünfteilige Lanzettfenster von Osten belichten, ist einer der unbekanntesten, aber gleichwohl interessantesten gotischen Räume in Köln, dessen strahlenförmig angeordnete Rippengewölbe sich auf der Mittelsäule sammeln. Die Konventbauten des Klosters schlossen sich nach Norden an. An ihrer Stelle wurde 1855–61 das **Wallraf-Richartz-Museum** nach Plänen von Joseph Felten, Julius Raschdorff und August Stüler gebaut. Seine strenge Neugotik der Jahrhundertmitte entsprach der Minoritenkirche des 13. Jh. Nach den Beschädigungen des Zweiten Weltkrieges wurde dieser Bau nicht mehr wiederhergestellt. Die Ablehnung der Kunst des 19. Jh. war stärker als die Pietät gegenüber dieser Inkunabel der Kölner Museumsarchitektur. Die von der Fassade stammende Sandsteinfigur des **hl. Albertus Magnus** von Anton Werres, die zwischenzeitlich an St. Andreas aufgestellt war, steht jetzt in der Wohnanlage »Residenz am Dom« in der Straße An den Dominikanern. Der 1955/56 an der alten Stelle errichtete **Neubau des Wallraf-Richartz-Museums** von Rudolf Schwarz und Josef Bernard nahm allerdings bewussten Bezug auf die Proportion des alten Baus. Zusätzlich ist seine Schlichtheit als Antwort des 20. Jh. auf das mittelalterliche Bettelordensideal zu sehen. Ein Seitenflügel des Innenhofes birgt noch die Reste des ehemaligen **Kreuzganges**. Für diesen neuen Museumshof schuf Ewald Mataré 1953–56 den Stefan-Lochner-Brunnen. Vor dem Museumsneubau blieben die beiden **Sitzfiguren** von Ferdinand Franz Wallraf und Johann Heinrich Richartz, die Wilhelm Albermann 1900 schuf. Nach der Verlagerung von Wallraf-Richartz-Museum und Museum Ludwig 1986 in den Neubau östlich des Domes wurde dieses Haus für das Museum für Angewandte Kunst (→ Museen) adaptiert.

St. Pantaleon (II C7; Am Pantaleonsberg 6), Kath. Pfarrkirche, ehem. Benediktiner-Klosterkirche, im 19. Jh. evangelische Garnisonskirche: dreischiffige frühromanische Basilika mit östlichen Annexbauten, Krypta und monumentalem Westbau.

Die Gesamtanlage gibt mit der Kirche innerhalb der erhaltenen Immunitätsmauer und den in der alten Struktur neu errichteten Gebäuden noch einen hervorragenden Eindruck der ehemals die Stadt Köln prägenden zahlreichen Stifte und Klöster, von denen sonst im besten Fall nur die Kirchen erhalten blieben.

Ausgangspunkt des Sakralbaus ist ein um 250/260 errichteter und außerhalb der Römerstadt gelegener Bau mit einem größeren Saal, dessen Orientierung und Breite prägend blieb für alle nachfolgenden Kirchenbauten, die aus diesem Grund nicht geostet, sondern nach Südosten orientiert sind. Diesen **römischen Bau** möchte man gerne als christlichen Versammlungsraum, als eine sog. »domus ecclesiae«, interpretieren, wofür auch Fundstücke mit Kreuzzeichen in Anspruch genommen werden. Reste der römischen Anlage mit einer Heizungsanlage, Hypokausten, sind erhalten und von der Krypta aus einzusehen. Im **Jahre 866**, anlässlich der Güterumschreibung von Erzbi-

St. Pantaleon, Innenansicht nach Westen

schof Gunthar, die eine wichtige Quelle für die karolingische Zeit ist, wird erstmals eine dem hl. Pantaleon geweihte Kirche als Annexkirche des Domes erwähnt. Bei naturwissenschaftlichen Untersuchungen konnte zuletzt festgestellt werden, dass von dieser Saalkirche in großem Umfang karolingische Substanz im bestehenden Mittelschiff vorhanden ist. Ein in spätkarolingischer Zeit errichteter und im 10. Jh. abgebrochener kleinerer Zentralbau, wohl ein **Baptisterium**, ist als Grundriss außen im Pflaster vor dem Westbau markiert. Der Bruder Kaiser Ottos I., **Erzbischof Bruno**, wurde 955 in St. Pantaleon in sein bischöfliches Amt eingeführt, bei welchem Anlass die Kirche als verfallen bezeichnet wurde – vermutlich als Begründung für die von diesem Erzbischof in der Folge veranlassten Baumaßnahmen. Bruno gründete hier ein **Benediktinerkloster**. Nach seinem frühen Tod 965 wurde er in der Krypta, die 1964 wieder geöffnet wurde, beigesetzt. In seinem Testament hinterließ er dieser Gründung umfangreiche Mittel, die insbesondere für den Westbau verwendet wurden. 980 erfolgte eine Weihe und 991 wurde hier **Kaiserin Theophanu**, die Witwe Kaiser Ottos II. und Mutter Kaiser Ottos III., beigesetzt, die der Abtei u. a. die Albinus-Reliquien gestiftet und vermutlich den Westbau, wo sie beigesetzt wurde, zu ihrem »Mausoleum« bestimmt hatte. Die Kaiserin ruht jetzt in einem Sarkophag von Sepp Hürten von 1965. Im 10. Jh. war die Abteikirche ein Saalbau mit Ostapsis über einer Krypta, die sich auch unter dem Bereich des Vorchores erstreckte und im Osten von zwei Annexbauten mit je einer östlichen Apsis begleitet wird. Der im Mittelschiff erhaltene monumentale **Saalbau** weist mit seiner Breite von 12,80 m eine für die karolingisch-ottonische Zeit ungeheure Dimension auf und ist wohl nur in der Nachfolge kaiserlicher Pfalzsäle zu verstehen. Die Wandgliederung im Inneren mit großen Rundbogenblenden ist zu einem großen Teil sichtbar gemacht. Auch die Außenwände waren durch große Rund-

Sakralbauten · St. Pantalon 133

bogenblenden gegliedert, die hier zweifach abgestuft die
Rundbogenfenster umschlossen, wie dies auch den großen
Saal der Pfalz Karls des Großen in Aachen schmückte. Der
Westbau, dessen hohen quadratischen Mittelbau im Norden und Süden die unten quadratischen, in der Mitte achteckigen und oben runden Treppentürme überragen, weist
im Westen eine hohe Vorhalle auf. Seitlich ist je ein Annexbau angefügt, wodurch der Westbau weit über die Saalkirche hinausragte. Erst der Anbau der gewölbten Seitenschiffe im 12. Jh. veränderte diese Situation. Dieser Westbau ist im Inneren bis heute weitgehend original erhalten.
Sein quadratischer Mittelraum öffnet sich im Obergeschoss nach drei Seiten zu den Emporenöffnungen. Dabei
ist die Westempore aufgrund des verkürzten Wiederaufbaus dieses Bauteils im 19. Jh. nicht mehr von jener »kaiserlichen« Dimension, die man für ihre eventuell vorgesehene Nutzung durch Mitglieder des Kaiserhauses gerne annehmen möchte. Ihre ursprüngliche äußere Fassade
aber war mit dem großartigsten **Figurenprogramm** geschmückt, das aus dem frühen Mittelalter bekannt ist. Seine erhaltenen Teile erlauben die Deutung, dass oben in der
Mitte Christus zwischen knienden Engeln dargestellt war,
während in den unteren Nischen insgesamt fünf Heilige
erschienen: Eine Dreiergruppe mit Pantaleon flankiert von
Cosmas und Damian sowie darunter Albinus und Maurinus. Die Reste der Skulpturen, darunter der besonders eindrucksvolle Christuskopf sind innen in der Mittelempore
des Westbaus in einem von Ingrid Bussenius gestalteten
Lapidarium ausgestellt. Nach der Umwandlung des Saalbaus zur **dreischiffigen Basilika** im letzten Viertel des 12. Jh.
erhielt der südöstliche Annexbau eine reichere Ausgestal-
tung mit einem außerordentlich hochgebusten Gewölbe
und zugehöriger Wandgliederung im Inneren. Das Mittelschiff wurde erst im 17. Jh. mit einem Gewölbe versehen.
Christoph Wamser, der gleichzeitig den Bau der Kirche
St. Mariä Himmelfahrt durchführte, baute 1620–22 in

St. Pantaleon, Christuskopf

Sakralbauten · St. Pantaleon 135

St. Pantaleon ebenfalls ein **Netzgewölbe** ein. Nach der Beschädigung im Zweiten Weltkrieg wurde es nicht wiederhergestellt, sondern durch eine Flachdecke ersetzt. Der nun entstandene Raumeindruck ist allerdings von dem angestrebten des 10. Jh. weit entfernt, da der im 17. Jh. zur Einwölbung erhöhte Obergaden beibehalten wurde, ebenso die damals vergrößerten Fenster mit dem gotischen Maßwerk. Nach dem Zweiten Weltkrieg kam der **spätgotische Lettner** von 1503 an seine derzeitige Stelle. Zur Zeit seiner Stiftung durch den Abt des Klosters, Johann Lüninck, stand er ein Joch weiter westlich im Mittelschiff. Ende des 17. Jh. setzte man ihn als Orgeltribüne vor den Westbau. Dabei wurde nur die eine Schauwand verwendet, während die ursprünglich zum Chor gewandte Seite verloren ging. Der unter brabantischem Einfluss entstandene Lettner zeigt an seiner erhaltenen vorderen Schauseite eine fünfachsige Arkadenfront mit mittlerem Korbbogen zwischen seitlichen Kielbögen, die auf erneuerten Säulen ruhen. Die durchbrochen gearbeitete reiche Maßwerkbrüstung hat als Figurenprogramm die Muttergottes begleitet von den hll. Pantaleon und Mauritius, zwei Mönchen und den hll. Johannes dem Evangelisten und Quirinus. Die vier Figürchen der Evangelisten wurden im 19. Jh. erneuert. Die seitlich aufgestellten hll. Paulus und Gereon stammen ebenfalls aus dem Zusammenhang des Lettners. Das Wappen von Abt Lüninck ist der Sperling, der als Zeichen seiner Stiftung zu sehen ist. Auf den weiterhin als Musiktribüne genutzten Lettner stellte man wieder den schönen **Orgelprospekt** von 1652, der in der Barockzeit allerdings von dem Netzgewölbe überfangen wurde, während er heute optisch etwas hart an die Flachdecke stößt. Der Farbzusammenklang von barock gefasstem Orgelprospekt und der Nachkriegsdecke wurde aber durch die Ausmalung der Decke von Dieter Hartmann (1992/93) wesentlich verbessert. Die veränderte Aufstellung des Lettners im Mittelschiff war bedingt durch die erhaltene **Barockaus-**

stattung des Chores, dessen Apsis 1620/22 neu gebaut worden war. Die damals installierten Farbglasfenster von Heinrich Bruyn d. J. sind die letzten erhalten gebliebenen »mittelalterlichen« Scheiben in Köln. Der barocke Hochaltar von 1750 aus Stuckmarmor und die zugehörige Wandgestaltung stellen nicht die beste Barockausstattung dar, die Köln einst in seinen mittelalterlichen Kirchen hatte – aber es ist heute die einzig erhaltene. In der Altarnische des Hochaltars steht die Figur des hl. Pantaleon, seitlich begleitet von den hll. Bruno, Albinus, Quirinus und Sebastian. Ebenfalls von 1750 ist die Kanzel mit großem Schalldeckel im Langhaus, während die Holzfiguren der Maria Immaculata und des Salvator 1622 von Jeremias Geißelbrunn geschaffen wurden. Von einem Skulpturenzyklus von 1694 kamen sechs Apostelfiguren in den Hochaltar von St. Mariä Himmelfahrt, während fünf Apostel in St. Pantaleon verblieben. Von der **mittelalterlichen Ausstattung** sind, außer dem nur teilweise erhaltenen Doppelgrabmal mit den Liegefiguren der Grafen von Moers (um 1500), das im südöstlichen Querarm an der Westwand aufgestellt ist, und den oben besprochenen Skulpturenteilen des 10. Jh. auf der Westempore, insbesondere die beiden kostbaren Schreine des 12. Jh. erhalten. Sie stehen seit 2000 zu beiden Seiten vor dem Lettner. Der **Maurinusschrein**, um 1170 in Köln entstanden, birgt die 966 bei den Bauarbeiten aufgefundenen Reliquien des hl. Maurinus. Die Figuren der Längs- und der Giebelseiten sind verloren, erhalten haben sich aber die Reliefbilder der Dachflächen mit Darstellung von Martyrien in Vierpassrahmen, die wohl erst zu Beginn des 13. Jh. entstanden sind und z. T. den Einfluss von Nikolaus von Verdun erkennen lassen. Der **Albinusschrein**, um 1186 in Köln entstanden, enthält die von Kaiserin Theophanu gestifteten Reliquien des hl. Albinus. Auch hier fehlt der Figurenschmuck der Längs- und der Giebelseiten. Die Dachreliefs zeigen einen Christuszyklus und Darstellungen der Albinuslegende. Auch

Sakralbauten · St. Peter　　137

hier ist z. T. der Einfluss des Nikolaus von Verdun erkennbar. Von der **jüngeren Ausstattung** sind zu nennen: die Ausmalung der Decke im Westbau 1965 von Gerhard Kadow, das zur selben Zeit darunter gestaltete Fußbodenmosaik von Elmar Hillebrand, der siebenarmige Leuchter von Rolf Bendgens 1967, die Fenster im Westbau 1986/87 und die Ausmalung der Langhausdecke 1992/93 von Dieter Hartmann.

Von der ehem. **Klosteranlage**, die im Grundriss von den Neubauten und durch Markierung der Fundamente gut ablesbar ist, muss v. a. die Kapitelsaalfront des 10. Jh. erwähnt werden sowie der Schatzkammerbau vom Beginn des 13. Jh. über zwei älteren Kreuzgangjochen an der Nordseite der Kirche, dessen achtteilige Rippenkuppel mit abhängendem Schlussstein als eine Vorstufe des Dekagongewölbes von St. Gereon gesehen werden kann. Zur ehem. **Sommerresidenz** des Abtes → Vorort Sülz.

St. Peter (II D7; Leonhard-Tietz-Str. 6), Pfarrkirche: dreischiffige spätgotische Emporenbasilika mit romanischem Westturm.

Auch wenn bei den älteren Kölner Kirchenbauten die ehem. Stifts- und Klosterkirchen heute die absolute Mehrzahl einnehmen, dann bedeutet dies keineswegs, dass die **Pfarrkirchen in Köln** eine untergeordnete Rolle einnahmen oder zahlenmäßig gering gewesen wären. Das Gegenteil ist der Fall. Köln hatte, nicht zuletzt wegen seiner großen Bevölkerungszahl, mit 19 Pfarreien weitaus mehr als jede andere größere mittelalterliche Stadt Deutschlands. Augsburg verfügte über sechs und Nürnberg nur über zwei Pfarreien. Nach der Aufhebung der Stifte und Klöster (1802) aber wurden deren größere und prächtigere Bauten vielfach den Pfarrgemeinden übergeben, die schlichteren Pfarrkirchen dagegen abgebrochen. Die Pfarrkirche St. Peter aber blieb nach der Säkularisation bestehen, weil die ehemalige Stifts- und Klosterkirche St. Cäcilien eine neue Nutzung als Krankenhauskirche erhalten hatte. Zusätzlich gehörte St. Peter zu jener Gruppe von Bürgerpfarrkirchen, die sich im Laufe der Zeit besondere Eigenständigkeit erworben hatten. Dazu zählten auch (Alt-)St. Alban, St. Kolumba und St. Johann Baptist, die gleichfalls den Kahlschlag des 19. Jh. überstanden – aber ebenfalls nach der Kriegsbeschädigung des 20. Jh. völlig verändert wurden. Der vorhandene **spätgotische Bau** von St. Peter stammt aus der 1. Hälfte des 16. Jh. Allerdings sind durch Ausgrabungen drei Vorgängerbauten festgestellt worden. Von der Kirche des 12. Jh. wurde beim Neubau des 16. Jh. vor allem der Turm übernommen, was seine asymmetrische Lage im heutigen Kirchenbau erklärt. Die dreischiffige Pfeilerbasilika mit polygonaler Apsis und den für eine Pfarrkirche charakteristischen Emporen hat im östlichen Langhausjoch durch Verzicht auf die Emporen ein Pseudo-Querhaus. Das schöne spätgotische **Netzgewölbe** der Erbauungszeit wurde im letzten Krieg im Mittelschiff schwer beschädigt und nicht mehr wiederhergestellt. Dies hat den Raumeindruck völlig verändert, auch wenn die Gewölbe der Seitenschiffe erhalten sind. Die im Mittelschiff bewahrten Gewölbeauflager halten allerdings die Hoffnung wach, dass darauf eines Tages auch wieder das zugehörige Gewölbe entstehen wird, auch wenn die 1996–2000 erfolgte Restaurierung und Neugestaltung ihren eigenen ästhetischen Eindruck als weiße Folie von Präsentationen zeitgenössischer Kunst vermitteln kann. Bewahrt werden aber konnte in drei Gewölben des südlichen Seitenschiffs die vorzügliche **expressionistische Ausmalung** von Hans Zepter (1926–28).

Die erhaltenen Reste der 1520/30 entstandenen spätgotischen **Glasgemälde** aus dem Umkreis Barthel Bruyns zählen zu den letzten Höhepunkten mittelalterlicher Glasmalerei am Übergang zur Renaissance in Köln. In den Chorfenstern sind in der Mitte die Kreuzigung mit Äbtissin Elisabeth von Manderscheidt als Stifterin, links die Kreuztragung und rechts die Beweinung dargestellt. Die

Sakralbauten · St. Peter

Fenster der Seitenschiffe und der Emporen zeigen v. a. Heilige. Die Farbscheiben sind nun in neutrale Glasfenster eingesetzt, während sie davor von Hermann Gottfried, Hans Lünenborg und Franz Pauli mit neuen spannungsreichen Rahmungen umgeben waren, was zu den außerordentlich gelungenen Neuschöpfungen der Nachkriegszeit gehörte. Die **Taufkapelle** ist seit dem Wiederaufbau im tieferliegenden Turm-Erdgeschoss, zu dem Stufen hinabführen. Die Messingtaufe von 1569 hat die Form eines Pokals. Südlich des Turmes ist die **Kreuz- oder Marienkapelle** von 1512 mit einem schönen Gitter des 17. Jh. Hier sind die erhaltenen Teile eines Schnitzaltares der 1. Hälfte des 16. Jh.: Kreuzabnahme, Beweinung, Grablegung. Zu erwähnen sind eine **Schöne Madonna** vom Beginn des 15. Jh. und der nun seitlich gestellte steinerne Altar, 2000 nach einem Modell von **Eduardo Chillida** geschaffen, aber wegen der durchbrochenen Tischplatte nicht den liturgischen Ansprüchen entsprechend. Das wichtigste Ausstattungsstück der Kirche ist das Hochaltarbild *Kreuzigung Petri* **von Peter Paul Rubens**. Es ist das bedeutendste Altargemälde des 17. Jh. in Köln, das 1642 mit dem Hochaltar von der Familie Jabach gestiftet wurde, aber gegen Ende des 19. Jh. seines originalen architektonischen Rahmens beraubt wurde. Die Eltern von Rubens gehörten zu jenen flämischen Flüchtlingen, die während der Glaubenskriege Zuflucht in Köln gesucht und diese trotz ihres evangelischen Glaubens erhalten hatten. Vorübergehend nach Siegen gezogen, wo 1577 der später so berühmte Sohn Peter Paul geboren wurde, traten sie nach ihrer Rückkehr nach Köln 1578 zum Katholizismus über. Der Vater Jan Rubens wurde 1587 in der Mitte des Chores von St. Peter begraben, seine Witwe kehrte mit den Kindern 1589 nach Antwerpen zurück. Dort nahm Peter Paul Rubens seine Entwicklung zum berühmten flämischen Barockmaler. Als einen seiner letzten Aufträge schuf er dieses Hochaltarbild für die Pfarrkirche seiner Kindheit

St. Peter, Kreuzigung Petri von Peter Paul Rubens

Sakralbauten · St. Petrus Canisius 141

mit dem Grab des Vaters. Als der bereits längere Zeit schwerkranke Maler 1640 starb, war das Bild noch nicht vollendet. Allerdings gibt es seine Aussage, dass er es für eines der »besten Stücke, die bisher aus meiner Hand hervorgegangen sind« gehalten habe. 1642 wurde es mit dem neuen Altar in der Apsis aufgestellt. Das überaus eindrucksvolle und farbprächtige Rubens'sche Spätwerk zeigt die Szene der Kreuzaufrichtung Petri in hochdramatischer Weise. Fünf muskulöse Schergen sind unter sichtlicher Aufbietung ihrer Kraft bemüht, das Kreuz aufzurichten und den überaus athletischen Körper des voll Todesangst zum Himmel flehenden Apostels Petrus darauf zu zwingen und festzunageln. Dem ausholenden Hammerschlag eines der Exekutoren antwortet als Pendant ein herabschwebendes Himmelsgeschöpf mit Märtyrerpalme und Lorbeerkranz. Die unvergleichliche Spannung der Komposition ist einer der unbestrittenen Höhepunkte barocker Gestaltung, die allerdings mit der zugehörigen Architektur des Altars als festlichem und festem Rahmen rechnet. Verloren sind seit dem Ende des 19. Jh. auch die beiden begleitenden Seitenaltäre, von denen sich nur das Gemälde *Bekehrung des Paulus* von 1643 von Cornelius Schut erhalten hat (ehem. nördlicher Seitenaltar). Evergislusschrein 1837/38, Paulusschrein 1898. Außen am Turm Lichtinstallation **Don't worry** von Martin Creed 2000.

St. Petrus Canisius (II E7; Kardinal-Frings-Straße), Kirche des Priesterseminars: Backsteinsaalkirche der 1950er-Jahre.

Nach der Auflösung des Kölner Erzbischöflichen Stuhles während der französischen Besetzung brachte seine Wiedereinrichtung durch die Preußen für Köln eine spektakuläre Neuerung: Erstmals nach der Schlacht von Worringen 1288 konnte der Kölner Erzbischof wieder seinen Sitz in dieser Stadt nehmen: 1824 bezog er als **Erzbischöfliches Palais** den Barockbau des Balthasar von Mülheim (erbaut 1758) an der Gereonstraße. Nach der Beschädigung im Zweiten Weltkrieg entstand auf dem großen Grundstück nicht nur das neue **Erzbischöfliche Haus**, wie es nach dem Willen des Bauherrn Josef Kardinal Frings ausdrücklich anstelle von »Palais« heißt, mit einer kleinen Kapelle, sondern auch das **Priesterseminar** mit dem großen Sakralbau St. Petrus Canisius. Architekt der mit Sichtmauerwerk aus Backstein und Gliederungselementen aus Sichtbeton bewusst schlicht angelegten Mehrflügelanlage, die sich um Innenhöfe gruppiert, war nach einer Wettbewerbsentscheidung von 1955/56 Hans Schumacher, der die große Baumaßnahme 1956–58 in Zusammenarbeit mit Dom- und Diözesanbaumeister Willy Weyres ausführte. Die nach Osten orientierte **Kirche des Priesterseminars**, deren Apsis die Westseite des Börsenplatzes an der Gereonstraße dominiert, wirkt nach außen nicht sehr einladend, ist aber von der Kardinal-Frings-Straße (über die Pforte des Seminars) zugänglich. Der Kirchenraum, eine Halle mit dünnen seitlichen Stahlsäulen, besticht durch seine überaus klare und ebenmäßige Form, die von dem Sichtmauerwerk des Backsteins und den »Trennfugen« der Glasfenster bestimmt wird. Die in einen »gläsernen Triumphbogen« eingestellte Apsis erinnert in ihrer vertikalen Monumentalität sicher nicht zufällig an Großbauten, wie sie aus römischer Zeit in ihrer Rohbauform überkommen sind. Ein schlichtes abhängendes Kreuz ist der einzige Schmuck über dem Altar. Die architektonisch so wirkungsvoll eingesetzten Glasfenster von Wilhelm Buschulte zeigen im Kirchenraum das Leben Jesu und die Krönung Mariä, während im »gläsernen Triumphbogen« die Anbetung der Hll. Drei Könige, sowie Propheten und Apostel dargestellt sind. An den Wänden befinden sich seit 1981 die **gestickten Wandbehänge**, die nach Entwürfen von Johann Anton Ramboux 1851–57 für die Chorschranken des Domes angefertigt und 1980 restauriert worden waren. Vor der Kirche steht das im Jahre 2000 entstandene **Denkmal für Edith Stein** von Bert Gerresheim (→ St. Maria vom Frieden).

Sakralbauten · St. Severin 143

St. Severin (II B8; Severinskirchplatz), Kath. Pfarrkirche, ehem. Herrenstiftskirche: dreischiffige romanisch-gotische Basilika mit Westturm, Langchor über Krypta und Ausgrabungszone.

Kaum ein anderer Sakralbau in Köln zeigt so gut, wie aus sehr bescheidenen Anfängen durch ständige Erweiterungen, Um- und Neubauten schließlich ein Monumentalbau wurde, wie die ehemalige Kirche der Stiftsherren von St. Severin. Ihre Entwicklung lässt sich in der bei Führungen zugänglichen Ausgrabungszone ablesen. Der Ursprung ist auch hier ein **römischer Friedhof**, der sich entlang der Ausfallstraße nach Süden ausdehnte. Dieses römische Gräberfeld wurde nicht Gegenstand einer umfassenden Legende und Heiligenverehrung, wie dies mit den römischen Grabstätten bei St. Gereon oder St. Ursula geschah, die der Stadt den legendenhaften Ruhm von Märtyrern in Legionenstärke bescherten. Vielmehr entstand auf dem römischen Südfriedhof im 4./5. Jh. ein Bau von 9,5 mal 7,5 m. Seine halbrunde Apsis lag im Westen und war damit auf die römische Nord-Süd-Straße, später Severinstraße, ausgerichtet. Dieser Kernbau von St. Severin, ein Memorialbau, könnte eine besondere Bedeutung gehabt haben, da sich an ihm die weiteren Baumaßnahmen ausrichteten. Gerne wird damit die Erwähnung des Kölner **Bischofs Severin** bei Bischof Gregor von Tours am Ende des 6. Jh. in Verbindung gebracht. In seiner Lebensgeschichte des hl. Martin, der sein Vorgänger als Bischof in Tours war, erwähnt Gregor, dass Bischof Severin in Köln im Jahre 397 plötzlich Engelgesang gehört und damit gewusst habe, dass im fernen Tours der Bischof Martin gestorben und von Engeln singend in den Himmel geleitet worden sei. In der später entstandenen und entsprechend ausgeschmückten Severinslegende wird ihm dieser Gründungsbau, in dem er begraben sei, zugeschrieben. Die erste Erwähnung seines Namens im Zusammenhang mit einer Kirche an dieser Stelle ist allerdings erst für

804 überliefert. Zu diesem Zeitpunkt waren bereits mehrere Erweiterungen und Umbauten der immer noch nach Westen orientierten Kirche erfolgt, an der seit dem Ende des 8. Jh. ein **Herrenstift** eingerichtet war. Ein **948 geweihter Neubau** brachte die Umorientierung nach Osten. Als Grund dafür wird die besondere Verehrung des legendären Severinsgrabes angenommen, das direkt östlich des ersten Baus gelegen haben könnte und nun ins Zentrum der Verehrung rückte. Von dieser dreischiffigen Basilika des 10. Jh. mit gerade schließendem Ostchor und einem massiven Westbau ist bis heute die Breite von Mittel- und Seitenschiffen bewahrt, sowie die seitlichen Chorräume als Querschifflügel und die Confessio, d. h. die vermutete Grabstätte des hl. Severin. Einer Weihe von 1043 wird der Bau eines flachgedeckten **Langchores** über einer Krypta zugeschrieben. Danach fügte man die seitlichen Chorkapellen an, von denen die nördliche als Severinskapelle erhalten ist, während die südliche um 1300 durch die Sakristei ersetzt wurde. 1230–37 erhielt der zu dieser Zeit gewölbte Langchor ein **neues Chorhaupt** über einer östlichen Erweiterung der Krypta. Die (polygonale) Apsis mit den flankierenden Chortürmen, deren markante Spitzhelme im 14. Jh. zugefügt wurde, gehört zu dem Typus der auf den Rhein ausgerichteten Chorfassaden in Köln. Das Langhaus wurde danach gleich zweimal erneuert. Dies wird vor allem der wachsenden Bevölkerung in diesem Stadtviertel zugeschrieben, die die Stiftskirche zunehmend für den **Pfarrgottesdienst** beanspruchte, während die Stiftsherren den Langchor mit dem schönen Chorgestühl nutzten. Von der Neubauphase des Langhauses vom Ende des 13. Jh. stammt das westliche Joch, an das 1393–1411 der mächtige, erst um 1500 vollendete **Westturm** angefügt wurde. Aus diesem Grund blieb dieses Joch beim spätgotischen Umbau in der Substanz erhalten, wurde aber vom neuen Netzgewölbe mitüberzogen. Da diese **Langhaus-Umbauten** aber keine Änderung in der Grundriss-Dispo-

Sakralbauten · St. Severin 145

sition darstellten, ist in den Außenwänden noch Bausubstanz des Baus von 948 erhalten. Das insgesamt sehr einheitlich wirkende Erscheinungsbild der dreischiffigen gotischen Basilika mit Westturm, östlichen Querhausarmen und romanischem Langchor über der Krypta lässt kaum etwas von dieser komplizierten Baugeschichte der Stiftskirche ahnen, die nach der **Säkularisation** von 1802 als Ganzes Pfarrkirche wurde. Die Beschädigungen des Zweiten Weltkriegs waren in St. Severin erfreulicherweise nicht ganz so dramatisch, so dass beim Aufbau durch Karl Band keine grundsätzlichen Veränderungen erfolgten. Allerdings ist die zeittypische Vereinfachung z. B. bei der Erneuerung der Dachlandschaft von Langhaus und Westturm ganz klar zu erkennen, und auch im Inneren wurde möglichst alles entfernt, was das 19. Jh. an Ausstattungen geschaffen und was sogar die Restaurierung der 1930er-Jahre überstanden hatte.

In der Apsis, deren reicher mehrschaliger Wandaufbau der Spätphase der Romanik zu Beginn des 13. Jh. entspricht, steht der 1237 geweihte **Hochaltar,** dessen original erhaltener Altartisch (Mensa) 1890–92 von Friedrich Wilhelm Mengelberg neu gestaltet wurde und u.a. die übergiebelten Reliefs auf dem Altar mit Szenen der Severinuslegende erhielt. Hinter der Mensa erhebt sich auf vier Säulen mit reichen Blattkapitellen des 13. Jh. der **Severinsschrein,** unter dem die Gläubigen in gebückter Haltung durchschreiten können, um so der besonderen Ausstrahlung des Heiligen zuteil zu werden (vgl. → St. Ursula). Die Hülle des Severinsschreins wurde 1819 erneuert, seine Nischenfiguren stammen von 1935. Das Original des 11. Jh. war 1795 eingeschmolzen worden. Erhalten blieb aber die besonders wertvolle Zellenschmelzscheibe mit der Darstellung des hl. Severin, die jetzt in der Südkrypta ausgestellt ist. Hier sind in speziellen Vitrinen auch die völlig einmaligen und überaus kostbaren **spätantiken und frühmittelalterlichen Textilien** zu sehen, die 1999 bei der Öffnung des originalen Holzkerns des Schreins entnommen und aufwändig restauriert wurden. Im Langchor hat sich außerdem das zweireihige **Chorgestühl** vom Ende des 13. Jh. mit umfangreichen figürlichen Schnitzereien erhalten. Darüber sind an den Wänden besonders interessante Wandmalereien dieser Zeit, die 1887 Theodor Winkel restaurierte bzw. ausführte. Die großen **Rundbilder** mit der Himmelfahrt und der Krönung Mariens sind umgeben von insgesamt acht Engeln, deren Posaunenköpfe in den Öffnungen der in der Wand vermauerten tönernen Schalltöpfe enden und die gerne als mittelalterliche »Verstärkeranlage« bezeichnet wird. Bedauerlicherweise sind dies die einzigen erhaltenen Teile der in den 1880er-Jahren erfolgten historistischen Ausmalung des Chores durch Theodor Winkel, die ansonsten bei der Purifizierung nach dem Zweiten Weltkrieg ebenso entfernt wurden wie die Gewölbemalereien der Chorgewölbe von Hans Zepter aus den 1930er-Jahren. Erhalten blieb nur die spätromanische Kreuzigungsdarstellung mit Stifter im Chorjochgewölbe. In der nördlichen Chorkapelle konnten aber 1988 die von Hans Zepter 1937 ausgeführten Wandmalereien wiederentdeckt und 1996–98 restauriert werden. Sie zeigen die Standfiguren bedeutender Kölner Bischöfe und sind ein besonders wichtiges Beispiel der ansonsten leider fast völlig untergegangenen Wandmalerei dieser Zeit (vgl. St. Peter). An den Wänden des Langchors sind nun auch die **20 Bilder mit der Legende des hl. Severin** aufgehängt. Sie wurden um 1500 vom Meister der Ursulalegende gemalt und berichten ausführlich vom Leben und Sterben des Heiligen und natürlich von den Wundern, die er vollbrachte (u. a. Regen nach langer Trockenheit). Als besonders wichtiges Ausstattungsstück hat sich ein bedeutender Rest des originalen **Schmuckfußbodens** erhalten. Im mittleren Feld des Langchor-Fußbodens, der überwiegend ein Plattenmosaik aus dem 19. Jh. ist, befindet sich ein längsrecht-

Sakralbauten · St. Severin 147

eckiges Feld mit einer kleinteiligen Musterung aus verschiedenfarbigem Marmor. Im Vergleich mit anderen Fußböden kann man es ins 12. Jh. datieren. Erstaunlich ist, dass dieses Musterfeld auch im Fußboden der Barockzeit beibehalten wurde, obwohl seine Entfernung die damalige Verlegung des diagonalen Schachbrettmusters sehr erleichtert hätte. Dies legt die Vermutung nahe, dass es sich um ein ganz besonders wichtiges Stück handelt, dessen Bedeutung um 1700 vielleicht noch erahnt wurde. Das östliche Kreismuster mit der großen zentralen Rosette und den jeweils auf die Zahl vier zu addierenden kleineren Kreisen und Feldern könnte vielleicht ein abstrahiertes Weltbild darstellen, in dem um das jeweilige Zentrum u. a. die vier Paradiesflüsse, die vier Hauptwinde, die vier Elemente, die vier Jahreszeiten dargestellt wurden. Das kostbare Material war in der Regel aus antiken Bauten entnommen und wiederverwendet worden. So könnte es auch mit einem anderen Fußbodenfeld sein. In der Mitte des Langhauses befand sich das einzige bekannte **Labyrinth** in Deutschland. Seine achteckige Form legt im Vergleich mit Italien und Frankreich eine Datierung in die Zeit der Erneuerung des Langhauses am Ende des 13. Jh. nahe. Das Mittelfeld, das jetzt im Museum Kolumba (→ Museen) verwahrt wird, zeigt als Inkrustation die Darstellung des Zweikampfes von Theseus und Minotaurus – vermutlich eine römische Spolie. Schön ist, dass bei der Neupflasterung des Severinskirchplatzes direkt vor dem Eingang der Kirche ein neues Bodenlabyrinth die Erinnerung an dieses Musterfeld wachhält, das im Kircheninnern natürlich mehr war als nur Dekoration: Man hat seine verschlungene Wegführung als Bußgang mit Gebeten abgeschritten. Die schöne Sandsteinfigur der **Muttergottes** mit Kind am nordöstlichen Langhauspfeiler entstand um 1270/80. Der **Gabelkruzifix**, um 1330/1340, gehörte ursprünglich zum Vierungsaltar, der am östlichen Ende des Langhauses stand. Von ganz besonderer Bedeutung sind die an den Seitenschiffwänden aufgereihten **Epitaphien** des 16./17. Jh. Das im südlichen Querarm aufgestellte **Triptychon** von Barthel Bruyn d. Ä. mit der Darstellung des Hl. Abendmahls (um 1550) kam von der Kriegsauslagerung erst 1987 aus der DDR (Weimar) zurück. Aus der Kartäuserkirche stammt der **Bruno-Zyklus** von Peter Joseph Schmitz 1753/54 in den Querschiffflügeln. Die **Glasfenster des Chores** entstanden alle nach dem Zweiten Weltkrieg: In der Scheitelnische das Severinusfenster von Eduard Horst 1951 (man beachte auch das interessante Gewölbe mit abhängendem Schlussstein davor, das fast wie ein kleines Modell des kurz zuvor entstandenen Kuppelgewölbes von St. Gereon wirkt). Die übrigen Chorfenster sind 1986–89 von Paul Weigmann geschaffen worden. Die großen Apsisfenster zeigen in der Mitte den Salvator, links von ihm Maria und rechts Johannes den Evangelisten. In den Sechspassfenstern darunter sind die Darstellungen von Edith Stein und Adolf Kolping. Das große Westfenster mit der Darstellung musizierender Engel schuf Paul Weigmann 1991.

Von den ehem. **Stiftsgebäuden** ist nördlich der Kirche nur der Kreuzgang erhalten, dessen Südflügel noch vom Beginn des 15. Jh. ist, während die anderen Teile dem Neuaufbau nach 1945 zugehören.

Trinitatiskirche (II D8; Filzengraben 6), Evang. Pfarrkirche: dreischiffige klassizistische Emporenkirche mit Arkadenvorhalle und seitlichem Turm.

Der »**prostestantische Dom**«, die Trinitatiskirche, wurde auf Wunsch König Friedrich Wilhelms IV. bewusst nicht in neugotischen Formen errichtet. Vielmehr wählte man einen Baustil, der durchaus den evangelischen Baugepflogenheiten der 1. Hälfte des 19. Jh. und vor allem dem Wunsche des preußischen Königs entsprach, der das Vorbild des altchristlichen Kirchenbaus besonders schätzte. Der Bauplatz war allerdings der Bedeutung des »protestantischen Domes« nicht ganz angemessen, aber im eng

Sakralbauten · Trinitatiskirche 149

bebauten alten Köln hatte sich kein Platz gefunden, der die eigentlich erwünschte Freistellung und damit bessere Sicht auf den Monumentalbau ermöglicht hätte. Die Entwürfe für die 1857–60 gebaute Trinitatiskirche kamen von dem Berliner Architekten Friedrich August Stüler, nachdem unter anderem auch der Kölner Dombaumeister Ernst Friedrich Zwirner Entwürfe vorgelegt hatte. Die Ausführung des Backsteinbaus mit werksteinverkleideter und mit großer Fensterrosette geschmückter Fassade erfolgte unter der Leitung von Baumeister Eduard Kramer. Die Kirche ist ein langgestreckter Rechteckraum mit Emporen an den Seiten und über dem Eingang. Die außen polygonale und innen halbrunde Apsis enthielt den im evangelischen Kirchenbau zeitweise typischen Kanzelaltar. Über der Empore an der Eingangsseite fand die Orgel ihren Platz. Die städtebaulich in beengten Verhältnissen errichtete evangelische Hauptkirche hat vor dem Eingang auf Säulen eine Vorhalle mit halbrunden Arkaden und neben der Apsis einen frei stehenden Turm. Die erste **Innenausstattung** der Kirche ist in einem zeitgenössischen Aquarell von Adolph Wegelin überliefert und zeigt neben einer farbigen Architekturfassung die über zwei geschwungene Treppen zugängliche hölzerne Kanzel hinter dem Altar. Eine Neuausstattung unter Leitung des Architekten Arthur Eberhard erneuerte um 1900 den Kanzelaltar in Formen der Neurenaissance, wie es das auf Abgrenzung von den Katholiken besonders abhebende »Wiesbadener Programm« von 1890 als Grundlage des protestantischen Kirchenbaus dieser Zeit empfahl. Das Apsisrund war über einem holzverkleideten Sockel mit einer ornamentalen Rankenmalerei geschmückt, in der Konche war der thronende Christus auf der Weltkugel vor blauem Hintergrund von Ernst Niederhäuser gemalt worden. Von dieser überaus prachtvollen Ausstattung ist nur noch der marmorne Taufstein erhalten. Die Beschädigungen des Zweiten Weltkrieges gaben auch in der Trinitatiskirche den Vorwand zur Entfernung der Ausmalungen des späten 19. Jh. und zur **Purifizierung** des Kirchenraumes, der seit einiger Zeit insbesondere auch als »white box« für Kunstausstellungen beliebt geworden ist. Die Kassettendecke des Mittelschiffs, den Altar und die Kanzel schuf 1962 Kurt-Wolf von Borries. Die Klais-Orgel von 1987 aus der ev. Dreifaltigkeitskirche in Aachen wurde 2009 hier aufgestellt.

St. Ursula (II E8; Ursulaplatz 30), Kath. Pfarrkirche, ehem. Damenstiftskirche: dreischiffige romanische Emporenbasilika mit gotischem Langchor und markanten Westtüren.

Diese Kirche gibt, wie St. Gereon, die Begeisterung der Kölner Bürgerschaft für Heilige in kaum vorstellbaren Zahlen wieder. Sie zeigt aber auch, wie wichtig diese **Reliquien-Verehrung** für die Kölner Stadtentwicklung und die architektonische Prachtentfaltung ihrer Sakralbauten war. Dabei spielt es keine Rolle, wie auch immer die Aufgipfelung des elftausendfachen Märtyrertodes junger Mädchen erfolgte. In Köln ist die Legende von den 11 000 Jungfrauen ebenso gegenwärtig, wie die vom Martyrium der thebäischen Legion. In beiden Fällen erfolgte die Benennung der Anführenden mit Ursula und Gereon erst Jahrhunderte später, wie auch ihre Auszeichnung als Stadtpatrone. Da sie aber historisch nicht nachweisbar sind, wurden sie von der offiziellen Heiligenliste gestrichen. Allerdings ist der wahre Kern dieser Legenden die unbezweifelbare Tatsache, dass auch in Köln Menschen wegen ihres christlichen Bekenntnisses ermordet wurden. Dies bezeugt nicht zuletzt die um 400 entstandene **Clematius-Inschrift** in St. Ursula, die zusätzlich einen Einblick in das früh entwickelte und insgesamt kaum zu übertreffende Kölner Selbstbewusstsein gibt. Darin wird berichtet, dass ausgerechnet aus dem Osten des römischen Reiches der Senator Clematius »durch die sehr große Kraft der Majestät des Martyriums der himmlischen Jungfrauen« nach Köln ge-

Sakralbauten · St. Ursula 151

holt wurde, um »auf eigene Kosten« ihre Kirche zu erneuern. Zusätzlich nennt diese Inschrift das Verbot, dass außer den Heiligen Jungfrauen niemand in der Kirche bestattet werden darf. Für die Befolgung dieser Anordnung steht der **Viventia-Sarkophag** am ersten nördlichen Pfeiler des Mittelschiffs. Hier liegt der Legende nach die fränkische Königstochter Viventia, die zunächst im Boden der Kirche begraben, nach zweimaligem Herausschleudern des Leichnams aber in den auf vier Säulchen gestellten Sarkophag gebettet wurde. Es war nämlich der dringliche Wunsch ihres Vaters, sie bei den Heiligen Jungfrauen zu wissen. Die Ausgrabungen konnten den Text der Clematius-Inschrift insoweit bestätigen, als tatsächlich der Gründungsbau aus dem 4. Jh. stammt und spätestens in der ersten Hälfte des 5. Jh. erweitert wurde. Über alle späteren Baumaßnahmen und Neubauten hinweg blieb das Mittelschiff des ersten Baus bestimmend. Auch die Clematius-Inschrift hat alle Bauphasen überstanden, sie wurde zuletzt im gotischen Chor auf der rechten Seite eingebaut. Eine weitere Inschrift mag der Legende von den Heiligen Jungfrauen zu ihrer legendären Anführerin verholfen haben. Unter dem Kirchenboden fand man den Grabstein eines um 500 gestorbenen Mädchens mit dem in römischer Zeit keineswegs ungebräuchlichen Namen Ursula. An dieser Stelle, nördlich außerhalb der Stadt, befand sich nämlich ein **römischer Friedhof**, der mit seinen zahllosen Gebeinen die Grundlage ergab für die Legende von den 11 000 Jungfrauen, die hier unter der Leitung der englischen Königstochter Ursula das Martyrium durch die Hunnen erlitten hätten. Als dann im Zuge der Stadterweiterung von 1106 beim Bau der Befestigungsanlagen die zahlreichen Gebeine dieses römischen Friedhofs zutage kamen, war ihre Interpretation als Reliquien, die zu dieser legendenhaften Überlieferung gehörten, fast selbstverständlich. Da selbstredend auch zahlreiche männliche Knochen gefunden wurden, fand die Legende insoweit eine Ergänzung, als nun davon ausgegangen wurde, dass der englische König seiner Tochter Ursula und den 11 000 Jungfrauen auf ihrer Pilgerfahrt nach Rom ebenso viele männliche Beschützer mitgegeben hatte, die ebenfalls das Martyrium erlitten.

Für den Ansturm der Wallfahrer nach den so zahlreichen Reliquienfunden war die alte Kirche, die 922 Sitz eines **adeligen Damenstiftes** geworden war, trotz Erweiterungen im 10. und 11. Jh. natürlich nicht mehr ausreichend. Für die zunehmenden Wallfahrten wurde ein kompletter und wesentlich größerer **Neubau** der Kirche vorgesehen, dessen Abschluss eine Weihe von 1135 sein könnte. Die 1106 bis 1135 gebaute dreischiffige Pfeilerbasilika mit Emporen, östlichen Querarmen und einem turmgekrönten doppelgeschossigen Westbau hatte einen Langchor mit halbrunder Apsis, der im letzten Viertel des 13. Jh. durch einen **gotischen »Glasbau«** mit elf Fenstern ersetzt wurde. Diese Chorhalle ist in der Nachfolge der 1248 geweihten Sainte-Chapelle in Paris und des im selben Jahr begonnenen gotischen Chorneubaus am Kölner Dom ebenfalls ein gläserner Schrein für besonders wertvolle Reliquien. Dies waren in St. Ursula vor allem die in kostbaren Schreinen aufbewahrten Gebeine der legendären Ursula und ihres nicht minder legendären Bräutigams Ätherius sowie des Hippolytus (seit 1953 wieder in Düsseldorf-Gerresheim), die auf Säulen erhöht in einem dreiteiligen Gehäuse auf einer Tribüne hinter dem Hochaltar standen (→ St. Severin). Auf der erhalten gebliebenen Tribüne wurde von Ingrid Bussenius 2004 für den **Ätheriusschrein** von 1160/70 und den im 19. Jh. weitgehend neugeschaffenen **Ursulaschrein** von 1170/80 ein neues Schutzgehäuse geschaffen. Zusätzlich zieren Reliquienbüsten den Altar. Die auch auf den Emporenbrüstungen des Langhauses stehenden Reliquienbüsten aus der Werkstatt von Meister Tilman vom Beginn des 16. Jh., die in doppelter Ausführung ihren Blick ins Mittelschiff und auf die Emporen richten, zeugen von diesem Reichtum, der in der

Sakralbauten · St. Ursula 153

»Goldenen Kammer« gipfelt. Dieser »begehbare Reliquienschrein« entstand 1643 am Westende des vor 1300
angefügten zweiten südlichen Seitenschiffes (Marienkapelle) als Stiftung des kaiserlichen Rates Johann von Crane
und seiner Frau Verena zur angemessenen Aufbewahrung
der zahlreichen Gebeine, die nach Formen sortiert zu verschiedenen Ornamenten und Inschriften an den oberen
Wandflächen gruppiert sind. Den unteren Bereich schmücken die in den 1680er-Jahren durch vergoldetes Schnitz-
werk verzierten Wandschränke mit mehr als hundert weiblichen und männlichen Reliquienbüsten aus dem 13. bis
17. Jh. Zu Beginn des 14. Jh. hatte das **Mittelschiff** Gewölbe erhalten, die allerdings nach den Beschädigungen
des Zweiten Weltkrieges zugunsten der zutage gekomme-
nen romanischen Wandgliederungen aufgegeben wurden.
Anstelle der Gewölbe entstand bis 1951 eine flache Holz-
tonne mit Stichkappen. Die gotischen Konsolen des Gewölbes wurden erhalten, die nicht zerstört gewesenen
Rippenanfänger aber entfernt. Der einst spitzbogigere Triumphbogen, der stark beschädigt war, wurde in wesentlich flacherer Spitzbogenform wiederaufgebaut. Architekt
des Aufbaus war Karl Band, der 1959 auch den neuen Ze-
lebrationsaltar schuf, an der Stelle, wo im Mittelalter der
Kreuzaltar stand. Das 17. Jh. hatte bereits das Erscheinungsbild des Mittelschiffes durch Herausnahme der Emporen in den Querhausarmen verändert. Im 17. Jh. entstanden auch noch Nebenchöre, die zwar das 19. Jh. und
die Kriegsbeschädigung überstanden hatten, nicht aber
den Neuaufbau nach 1945: Sie wurden abgebrochen und
durch die fensterlosen Apsiden ersetzt, die zwar auf den
Grundmauern der ergrabenen Apsiden des 12. Jh. gebaut
wurden, aber die barocke Höhe erhielten. Von besonderer
Bedeutung ist die erhaltene große **Westempore**, auf der im
Mittelalter die Stiftsdamen ihr Gestühl hatten. Dieser
großartige gewölbte Raum öffnet sich zum Mittelschiff
mit einer Doppelarkade. In einer Nische der Westwand

stand der Äbtissinnenstuhl. Die dort neu eingerichtete Schatzkammer entstand nach Entwurf von Ingrid Bussenius. Im gotischen südlichen Seitenschiff, der **Marienkapelle**, das bei der jüngsten Renovierung wieder geöffnet wurde, kamen Wandmosaiken mit Prophetendarstellungen des 19. Jh. zutage – ein nicht unbedeutender Rest der ansonsten in Köln fast vollständig verlorenen historistischen Ausstattungen. Die drei figürlichen **Fenster** im Chor stammen ebenfalls noch aus dem späten 19. Jh. (Londoner Werkstatt, F. W. Dixon), die seitlichen Chorfenster von Wilhelm Buschulte 1963. Von ihm auch das Fenster im Südquerhaus (1982/83). Die Fenster im Marienschiff von Will Thonett (1967/68 für die 1960 hier in den beiden Ostjochen eingerichete Sakristei) und von Hermann Gottfried (1977/78) für das damals verkürzte Marienschiff: von Ost nach West: Pfingstfest, Verkündigung, Marienkrönung.

Von den drei großen **Sandsteinfiguren** an der Nordseite des Marienschiffs stehen Christus-Salvator und Maria, um 1470, in der Nachfolge der Figuren in der Hardenrathkapelle an St. Maria im Kapitol, während die Darstellung einer Schutzmantel-Ursula, in deren ausgebreitetem Mantel sechs kleine Jungfrauen geborgen sind, ein Hauptwerk Meister Tilmans aus der Zeit um 1475 darstellt. Die ebenfalls aus der Tilman-Werkstatt stammenden Figuren der Maria und des Johannes (um 1490) am Triumphbogen flankieren das vom Scheitel herabhängende Kreuz mit einem Corpus aus St. Severin. Das urspr. Kreuz von St. Ursula wurde im Zweiten Weltkrieg zerstört. Besonders hingewiesen sei noch auf zwei Zyklen. Der **Apostelzyklus** auf zehn (ehem. zwölf) Schiefertafeln aus dem 2. Drittel des 13. Jh. könnte von einer Chorschranke stammen. Er befindet sich jetzt an der Westwand der Westempore. Der große **Ursulazyklus** von 1456 im Chor, vom sog. Kölnischen Meister von 1456, zeigt in 30 Szenen die bewegte Legende der hl. Ursula und ihrer Gefährtinnen. Von dem

Sakralbauten · St. Ursula 155

im Westen der Kirche gelegenen Kreuzgang und den zugehörigen **Konventbauten** sind nur noch die Spuren der Arkaden an der Außenseite des Westbaus zu erkennen, dessen Turm im 17. Jh. mit der städtebaulich so signifikanten Krone als Zeichen der englischen Königstochter Ursula geziert wurde. Seit diesem Jahrhundert erst trägt die Kirche der Heiligen Jungfrauen, wie sie bis dahin genannt wurde, den Namen St. Ursula. Damals (1659) entstand auch das im nördlichen Querarm stehende und aus schwarzem Marmor mit einer Liegefigur aus hellem Alabaster geschaffene **Grabmal**, in das die gotische Tumba eingestellt ist. Zu Füßen der liegend dargestellten Ursula sitzt die Taube, die der Legende nach während einer Messe des Bischofs Kunibert zu einem Grab flog – weswegen man dann wusste, dass dies das Grab der hl. Ursula ist. Das schöne **Bronzeportal** in der Westfassade schuf Theo Heiermann 1960 mit Darstellungen aus der Ursula-Legende. Am Ursulaplatz 17 ist noch das im 18. Jh. neu gebaute **Äbtissinnenhaus** erhalten (verändert).

Ursulinenkirche Corpus Christi (II F8; Fronleichnamskirche; Machabäerstr. 75), Klosterkirche der Ursulinen: barocker Saalbau mit Doppelturmfassade.

Wenig später als die Karmelitinnen (→ St. Maria vom Frieden und St. Maria in der Kupfergasse) erschienen die ersten Ursulinen in Köln. Die Oberin des Lütticher Ursulinenklosters Anna Maria Augustina de Heers kam mit zwei Mitschwestern 1639 in die Stadt, wo der Legende nach die hl. Ursula ihr Martyrium erlitten hatte, um hier einen **Ursulinen-Konvent** zur Unterrichtung von Mädchen einzurichten. Da der Rat der Stadt neuen Ordensansiedlungen seit langem grundsätzlich ablehnend gegenüberstand, erhielten sie erst 1651, nicht zuletzt wegen ihrer Erfolge in der Unterrichtung von Mädchen, eine dauernde Aufenthaltsgenehmigung und konnten 1671 an der Machabäerstraße ein Grundstück erwerben. Der Legende nach hatte nicht weit davon entfernt das Martyrium der hl. Ursula und ihrer Begleitung stattgefunden. Nach dem Bau der Konvent- und Schulgebäude bis 1693 erfolgte durch Matteo Alberti die Planung für die Errichtung der Kirche. Dieser Architekt war Oberbaudirektor des Kurfürsten Johann Wilhelm von der Pfalz (1679–1716), der zusammen mit seiner Gemahlin ein aktiver Förderer dieses Sakralbaus wurde. Seinem Einfluss war es letztlich zu verdanken, dass die Fassade der Kirche in der vorgesehenen Weise ausgeführt und dabei mit ihren Gliederungen geringfügig in den städtischen Straßenraum hineinragen konnte, nachdem die städtische Verwaltung aus diesem Grund zunächst mehr als ein Jahr die Baugenehmigung verweigert hatte. Die Kirche wurde 1709–12 errichtet. Wegen der Lage an der Machabäerstraße ist sie nicht geostet, sondern in Nord-Süd-Richtung gebaut. Der strenggegliederte Bau ist den venezianischen Saalkirchen in der Nachfolge Palladios verpflichtet. Die Gliederung der Kölner Fassade mit ionischen Pilastern, die das Gebälk tragen und zwischen denen sich das mittlere Eingangsportal und seitliche Figurennischen befinden, zeigt diese Abkunft sehr deutlich. Zusätzlich wurden seitliche Türme angefügt. Die Farbgestaltung der Fassade wurde 1997–99 nach Befund in Ocker, Grau und Weiß erneuert. Im **Inneren** ist der Saalbau an den Wänden durch Pilastergliederungen geprägt, die die Gurtbögen der Tonnenwölbung tragen und so den Kirchenraum rhythmisieren. Seit der letzten Renovierung der 1990er-Jahre ist auch im Inneren eine am Befund orientierte farbige Neugestaltung erfolgt, die die Wirkung des Neuaufbaus von 1954 im barocken Sinne modifizierte. In der Apsis steht seit 2001 der **Kolumba-Altar**. Der 1717–19 von Johann Franz van Helmont für St. Kolumba geschaffene Baldachinaltar war 1983–85 für St. Gereon rekonstruiert worden, hatte dort aber keinen optimalen Standort gefunden. Kanzelkorb, Bänke und Reliefs an den Emporenbrüstungen stammen aus der 1882 abgebrochenen Bonner Stiftskirche von 1730.

Profanbauten

Albertusstraße Nr. 18: Der Sichtbetonbau, den Erich Schneider-Wessling 1972/73 für den Galeristen Zwirner als Wohn- und Galeriehaus baute, ist in seiner kubischen Form und mit der turmartigen Überhöhung ein typisches Beispiel der um neue Urbanität bemühten 1970er-Jahre, die nach höherer Bauausnutzung und Betonbauten in den Innenstädten strebte, aber nicht immer so qualitätvoll ausgefallen ist. Einen vergleichbaren Bau errichtete der Architekt für seine Familie in der Josefstr. 32.

Alter Markt (II D8): Der mindestens seit dem 12. Jh. in seiner länglichen Form bestehende Platz behielt seine Geschlossenheit und Einheitlichkeit trotz nahezu völliger Kriegszerstörung, da der Neuaufbau der Wohn- und Geschäftshäuser die alte Struktur in den Umrissen der Häuser berücksichtigte. Der einzige Einbruch in die einst völlig geschlossene Platzwand geschah an der Westseite mit der Anlage der Treppe zum Rathausplatz, wodurch der Ratsturm mit seinen freigelegten unteren Teilen stärker in die Wirkung des Alter Marktes gerückt wurde. Zusätzlich schuf der wuchtige Alter-Markt-Bau des Rathauses von 1966–72 eine völlig neue Dominante. An der Ecke zur Lintgasse gibt das 1580 erbaute und mehrfach renovierte 5-geschossige **Doppelhaus »Zur Brezel« und »Zum Dorn« (Nr. 20–22)** mit Volutengiebeln als letztes Beispiel der originalen Architektur den Eindruck des Platzes aus der Zeit der Renaissance wieder. An der Traufe des Nachbarhauses **Nr. 24: »Em Hahnen«**, 1958/59 von Hans Schilling gebaut, erinnert das nackte Hinterteil der Bronzefigur des **»Kallendressers«** von Ewald Mataré daran, dass Köln erst sehr spät eine Kanalisation erhielt und die sanitären Missstände jahrhundertelang im wahrsten Sinne des Wortes zum Himmel stanken. Ebenfalls als hintersinnig zu deuten ist die Fratze des **Platz-Jabbeck**, die oben auf dem Ratsturm bei jedem Stundenschlag der Turmuhr das Maul aufreißt und die Zunge herausstreckt. Auf dem Platz steht der dem volkstümlichen Kölner Reiterführer des Dreißigjährigen Krieges gewidmete **Jan-von-Werth-Brunnen** (1884 von Wilhelm Albermann) und eine steinerne **Pumpe** aus der Mitte des 18. Jh., die nicht nur dekorativ ist, sondern daran erinnert, dass Kölns Wasserversorgung bis zur Mitte des 19. Jh. nicht zuletzt durch öffentliche Brunnen erfolgte.

Am Hof (II E8): Ursprünglich geschlossene längliche Platzanlage, die nach insgesamt schwerer Kriegsbeschädigung an der Nordseite nicht mehr bebaut wurde, um den ungehinderten Blick zum Dom zu ermöglichen. **Nr. 41: Haus Zur Glocke,** 1691 in Mauerankern datiert und nach Kriegsbeschädigung weitgehend rekonstruiert. **Nr. 50:** Ecke Unter Taschenmacher 15–17, **Haus Saaleck**, ursprünglich ein spätgotisches Wohn- und Geschäftshaus von 1461, dessen Werksteingliederungen und Eckwarten in der Nachfolge des Gürzenich (→ Martinstraße) stehen. Es wurde 1955/56 von Wilhelm Koep mit rekonstruierender Absicht völlig neu aufgebaut. Das neugestaltete Innere, das im Erdgeschoss von der Artothek (→ Museen) genutzt wird, zeigt den Stil der 1950er-Jahre. Der **Heinzelmännchenbrunnen** von Edmund und Heinrich Renard entstand 1899/1900. Das Original der bekrönenden Figur der neugierigen Schneidersfrau befindet sich im Kölnischen Stadtmuseum (→ Museen). Die steinerne **Pumpe** ist aus dem 18. Jh. (→ Alter Markt).

Am Römerturm Nr. 3 (II E7): Das klassizistische Wohnhaus, erbaut um 1840 mit Verwendung von Bauteilen des ehem. Klarenklosters vom Beginn des 14. Jh. wurde 1972–74 von Friedrich Wilhelm Kraemer v. a. für sein Architekturbüro wiederaufgebaut. Der ältere Gewölbekeller vom Beginn des 13. Jh. wird als **Sancta-Clara-Keller** für private Veranstaltungen stimmungsvoll genutzt (Römerturm → Zeughausstraße Nr. 13).

An der Rechtschule → Minoritenkirche

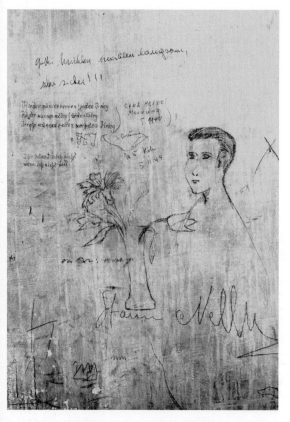

Appellhofplatz 23–25, El-De-Haus
Wandinschrift im ehem. Gestapo-Keller

Appellhofplatz (II E7): **Amtsgericht** 1883–93 von Paul Thoemer unter Leitung von August Endell in Neurenaissanceformen erbaut, nach Kriegsbeschädigung aber vereinfacht wiederhergestellt. Beeindruckendes Treppenhaus im Stil der 1950er-Jahre. Das Deserteursdenkmal ist von Ruedi Baur 2009. **Nr. 23–25: El-De-Haus** 1933/34 von Hans Erberich für den Geschäftsmann Leopold Dahmen (daher El-De-Haus) errichtet, im Dritten Reich Gestapo-Hauptquartier. Heute befindet sich darin das **NS-Dokumentations-Zentrum**, dessen Ausstellungsräume von Peter Kulka bewusst »roh« belassen wurden. Im Keller sind die original erhaltenen Gefängnis- und Folterzellen (→ Museen; → Neven-DuMont-Straße).

Auf Rheinberg: In der Nähe von St. Maria Lyskirchen bildet das barocke Wohnhaus von 1720/30 **(Nr. 4)** mit Mansarddach, weißer Putzfassade und Sandsteingliederungen zusammen mit dem neugotischen Backsteinbau **(Nr. 2)** eine malerische Baugruppe am Rhein. Beide Häuser stehen auf dem Gebiet der mittelalterlichen Rheinmauer (→ Stadtbefestigungen), von der die benachbarte **Schlupfpforte** noch erhalten ist.

Benesisstraße → Ehrenstraße

Blaubach → Nord-Süd-Fahrt

Börsenplatz → Unter Sachsenhausen

Breite Straße → Nord-Süd-Fahrt

Brückenstraße Nr. 19 (II D8): **Dischhaus.** Das ehem. städtische Bürohaus wurde 1928–30 von Bruno Paul anstelle des Hotel Disch erbaut. Die elegante, 1983/84 erneuerte Travertinfassade mit den horizontalen Fensterbändern gibt dem breitgelagerten Bau jenen Schwung, der seine Ecke wie einen Schiffsbug erscheinen lässt. Dessen Dynamik würde durch das fehlende oberste Staffelgeschoss wesentlich gesteigert (→ Nord-Süd-Fahrt). Im Inneren besticht die schöne Spirale des Treppenhauses und der zugehörige Paternoster. Gegenüber steht der Neubau von »Kolumba. Kunstmuseum des Erzbistums

Profanbauten 161

Köln« (Diözesanmuseum; → Kolumbastraße und Museen).

Cäcilienstraße (II D7/8): Die Cäcilienstraße ist Teil der in den 1930er-/40er-Jahren durchgebrochenen Ost-West-Achse (→ Nord-Süd-Fahrt und Hahnenstraße). **Nr. 29–33:** Zu dem in St. Cäcilien eingerichteten **Museum Schnütgen** (→ Museen) schuf Karl Band 1954 einen bewusst sich unterordnenden Verwaltungsanbau in Backstein, der zur Südseite der Cäcilienstraße ausgerichtet ist. **Nr. 33:** Das neue **Kulturzentrum** mit der Erweiterung des Museums Schnütgen und dem Neubau des **Rautenstrauch-Joest-Museums** – Kulturen der Welt, 2005–10 von Scheider & Sendelbach (→ Museen). **Nr. 2: Kaufhof.** Die Fortführung von der Gürzenichstraße Richtung Cäcilienstraße 1956/57 durch Hermann Wunderlich und Reinhold Klüser weist alle Merkmale der für die Kaufhofbauten dieser Zeit typischen grün-weißen Glasfassaden auf (→ Leonhard-Tietz-Straße). **Nr. 22: Kaufhof-Parkhaus.** Die 1956/57 von Hermann Wunderlich und Reinhold Klüser gebaute Hochgarage besticht durch ihre kompromisslos funktionale Form und die als Rotunde ausgebildete, hervorragend zu befahrende Rampe (bedauerliche Aufstockung 1992/93). Das westlich (links) anschließende neue Kaufhof-Parkhaus, dessen Funktion durch eine mit Werkstein gerahmte Glasfassade kaschiert wird, schufen 1991/1992 die Architekten Johannes Kister, Reinhard Scheithauer & Partner. Über der Kreuzung zur Nord-Süd-Fahrt erhebt sich als eleganter überdimensionierter Glas-Stahl-Körper und dominanter Point de Vue das Kaufhaus **Peek & Cloppenburg** (Adresse: Schildergasse 65), 1999–2005 von Renzo Piano gebaut. **Nr. 30: Technisches Postgebäude,** 1989 von Günter Müller und Horst R. Schlösser als asymmetrisch gestalteter Putzbau errichtet und mit Drahtfiguren von Christiane Kaiser und Walter von Rüden geschmückt. Gegenüber mit Adresse Cäcilienkloster 2 der Bürobau ›Cäcilium‹ 2008/09 von KSP Architekten.

Dagobertstraße, Musikhochschule (II F8): 1973–76 von »Werkgruppe 7« und »Bauturm« (Architekten Peter Busmann, Heiner Hachenberg, Jürgen Pahl, Walter Ruoff, Erich Schneider-Wessling, Peter Trint, Erwin H. Zander) in dem noch kleinteilig strukturierten Wohnviertel als einen ganzen Baublock umfassenden Sichtbetonbau mit rotem Metallschmuck in gegliederter Form mit mehreren Eingängen errichtet.

Deutzer Brücke (II D9): Anstelle der im März 1945 von der Deutschen Wehrmacht gesprengten Hindenburgbrücke wurde 1947/48 von Fritz Leonhardt und Gerd Lohmer auf deren Fundamenten die elegant geschwungene neue Brücke gebaut, die 1978 verbreitert werden musste.

Domumgebung (II E8): Nach der Fertigstellung des Domes im 19. Jh. (1842–80) und seiner Freistellung von späteren Anbauten wurde seine Umgebung mit axial ausgerichteten freien Plätzen und palastartigen Architekturen gestaltet, von denen vor allem noch das **Domhotel** im Süden (1890–93 von Heinrich J. Kayser und Karl von Großheim; die im Krieg beschädigten überkuppelten Dächer nicht wiederaufgebaut) sowie im Norden das **Hotel Fürstenhof** (1912 von Carl Moritz), das **Hotel Excelsior** (1910 von Franz Ahrens) und das **Deichmannhaus** (1913/14 von Heinrich Müller-Erkelenz) erhalten sind. Die Kaiserstraße im Westen wurde nicht verwirklicht. Ihr Planungsrest ist der als Café-Terrasse genutzte Platz am Margarethenkloster mit dem **Reichardhaus** (1903/04; Rekonstruktion 1978–83) und dem ebenfalls auf der damals geplanten neuen Baulinie stehenden **Domforum** (errichtet als Bank für Gemeinwirtschaft 1952/53 von Fritz Schaller). Daneben befindet sich der intime **Taubenbrunnen** von Ewald Mataré von 1952. Domkloster Nr. 1 ist das 1927/28 von Paul Bonatz erbaute **Haus Goldschmidt**, ein besonders treffendes Beispiel sachlicher Architektur mit traditionellen Elementen, während das **Blau-Gold-Haus**, erbaut 1952 von Wilhelm Koep, mit seiner Glas-Aluminium-Fas-

Domumgebung, Roncalliplatz

sade den besonders aufwändigen und sehr dekorativen Typ der Werbe-Architektur mit typischer Farbgebung der Kölner Traditionsmarke 4711 darstellt (→ Ehrenfeld). Die seit Beginn des 20. Jh. gegen die schnell verpönte Freilegung des Domes anlaufenden Planungen führten erst nach dem Zweiten Weltkrieg durch Anheben des Terrains und Bau der **Domplatte** 1968–70 von Fritz Schaller zu teilweise wenig geglückten Veränderungen, die durch die bis 2006 erfolgten Umgestaltungen von Christian Schaller v. a. an der Nordseite mit einer neuen Treppenanlage positiv modifiziert wurden. An der Südwestseite entstand 2008/2009 der neue Kiosk samt unterirdischem Zugang zum Südturm (v. a. für die Turmbesteigung) von Kaspar Kraemer. Hier wurde 2010 auch der **Petrusbrunnen** neu aufgestellt. Dieser Laufbrunnen mit bekrönender Petrusfigur war 1869/70 von Richard Voigtel und Peter Fuchs für die Dom-Ostseite geschaffen worden. In der unter der Domplatte angelegten zweigeschossigen Tiefgarage sind wichtige Ausgrabungsfunde eher lieblos präsentiert, während die bedeutenden Reste vom **römischen Nordtor** auf das Niveau der Domplatte gehoben wurden (→ Stadtbefestigungen). Trotz anhaltender Kritik an der Freilegung des Domes wurde aber der Domhof, jetzt **Roncalliplatz**, an der Südseite des Domes nicht mehr zur Straße Am Hof geschlossen, sondern hier eine neue Treppenanlage mit dem freistehenden **Kuriengebäude** (1961/63 von Bernhard Rotterdam und Willy Weyres) verbunden. Der ursprünglich gärtnerisch gestaltete Platz erhielt einen glatten Werksteinbelag, auf dem die Himmelstele *Columne pro Caelo* von Heinz Mack 1984 »den Platz von der Fläche erlöste« (Hugo Borger). An dem nach Osten empfindlich verkleinerten Platz entstand das **Römisch-Germanische Museum** (→ Museen) von Heinz Röcke 1967–74. Dieser ganz bewusst als quergelagerte flächige Architektur gegen die Kleinteiligkeit des Domes gesetzte Bau wurde über dem Dombunker errichtet, bei dessen Anlage 1941 das Diony-

Profanbauten 165

sosmosaik gefunden worden war. Durch Aufständerung des Baus und Verglasung der Erdgeschosszone ist die erwünschte Transparenz erreicht, die den Menschen die Schwellenangst vor dem Museum nehmen soll. Die Durchgänge führen nördlich an die Ostseite des Domes mit dem **Domherrenfriedhof** zu Füßen des Chores und dem etwas tiefer gelegenen **Dionysoshof** (Am Domhof) mit der namengebenden Skulptur von Karl Burgeff (1973) im Zentrum. An der Rückseite ist durch ein Gitter Einblick in das frühchristliche Baptisterium des Domes möglich. Südöstlich des Domchores entstand 1980–86 das von Peter Busmann und Godfrid Haberer gebaute **Museum Ludwig** (→ Museen), in das die **Philharmonie** integriert ist. Der gestaffelte und mit Titanzink gedeckte Backsteinbau bemüht sich an dieser städtebaulich sensiblen Stelle um die notwendige Unterordnung zum Domchor. Im Inneren dominiert ein lichtes und großzügiges Treppenhaus den Museumsbau. Der Konzertsaal ist als unterirdisches Amphitheater am Rund des oberirdischen **Heinrich-Böll-Platzes** ablesbar, dessen Gesamtgestaltung 1982–86 durch Dani Karavan erfolgte und auf die Stele *Ma'alot* ausgerichtet ist. Von dort führt eine breite Treppenanlage zum Rhein hinunter, an deren Fuß sich die **Rheingarten-Skulptur** von Eduardo Paolozzo (1986) als landschaftsbezogene Brunnenanlage aus Bronze und Pflastersteinen ausbreitet. Die vereinzelt eingestreuten ornamentierten Werksteine sind Teile der ehemaligen Straßenbrückenrampe der Hohenzollernbrücke (→ Hauptbahnhof), die für die Gesamtgestaltung von Museum und Treppe östlich des Domes abgetragen wurde.

Ehrenstraße (II D7): Die wichtige mittelalterliche Torstraße, die durch das abgebrochene Ehrentor (→ Stadtbefestigungen) nach Westen führte, blieb eine wichtige Geschäftsstraße, deren Bausubstanz heute v. a. aus der 2. Hälfte des 19. Jh. stammt und vielfach das typische rheinische Dreifensterhaus zeigt. **Nr. 4: Buchhandlung König.** Als markante Eckgestaltung zur Albertusstraße entstand 1980/81 durch Hubertus von Allwörden und die Architektengemeinschaft Gerhard Balser der dominante Backsteinbau mit der Plastik *Stürzende Bücher* von Julian Opie. An der platzartig erweiterten Ecke zur **Benesissstraße** wurde der schlichte Kopfbau von **Nr. 61** mit einer dekonstruktivistischen Dachgestaltung von Hartmut Gruhl & Partner als Blickfang betont. In der rechts anschließenden **Kettengasse** ist das Haus **Nr. 6** das einzig erhaltene Fachwerkhaus aus der 1. Hälfte des 19. Jh. in der Kölner Altstadt.

Eigelstein (II F8): eine der großen Torstraßen Kölns, in direkter Linie von der Hohe Straße herkommend und durch das **Eigelsteintor** nach Norden führend. Im Süden entspricht ihr die Severinstraße mit der Severinstorburg (→ Stadtbefestigungen). Die beiden volkstümlichen Viertel haben viel Gemeinsames in der Bevölkerungsstruktur und in ihrer Bausubstanz. Die meist vom Spätklassizismus geprägten schlichteren Häuser waren für einfachere Bevölkerungsschichten gebaut und stammen von etwa 1860–1900. Das Eigelsteinviertel wurde zusätzlich mit der Durchschneidung der Altstadt durch die Eisenbahn und den Ausbau des Eisenbahndammes städtebaulich in eine abseitige Situation gedrängt. Der bescheidene Standard führte dann zu einer zunehmenden Besiedlung mit Gastarbeitern. Insbesondere das Eigelsteinviertel ist mit der Weidengasse heute ein stark türkisch geprägter Bereich, in dem Geschäfte und Restaurants die ausgeprägte Esskultur des östlichen Mittelmeerraumes hervorragend vermitteln. Die Verlegung der geplanten Nord-Süd-Fahrt vom Eigelstein in die östlich angrenzenden Baublöcke rettete zwar diese wichtige Straße, trennte aber den östlichen Teil um St. Kunibert und die Ursulinenkirche ab.

Filzengraben, Nr. 43 (II D8): schönes Laubenganghaus aus der 2. Hälfte des 18. Jh. Es ist das einzig erhaltene seiner Art in der Kölner Altstadt.

Gereonsdriesch (II E7): Die Anlage bewahrt in ihrer

Gereonsdriesch, Mariensäule

Form den zentralen Platz des mittelalterlichen Stiftsbereichs von St. Gereon, um den sich die Anwesen der Stiftsherren gruppierten. An ihm lag auch die Pfarrkirche St. Christoph, an die nach dem Abbruch im 19. Jh. nur noch der Name der Christophstraße erinnert. Auf dem Platz steht seit 1901 die **Mariensäule**. Unmittelbar nach der Verkündung des Dogmas von der Unbefleckten Empfängnis Mariens 1854, wurde die Aufstellung einer Marienfigur geplant. Vincenz Statz lieferte dazu 1855 einen Entwurf für den neugotischen Pfeiler und Eduard von Steinle die Entwürfe für die Propheten, die Peter Fuchs ausführte. Die Marienfigur ist ein Werk von Gottfried Renn. Dieses neugotische Denkmal in der Tradition der Kölner Dombauhütte war nicht nur religiös motiviert, sondern zugleich politischer Bedeutungsträger. Ursprünglich für den Alter Markt mit Bezugspunkt Rathaus bestimmt, wurde es zur Generalversammlung der deutschen Katholikenvereine 1858 vor dem Erzbischöflichen Palais in der Gereonstraße aufgestellt. Mit der aus Verkehrsgründen erfolgten Versetzung zum Gereonsdriesch verlor es zwar diesen speziellen kirchenpolitischen Denkmalcharakter, behielt aber den religiösen Stimmungswert, mit dem es sich in den ehemaligen Immunitätsbereich von St. Gereon sehr gut einfügt. Der im 19. Jh. erfolgten Begrünung des Gereonsdrieschs fügte Joseph Beuys im Jahr der Romanischen Kirchen 1985 drei Linden mit je einer Basaltstele hinzu, als Teil seines Kunstwerks »**Stadtverwaldung anstelle von Stadt-Verwaltung**«, das er, ausgehend von Kassel 1982, in mehreren deutschen Städten verwirklichte. Der große Gereonskopf ist von Iskender Yediler.

Gereonshof, Gerling-Konzern (II E7): Ausgangspunkt des von Werksteinbauten geprägten Baukomplexes war das 1882 von Hermann Pflaume erbaute großbürgerliche Palais Langen in der Von-Werth-Str. 14, an das Bruno Paul 1930/31 und 1937 neuklassizistische Flügelbauten anfügte, die ehrenhofartig vorsprangen und der Gesamtanlage eine

Profanbauten 169

schlossartige Erscheinung gaben. Der im Krieg beschädigte Mittelbau von 1882 wurde 1949/50 überbaut durch einen strengen neuklassizistischen Bau von Kurt Groote. Am Gereonshof entstand 1950–53 nach Plänen von Helmut Hentrich und Hans Heuser als Dominante das 55 m hohe Hochhaus, dem auf Veranlassung des Konzernchefs Hans Gerling die rechteckige Platzausweitung des Gereonshofes den notwendigen städtebaulichen Freiraum sichern sollte. Die den Platz umgebenden Bauten entstanden 1956/58 unter der Leitung von Arno Breker, der insbesondere die Skulpturen an den Wänden und am zentralen Brunnen schuf. Die weitere Bauentwicklung mit dem großen Rundbau am Klapperhof erfolgte 1961–66 durch die Architekten Franz Heinrich Sobotka und Gustav Müller zusammen mit Arno Breker sowie 1974 am Gereonskloster.

Gereonskloster (II E7): Der beschauliche Platz tradiert den Bereich von Kreuzgang und Stiftsbauten des Herrenstiftes St. Gereon, die im 19. Jh. abgebrochen wurden. Direkt gegenüber der ehem. Stiftskirche wurde 1893–97 von Friedrich Carl Heimann das ehem. **Stadtarchiv** in neugotischen Formen gebaut. Seine Einbeziehung in den Gerling-Konzern führte 1974 zur Errichtung von zurückgesetzten Anbauten der Architekten Koerfer & Menne, die im Rahmen der Umbauten (ab 2010) abgebrochen wurden. Im Inneren blieb das originale mit Kreuzrippen gewölbte Vestibül erhalten sowie im 1. Obergeschoss die hier bewahrte bemalte Holzdecke des Hauses Glesch (Hohe Str. 77–79) aus dem 14. Jh. Einbezogen in diesen Gebäudekomplex des Gerling-Konzerns war auch die ehem. **Kirche der Karmelitinnen**, 1862 von Vincenz Statz als neugotischer dreischiffiger Hallenbau errichtet.

Gereonstraße (II E7): Der breite Straßenzug war im Mittelalter der wichtige Prozessionsweg für die Stadtwallfahrt, die vom Dom über Unter Sachsenhausen nach St. Gereon führte (→ St. Maria Ablass). Hier entstanden seit dem 18. Jh. zahlreiche Bürgerhäuser und Palais, wovon eines der Kölner Erzbischof 1824 bezog (→ St. Petrus Canisius). **Nr. 18–32: Gereonshaus,** ein klassizistisch geprägter Bürobau, wurde 1909/10 von Carl Moritz errichtet (Erdgeschoss in Anlehnung an den Ursprungsbau erneuert).

Glockengasse → Offenbachplatz

Griechenmarktviertel (II C7): Jenseits des Rothgerberbaches verraten die Straßennamen Alte Mauer am Bach und Mauritiussteinweg, dass hier die Mauer der römischen Stadt zu finden ist, in deren Südwestecke im Mittelalter als Durchfahrt zum Pantaleonskloster die **Griechenpforte** gebrochen wurde (→ Stadtbefestigungen). Rothgerberbach und anschließendes Griechenmarktviertel gehören zu den gelungenen Beispielen des Aufbaus von Köln nach dem Zweiten Weltkrieg und zeigen sehr deutlich das Konzept von zwei Maßstäben, die Rudolf Schwarz nennt: »die Verkehrsbänder aus dem der schnellen Wagen und die Stadtstädte aus dem der Fußgänger, die einen waren linear entwickelt und mit hohen Gebäuden bestellt, welche in weiten Abständen an ihren Rändern standen, denn der Fahrverkehr rafft die Entfernungen, und die anderen räumlich aus dem Netzwerk der Gassen« (→ Nord-Süd-Fahrt). Das Verkehrsband mit den gestaffelten Punkthochhäusern von **Rothgerberbach Nr. 2, 4, 6** (um 1958) und den gegenüberliegenden Finanzamtsbauten (**Am Weidenbach 2–6,** 1952/53 von Oswald Wilms und Rumpf) steht für den ersten Maßstab (→ auch Ulrichgasse) und das durchgrünte Griechenmarktviertel mit seinen niedrigen Wohnhäusern in Zeilen- oder Blockrandbebauung für den zweiten. Ihre Schlichtheit zeigt jene Sachlichkeit, wie sie sich in der 1. Hälfte des 20. Jh. im Gegensatz zum Historismus des 19. Jh. entwickelte. Freigelegt und in den durchgrünten Bereichen des Mauritiussteinweges erhalten blieben umfangreiche Teile der **Römermauer.**

Großer Griechenmarkt, Nr. 37–39 (II C7): **Haus Bachem,** das schöne Renaissancehaus von 1590 mit dem

Profanbauten 171

doppelten Treppengiebel steht heute etwas vereinsamt als ein letzter Rest der alten Bebauung des Griechenmarktviertels. **Nr. 61: Wasserturm,** 1868–72 nach dem Entwurf von John Moore als erste zentrale Wasserversorgung des Rheinlandes gebaut. Der zylinderförmige wuchtige Backsteinturm mit neuromanischer Fassadengestaltung ist im Inneren durch große Bogenstellungen gegliedert, die als Tragekonstruktion den riesigen Wasserbehälter stützten, der durch eine Zwerggalerie verdeckt war. 1985–90 Umnutzung zu einem Hotel, dessen gelungene und stilvolle Innengestaltung Andrée Putman schuf. Die Wandplastik ist von Donald Judd.

Gülichplatz, Nr. 3 (II D8): **Haus Neuerburg.** Der Eckbau wurde als Geschäftshaus 1923–29 von Emil Felix gebaut. Sein polygonaler, zinnengekrönter Turm nimmt Bezug auf die älteren Kölner Patrizierhäuser, deren besonderes Kennzeichen solche Türme waren (→ Neumarkt). Auf dem Platz steht der **Karnevals- oder Fastnachtsbrunnen,** den Georg Grasegger 1913 als bronzene Brunnenschale mit zentraler wasserspendender Spindel und geschmückt mit Kölner Karnevalstypen schuf. Geadelt wird das Volksfest durch J. W. Goethes bekannten Zuspruch: »Löblich wird ein tolles Streben, wenn es kurz ist und mit Sinn. Heiterkeit im Erde(n)leben sei dem flüchtigen Rausch Gewinn.« Es ist übrigens ein Zeichen für den besonderen Umgang von Köln mit der Stadtgeschichte, dass an dem Ort, wo das Haus des Revolutionärs Nikolaus Gülich stand, und der nach seiner Hinrichtung (1686) nicht mehr bebaut werden sollte, zu Beginn des 20. Jh. ausgerechnet ein Karnevalsbrunnen aufgestellt wurde.

Gürzenich → Martinstraße

Gürzenichstraße (II D8): Das Jahrzehnt vor Ausbruch des Ersten Weltkrieges brachte für den alten Stadtkern das, was man später mit dem Begriff »Citybildung« bezeichnete. Straßendurchbrüche, wie vor allem die Zeppelinstraße und die Gürzenichstraße, und der Bau einer zentralen

Straßenbrücke (→ Deutzer Brücke) mit massiven Rampen setzten tiefe Schnitte in das alte Siedlungsgefüge, dessen mittelalterliche und barocke Bausubstanz vor allem hier der Entstehung großstädtischer Neubauten weichen musste. Anstelle ganzer kleinteiliger Stadtviertel entstanden so die große Markthalle am Heumarkt oder Gürzenichstr. Nr. 6–16 das neue Stadthaus (nach 2000 abgebrochen und durch Hotelneubau ersetzt, in den wieder die Barockfassade des Hauses »**Zum Maulbeerbaum**« von 1696 eingesetzt wurde) und eine Reihe von Kaufhäusern, von denen bis heute an der Gürzenichstraße Nr. 1–5 das **Geschäftshaus Palatium** und Nr. 2 das gegenüberliegende Kaufhaus Leonhard Tietz (seit der NS-Zeit **Kaufhof**) zu einem nicht unbeträchtlichen Teil erhalten sind. Die Neuplanung dieser Straßen wurde bei allen Verlusten an historischer Bausubstanz aber doch dem selbstgesetzten Anspruch nach Einpassung zeitgenössischer Notwendigkeiten in einen alten, ehrwürdigen Stadtorganismus gerecht. Ihre Planung ist Carl Rehorst zu verdanken, der die Gürzenichstraße als ein Musterbeispiel der neuen städtebaulichen Vorstellungen im Sinne Camillo Sittes gestaltete. Die leichte Krümmung, die ihre Neubauten widerspiegeln, gehört dazu ebenso, wie der neu entstandene Platz, der die freigelegte Südseite des Gürzenich (→ Martinstraße) bewusst einbezog. Wilhelm Kreis als Architekt der beiden zentralen Geschäftsbauten Palatium und Kaufhof fügte sich diesem vorgegebenen Konzept voll ein. Während sich das Palatium auf einem dreieckigen Grundstück behaupten musste und dies mit einer turmbekrönten Eckbetonung schafft, ist bei dem blockumfassenden Kaufhof durch die elegant konkav geschwungenen Fassaden und den rhythmischen Wechsel der einst giebelbekrönten Risalite mit der Vertikalbetonung der Werksteinfassaden eine lebendige Gliederung entstanden, die durch die bekrönende Horizontale der Rundfenster und das zurückgesetzte Dachgeschoss noch betont wurde. Nach dem Zweiten Weltkrieg

Profanbauten 173

sind diese Dachlandschaft und damit auch die Giebel nicht mehr wiederhergestellt worden. Stilistisch gehören diese 1912–14 entstandenen Bauten von Wilhelm Kreis zu jenem weitgehend der Tradition verhafteten Neuklassizismus, wie er für die Großbauten der Kaufhäuser, der Banken und der Versicherungen seit dieser Zeit entwickelt und in Variationen auch in Köln das ganze 20. Jh. beibehalten wurde (u. a. → Gereonshof: Gerling-Konzern).

Hahnenstraße (II D7): Der Ost-West-Durchbruch vom Rudolfplatz bis zum Heumarkt war in den 1930er-/ 40er-Jahren als 60 m breite Straße mit der Nord-Süd-Fahrt als Achsenkreuz geplant und durch Abbrüche wie auch kriegsbedingte Zerstörungen vorbereitet worden. 1947 schuf Wilhelm Riphahn für den westlichen Abschnitt, die Hahnenstraße, ein neues Konzept, das anstelle der zuvor geplanten Korridorstraße eine luftige Bebauung mit Geschäfts- und Kulturpavillons, u. a. **Die Brücke**, ehem. britisches Kulturinstitut von 1949/50, jetzt **Kölnischer Kunstverein** (→ Museen), mit rückwärtiger höherer Wohnbebauung verwirklichte. Dagegen wurde der östliche Abschnitt der Ost-West-Achse mit der Cäcilienstraße und der Pipinstraße ohne Gesamtkonzept bebaut. Sie sind dementsprechend heterogen geblieben.

Hauptbahnhof und Hohenzollernbrücke (II E8): Zu den »Palästen« der Domumgebung gehörte an der Nordseite auch der Bahnhof, der seine dem Dom so eng verbundene Nachbarschaft nicht einer Planungsnachlässigkeit verdankt, sondern dem ausdrücklichen Wunsch desselben Königs, ohne dessen so aktive Unterstützung der Weiterbau des Domes kaum realisiert worden wäre. Der preußische König Friedrich Wilhelm IV. wünschte 1857 den Bau der ersten Eisenbahnbrücke in der Achse des Domes, um so die Verbindung von Geschichte und technischem Fortschritt konkret darzustellen. Die Konsequenz dieser »allerhöchsten« Planungsidee war nicht nur der Bau der Brücke an der gewünschten Stelle, sondern vor allem

Hahnenstraße, Ost-West-Durchbruch
Planung der 1930er/40er-Jahre

auch die Errichtung des Bahnhofes an der Dom-Nordseite anstelle des Botanischen Gartens. Die Regierungszeit des »Romantikers auf dem Königsthron«, wie der Königs oft genannt wurde, war allerdings kaum vorbei, als gerade dieser Beschluss zutiefst bedauert wurde und die jahrzehntelangen Überlegungen einsetzten, den zentralen Kölner Bahnhof an anderer Stelle unterzubringen, um den Dom von dem zunehmenden Erweiterungsbedürfnis des expandierenden Schienenverkehrs zu trennen. Da aber die Verlegung des Bahnhofs wegen des Protestes der angrenzenden Grundstücksbesitzer, die einen Wertverlust ihres Eigentums befürchteten, weder 1880 noch 1946 zustandekam (→ auch Nord-Süd-Fahrt), erfolgte sein jeweiliger Ausbau an dem vom preußischen König Friedrich Wil-

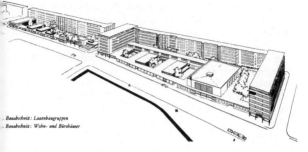

. *Bauabschnitt: Ladenhausgruppen*
. *Bauabschnitt: Wohn- und Bürohäuser*

Hahnenstraße, Planung 1947

helm IV. bestimmten ursprünglichen Standort, dessen besonderer geistiger Gehalt inzwischen längst als ein wichtiges Geschichtsdenkmal der Romantik angesehen wird. Ein wichtiges technisches Denkmal ist insbesondere auch die 1890–94 nach Entwurf von Johann Eduard Jacobsthal errichtete **Bahnhofshalle**, deren auch heute noch imponierende Eisenkonstruktion damals eine der monumentalsten war. Sie wurde in den 1980er-Jahren umfassend und mit einigen Veränderungen restauriert und um 1990 in Richtung Domseite durch stilistisch weiterempfundene **Gleisüberdachungen** von Peter Busmann und Godfrid Haberer ergänzt. Das schöne historistische **Empfangsgebäude** des Hauptbahnhofs von 1883–94 wurde nach dem Zweiten Weltkrieg abgebrochen, um einer beschwingten Glas-Beton-Konstruktion (1956/57 von O. Schmitt und M. Schneider) Platz zu machen. Erhalten blieben nur die ehem. **Wartesäle** mit ihrer Inneneinrichtung in neubarocken Formen von 1907/08 von Karl Schellen, deren schöne Werksteinfassade seit der kürzlich erfolgten Freilegung von der Domplatte (→ Domumgebung) wieder im Stadtbild mitspricht. Anstelle der ersten Brücke entstand

1907–11 die **Hohenzollernbrücke**, deren massive neuromanische Turmportale nach Entwurf von Friedrich Schwechten zwar die Kriegszerstörung überstanden, nicht aber den »Wiederaufbau«. Sie wurden 1957–59 bis auf die Brückenköpfe mit der Bauskulptur von Ernst Riegelmann abgebrochen. Erhalten blieben die nun freistehenden Reiterstandbilder der Hohenzollern, von denen die beiden auf der Deutzer Seite noch von der Vorgängerbrücke stammen: Friedrich Wilhelm IV. (1861–63, von Gustav Bläser) und Wilhelm I. (1867, von Friedrich Drake) sowie auf Kölner Seite: Friedrich III. und Wilhelm II., beide 1910 von Louis Tuaillon. Der südlich gelegene Bogen für die Straßenbrücke wurde nach 1945 nicht mehr wiederhergestellt, ihre Rampe im Zuge des Neubaus des Museum Ludwig (→ Domumgebung) abgebrochen. Dafür wurde 1989/90 an der Nordseite für die S-Bahn-Gleise ein neuer dritter Brückenbogen gebaut. Zur **ABC-Bank** am Bahnhofsplatz → St. Mariä Himmelfahrt.

Heumarkt (II D8): Der ursprünglich an allen Seiten geschlossene Platz ist einer der größten mittelalterlichen Stadträume, der in der Reiseliteratur zu Beginn des 17. Jh. als der nach dem Markusplatz schönste Platz Europas gewürdigt wurde. Dieses Urteil kann sich nicht nur auf die beeindruckende Größe des längsrechteckigen Platzes bezogen haben, sondern meinte zweifellos auch die einfassende Architektur, wie es das schöne **Haus zum St. Peter (Nr. 77)** von 1568 noch zeigt, das das Kölner Bürgerhaus der reicheren Handelsherren repräsentiert (→ auch Alter Markt 20–22). Dieses viergeschossige Eckhaus mit doppelgeschossigem Giebel an beiden Straßenseiten zeigt das typisch hohe Erdgeschoss, das sich durch ein Zwischengeschoss mit Hängestuben für die Nutzung als Handelskontor entwickelt hatte. Die hohen Fenster des ersten Obergeschosses lassen erkennen, dass hier der repräsentative Saal lag, während die darüberliegenden Geschosse bis ins Dach hinein dem Speicher vorbehalten waren. Ein be-

Heumarkt 77

sonderes Gestaltungsmerkmal sind die eng aneinander gerückten Kreuzstockfenster, deren Vielzahl die optimale Belichtung des Hauses erkennen lässt. Die Fensterrahmungen sind sorgfältig aus Werkstein gearbeitet und mit den charakteristischen Korbbögen bekrönt. Die einzelnen Geschosse sind mit durchlaufenden Gesimsen streng voneinander abgesetzt und der hohe Giebel, der einst einen Kranbalken zum Heraufziehen der Waren hatte, ist in jedem seiner Abschnitte mit Voluten geschmückt. Nur die Hausecken waren ursprünglich ebenfalls verputzt. Das Freistellen der unregelmäßig versetzten Ecksteine widerspricht völlig der angestrebten Klarheit und Regelmäßigkeit der Renaissancefassade, entspricht aber dem Wunsch nach Freilegung von Werksteinen im 20. Jh.

Dass auch die Barockzeit den Platz mit schönen Häusern zierte, zeigen die erhaltenen Teile von **Nr. 62: Haus Päffgen** an der Ecke zur Salzgasse, **Nr. 25** an der Ecke zur Pipinstraße und **Nr. 6–8 Zur Malzmühle** (sehr altes Kölner Brauhaus). Mit der Anlage der Brücke (→ Gürzenichstraße) 1910–14 wurde die Ostseite des Platzes aufgerissen und in den 1930er-/40er-Jahren mit der Planung der Ost-West-Achse (→ Hahnenstraße) auch seine Westseite. Der Nachkriegs-Aufbau verstärkte die Verkehrsprobleme zusätzlich. Erst in den letzten Jahren gibt es zunehmende Bemühungen um die Wiedergewinnung der städtebaulichen Qualität des historisch so bedeutenden Platzes. Ausgangspunkt dafür war nicht zuletzt die Wiedererrichtung des **Königsdenkmals**. Das Reiterdenkmal für König Friedrich Wilhelm III. war 1872–78 von Gustav Bläser geschaffen worden und nach dem Zweiten Weltkrieg demontiert worden. Die erhaltenen Figuren vor allem preußischer Reformer waren 1984 an einem neuen Sockelkern montiert, der weitgehend rekonstruierte Reiter samt Pferd 1990 aufgesetzt. Die weitere Vervollständigung des gesamten Denkmals ist geplant. **Nr. 20: Maritim Hotel**, 1987–89 von Friedrich Wilhelm Kraemer und Ernst Sieverts zusammen

Profanbauten 179

mit Gottfried Böhm an der Stelle gebaut, wo die 1900–04 erbaute Markthalle stand, die nach Planung der 1930er-/40er-Jahre (→ Nord-Süd-Fahrt) und Kriegsbeschädigung abgebrochen worden war.

Hohe Pforte: Der Name der Straße tradiert das römische Südtor (→ Stadtbefestigungen). **Nr. 9–11: Hochpfortenhaus**, 1930 von Clemens Klotz und Josef Vieth als Wohn- und Geschäftshaus gebaut als Backsteinbau mit Fensterbändern und typisch abgerundeter Ecke (→ Brückenstraße, Dischhaus).

Hohe Straße: Die heute architektonisch sehr bescheidene, aber ökonomisch wichtige und sehr belebte Geschäftsstraße ist Teil der römischen Hauptstraße (Cardo maximus) in Nord-Süd-Richtung (→ Domumgebung: römisches Nordtor; Eigelstein; Severinstraße). Bemerkenswert nur bei **Nr. 124–128** die kinetische Lichtplastik *Licht und Bewegung* 1966 von Otto Piene und die zur Gürzenichstraße zählenden Geschäftsbauten **Palatium** und **Kaufhof** von Wilhelm Kreis.

Josefstraße → Albertusstraße

Kardinal-Frings-Straße, Nr. 1 (II E7): **Maternushaus.** Das weitläufige Tagungszentrum des Kölner Erzbistums wurde 1978–83 von Hans Schilling und Peter Kulka als lebendig gestalteter Backsteinbau mit freundlich einladender Eingangssituation geschaffen.

Kartäuserwall → Severinstraße

Kettengasse → Ehrenstraße

Kolpingplatz (II D8): Das **Kolpinghaus,** 1929/30 von Dominikus Böhm mit markanter Eckgestaltung zur Elstergasse errichtet, ist mit seiner Muschelkalkfassade und dem zurückgesetzten Staffelgeschoss ein typischer Vertreter des sachlichen Bauens in Köln. Die 1970/72 durch Gottfried Böhm erfolgte südliche Verlängerung wird durch einen Sichtbetonerker akzentuiert. Das **Kolpingdenkmal** von Johann Baptist Schreiner 1903 weist auch auf das Grab des Gesellenvaters in der Minoritenkirche hin.

180 *Altstadt*

Kolumbastraße, Kolumba. Kunstmuseum des Erzbistums Köln (II D8; Diözesanmuseum, → Museen): Der Neubau von Peter Zumthor entstand 2002–07. Er ist über dem Grundriss und der teilweise erhaltenen Südwand von St. Kolumba sowie dem nördlich anschließenden Terrain errichtet und hat die Kapelle von Gottfried Böhm, »Madonna in den Trümmern« von 1949/50, »eingehaust«. Der kubische Großbau dominiert die Ecke von Kolumbastraße und Brückenstraße. Er besteht aus kleinen grauen Backsteinen, die sich mit den Tuffen, Basalten und Ziegeln der einbezogenen Kirchenruine verbinden. Im Inneren ist die Ausgrabungszone zu besichtigen. An der Rückseite, am Chor der ehem. Kolumbakirche, steht die 1988 aufgestellte Granitskulptur *Tempel Bleu de Vire* von Ulrich Rückriem.

Komödienstraße, Nr. 97 (II E7): **Haus Wefers.** 1956/57 von Karl Band gebaut. Die Dekoration schufen Mitglieder der Kölner Werkschulen. Die Inkrustion mit der Darstellung der Hll. Drei Könige entstand 1958 von S. Erdmann. Der **Römerbrunnen** ist mit einer Figur der kapitolinischen Wölfin und Relieftafeln mit Szenen der römischen Geschichte von Franz Brantzky 1915 an der Stelle eines Turmes der römischen Stadtmauer (→ Stadtbefestigungen) errichtet und nach Kriegsbeschädigung durch Karl Band vereinfacht wiederhergestellt worden.

Konrad-Adenauer-Ufer, Nr. 3 (II E8): **ehem. Bundesbahndirektion** (jetzt: RheinTriadem), 1912/13 von K. Biecker, A. Kayer und M. Kiesling als repräsentatives Verwaltungsgebäude mit dominanter Säulenfront gebaut. Dachlandschaft verändert. **Nr. 55–61: ehem. Verwaltungsgebäude der Rheinbraun,** 1922/23 von Heinrich Müller-Erkelenz in neubarocken Formen mit besonders aufwändigem Portal erbaut, jetzt als Altersheim genutzt. Im Inneren befindet sich ein sehr schönes Treppenhaus. **Nr. 69a: Wohnhaus mit Türmchen** (→ Stadtbefestigungen). **Nr. 80: »Die Bastei«.** Das exklusive Aussichtsrestaurant entstand 1924 durch den Architekten Wilhelm Riphahn auf der nördlichen

Rheinbastion (→ Stadtbefestigungen) über einer auskragenden Stahlkonstruktion.

Leonhard-Tietz-Straße, Nr. 1–5 (II D7): **Verwaltung der Kaufhof A. G.** Der Komplex, den das achtgeschossige Scheibenhochhaus überragt, wurde 1953/54 von Hermann Wunderlich und Reinhold Klüser als Stahlskelettbau mit Vorhangfassade und im Inneren sichtbarem Stützensystem errichtet. Die grün-weiß gehaltene Glasfassade nimmt die speziellen Kaufhof-Farben auf, wie sie die Neubauten dieses Architektenteams für den Konzern in den 1950er-Jahren kennzeichneten. In Köln entspricht dem der Weiterbau des Warenhauses an der → Cäcilienstraße.

Machabäerstraße, Nr. 56 (II E8): Der schöne Neurenaissancebau ist das letzte erhaltene Beispiel großbürgerlicher Wohnkultur in der nördlichen Altstadt, die nach dem Bau des Eisenbahndammes in eine gewisse Isolierung geriet (→ Eigelstein). Das dreigeschossige Haus entstand 1869 durch die Berliner Architekten Walter Kyllmann und Adolf Heyden. Es ist aufwändig mit Säulen, Pilastern, Fassadenmalerei und Reliefs geschmückt.

Marienplatz → St. Maria im Kapitol

Marsplatz, Nr. 1–3 (II D8): Das Doppelhaus wurde mit Putzfassade und Werksteingliederungen an Stelle der 1548 abgebrochenen Marspforte für den Ratsherrn Gillis Eifler erbaut. Im zugänglichen (Restaurant-)Keller ist die **Römermauer** zu sehen und vier **Figuren vom Erdgeschoss des Ratsturmes** (→ Rathaus), die Papst Innozenz III., König Philipp von Schwaben, Kaiser Friedrich Barbarossa und Kaiser Heinrich IV. darstellen. Sie waren 1892 entstanden, aber bereits 1925 durch neue Figuren ersetzt worden. Seit 1934 befinden sich die Figuren in dem Keller. Dieser war seinerzeit ein Depot des Stadtkonservators, der bis 1978 seine Dienststelle in dem Haus hatte.

Martinstraße, Nr. 29–31 (II D8): **Gürzenich.** Eine besondere Rolle spielten in Köln naturgemäß die Handels- und Lagerhäuser, die zur Aufnahme des immensen Warenangebotes vorhanden sein mussten, welche das Stapel-recht (→ Rathaus) der Stadt bescherte. Dadurch wurde die Stadt zu einem der wichtigsten Warenumschlagplätze der damaligen Handelswelt. Der bedeutendste dieser mittelalterlichen Lagerbauten, der Gürzenich, hat sich wenigstens in seiner Außenhülle erhalten. Dieser große Werkstein-quader dokumentiert mit Zinnenbekrönung und Eckwarten die notwendige Sicherheitsstruktur des Baus, dessen Halle im Erdgeschoss sowie dessen Speicher als Lagerräume dienten, während der Saal, der das gesamte erste Obergeschoss einnimmt, als großer Verkaufsraum Kölns erste »Messehalle« darstellt. Zugleich wurde der an der Südseite mit zwei prachtvollen Kaminen geschmückte Saal als städtischer Festraum genutzt, der vor allem bei kaiserlichen Besuchen seine hervorragende Funktion hatte. Die Dimension des einst zweischiffigen flachgedeckten Raumes ist in der neugestalteten Form der 1950er-Jahre erhalten geblieben, die offenen Kamine sind verloren. Die beiden mit den Figuren von Agrippa und Marsilius geschmückten **Portale** an der östlich gelegenen Hauptfassade an der Martinstraße führten einst nur ins Erdgeschoss, während der große Saal im Obergeschoss durch schmale Treppenläufe an der Nordseite begangen werden konnte. Erst im 19. Jh. entstand hier ein prächtiges **Treppenhaus**, das nach dem Zweiten Weltkrieg 1952–55 von Rudolf Schwarz und Karl Band neu gebaut und durch optische Einbeziehung der **Ruine von Alt-St. Alban** noch vergrößert wurde. Dieses schwungvolle und mit festlicher Beleuchtung geschmückte Treppenhaus zählt zu den schönsten Raumschöpfungen dieser Bauepoche. Die Eingangstüren zum Treppenhaus schuf Ewald Mataré 1956. Der multifunktional genutzte **große Saal** des Gürzenich, dessen Dimension durchaus manchem der Großräume des etwa gleichzeitigen Dogenpalastes in Venedig entspricht, wurde für Feiern entsprechend dekoriert – was bei seiner neuzeitlichen Hauptnutzung als Karnevalssaal gut nachzuvollzie-

Profanbauten 183

hen ist. Die Südseite des Baus, erst 1912 freigelegt (→ Gürzenichstraße), wurde bei der Restaurierung 1996–98 durch Kaspar Kraemer zur besseren Erschließung des Inneren mit einem Stahl-Glas-Aufzugsturm versehen, der dafür, dass er hier nicht hingehört und sichtlich stört, zweifellos architektonische Qualitäten hat.

Martinsviertel (II D8): Zwischen Rheinufer, Alter Markt, Heumarkt, Hohenzollernbrücke und Deutzer Brücke rund um Groß-St. Martin gelegen, hat es als einziges Altstadtviertel den zum größten Teil noch mittelalterlichen Stadtgrundriss mit engen Straßen und kleinparzellierten Grundstücken behalten. Im Jahre 1901 entstand am Rheinufer der heute sehr malerisch wirkende **Fischmarkt** vor dem Ostbau von Groß-St. Martin. An der Böschungsmauer ist die **Gedenktafel für Robert Blum**, dessen Geburtshaus bis 1939 hier (Haus Mauthgasse 5) stand. Der engagierte Freiheitskämpfer und Abgeordnete der Frankfurter Nationalversammlung war 1848 in Wien unrechtmäßig hingerichtet worden. Das Martinsviertel wurde in den 1930er-Jahren umfassend saniert. Dabei entstanden durch Entkernung zwei neue Plätze: der **Eisenmarkt** (mit dem kölnischen Puppenspieltheater **Hänneschen**) und der **Ostermannplatz** (mit dem Ostermannbrunnen von Willy Klein 1938). Nach starker Kriegsbeschädigung erfolgte der Wiederaufbau des Martinsviertels weitgehend in der alten Struktur. Seine **Rheinfront** mit den überwiegend spitzgiebeligen Häusern gilt als das Kölner Rheinpanorama schlechthin, das allerdings durch eine allzu umfangreiche Begrünung in den 1980er-Jahren viel von seiner Fernwirkung verloren hat. Beim Neuaufbau wurde auch der Maßstab des **Stapelhauses**, das noch einen Eckturm aus dem 19. Jh. hat, gewahrt. **Ältere Wohnhäuser** des Martinsviertels sind Buttermarkt 42 / Frankenwerft 27 (Haus Delft um 1620), daneben das kleine Haus Buttermarkt 40 / Frankenwerft 25, Salzgasse 13 (»Im Walfisch« 1626 datiert, 1935 hierhin übertragen), Lintgasse 5 (»Zum Seil«,

1643 datiert). **Grinköpfe,** figürlich gestaltete Kranbalken, befinden sich an der Salzgasse 2, Markmannsgasse 15, Große Neugasse 34. Mühlengasse 1–15, das um 1895 errichtete alte **Brügelmannhaus,** ist das letzte erhaltene Fabrikgebäude im Innenstadtbereich. Am Brigittengässchen, gegenüber dem Eingang zu Groß-St. Martin, sind die beiden volkstümlichen Kölner Typen **Tünnes und Schäl** als lebensgroße Bronzestandbilder (1970er-Jahre von Wolfgang Reuter) zu sehen. Nördlich von Groß-St. Martin errichteten Joachim und Margot Schürmann 1975–78 einen **Wohnkomplex,** dessen Gestaltungselemente eine zeitgenössische Antwort auf die überkommene Altstadtstruktur sind und dessen großer Innenhof die städtebauliche Situation der Römerzeit (→ Groß-St. Martin) tradiert. 1991–93 baute Gisbert Brovot **Unter Käster 14–16** ein in den Proportionen eingepasstes Wohnhaus mit verglastem Stahlfachwerk.

Mauritiussteinweg, Nr. 59 (II D7): »Haus Wolkenburg«. Das ehem. barocke Klostergebäude des Benediktinerinnenklosters St. Mauritius ist inschriftlich 1735 datiert. Nach schwerer Kriegsbeschädigung erfolgte 1959/60 der Wiederaufbau als neues Heim des Kölner Männergesangsvereins, der den Traditionsnamen Wolkenburg von seinem früheren Sitz in einem alten Patrizierhaus hierhin übertrug (→ auch Griechenmarktviertel).

Neuköllner Straße → Nord-Süd-Fahrt

Neumarkt (II D7): Der für mittelalterliche Verhältnisse ungewöhnlich große Platz, der an die westliche Römermauer grenzte, ist seit dem 11. Jh. nachweisbar. Seine Westseite wird von St. Aposteln dominiert. Von der älteren Bebauung ist allerdings lediglich der Treppenturm des durch die Sage bekannten **Richmodhauses** in der 1928 von Paul Bonatz erneuerten Fassung mit den historischen beiden Pferdeköpfen erhalten. Am östlich anschließenden Kaufhaus grüßt vom Dach Claes Oldenburgs *Cone* (2000), ein auf dem Dach gelandetes überdimensionales

Profanbauten 185

buntes Eishörnchen, das die Konsumwelt des Einkaufs-
zentrums ironisiert. Die Südseite beherrscht die Werksteinfassade des ehem. **Haus Bing**, seit der NS-Zeit Ge-
sundheitsamt, erbaut 1908 von Heinrich Müller-Erkelenz.
Die ursprüngliche Geschlossenheit des Platzes wurde seit
dem 19. Jh. verändert: an der Nordseite 1835 durch die
Anlage der Richmodstraße sowie 1912 durch die der Zeppelinstraße und an der Südseite durch die Ost-West-Achse
(→ Hahnenstraße).

Neven-DuMont-Straße (II E7): Das **Portal** gegenüber
St. Maria in der Kupfergasse stammt von dem im Zweiten
Weltkrieg beschädigten Haus Decker, das an der Ecke Ap-
pellhofplatz/Röhrergasse stand und dem Bau des **Vier-
scheibenhauses** des WDR (1962–70 von Helmut Hentrich, Hubert Petschnigg und Partner, um 2000 stark verändert) weichen musste.

Nord-Süd-Fahrt (II F8–B8): Nachdem bereits in den
1920er-Jahren das Thema weiterer Straßendurchbrüche in
der Kölner Altstadt heftig diskutiert worden und letztlich
am Widerstand von Oberbürgermeister Konrad Adenauer
gescheitert war, erhielten nach seiner Entlassung im März
1933 die Verkehrsplaner freie Bahn. Ein großer 70 m breiter Straßendurchbruch in Ost-West-Richtung vom Rudolfplatz zum Rhein (→ Hahnenstraße) wurde bis 1939 als
Trasse fertiggestellt, die Bebauung war gleichförmig sechs-
geschossig mit Walmdächern vorgesehen. Im rechten Winkel dazu war (neben anderen Straßendurchbrüchen, wie
z. B. entlang von Rothgerberbach usw., → Griechenmarktviertel) die Nord-Süd-Achse mit ähnlicher Gestaltung geplant. Das Dischhaus in der Brückenstraße sollte ein hohes
Satteldach bekommen, um sich einzufügen. Der große
Platz am Schnittpunkt der beiden Achsen war als Standort
für das neue Theater (→ Offenbachplatz) vorgesehen. Als
Traditionsinsel wurde das Martinsviertel belassen. Der
Hauptbahnhof sollte ins Rechtsrheinische verlegt werden.

Rudolf Schwarz, der als Generalplaner 1946–52 die

Altstadt

Nord-Süd-Fahrt, WDR-Arkaden

Grundlagen für den Kölner Aufbau schuf, bemühte sich um Bewahrung Kölner Traditionen und Heilung der Planungswunden bei gleichzeitiger Berücksichtigung des ansteigenden Individualverkehrs. Er behielt daher die durchgeführten und geplanten Straßendurchbrüche in schmälerer Form grundsätzlich bei, änderte aber v. a. bei der Nord-Süd-Fahrt ihre Lage an entscheidenden Stellen zur

Profanbauten 187

Schonung alter Straßenzüge, wie z. B. Severinstraße und Eigelstein. Obwohl die Nord-Süd-Fahrt jenseits der alten Ulrichgasse abschnittweise nach Kölner Partnerstädten (Tel-Aviv-Straße, Neuköllner Straße, Tunisstraße, Turiner Straße) benannt wurde, haben sich diese Namen nicht wirklich durchgesetzt. Die **architektonische Fassung** des etwa 4 km langen Straßendurchbruchs gelang nur an wenigen Stellen entsprechend dem Konzept von Rudolf Schwarz (→ Griechenmarktviertel). Dies ist v. a. zu sehen am südlichen Beginn (→ Ulrichgasse) oder an der Kreuzung zu den Bächen (v. a. das Finanz- und Hauptzollamt Blaubach 7, 1955/56 von Oswald Wilms und die Rückseite des Friedrich-Wilhelm-Gymnasiums, siehe Waidmarkt) und an den mit schwingenden Dächern bekrönten Punkthäusern der ehem. Herstattbank (→ Unter Sachsenhausen), insbesondere aber am Offenbachplatz. Ein neuerer architektonischer Blickpunkt sind die **WDR-Arkaden** (Breite Straße 16–26), die das Büro Gottfried und Peter Böhm an die Ecke zur Breite Straße (Nr. 16–26) setzte und deren spannende, dekonstruktivistisch erscheinende Ecklösung dem Einfall der Architektin Elisabeth Böhm zu verdanken ist.

Obenmarspforten, Nr. 21 (II D8): **Farinahaus,** gebaut 1879–99 von Emil Schreiterer und Bernhard Below als repräsentatives Geschäftshaus in neubarocken Formen für das älteste noch bestehende Kölnisch-Wasser-Unternehmen »Johann Maria Farina gegenüber dem Jülichs-Platz« (→ Gülichplatz). **Wallraf-Richartz-Museum.** Der kubische Museums-Neubau mit dem Haupteingang an der Straße Obenmarspforten entstand 1998–2000 von Oswald Mathias Ungers (→ Museen).

Offenbachplatz (II D7): Wie in der Planung des Dritten Reiches vorgesehen, entstand im Zentrum der Stadt, an der Nord-Süd-Fahrt, ein neuer großer rechteckiger Platz. Hier hatte zuvor u. a. die am 9. November 1938 zerstörte **Synagoge** gestanden (Gedenktafel am Opern-

Offenbachplatz 1967

haus). Der Theaterkomplex mit **Opernhaus** und Restaurant **Opernterrassen** (1954–57) sowie **Schauspielhaus** (1960–62) wurde nach Entwurf von Wilhelm Riphahn und Hans Menne gebaut. Den Architekten gelang es, in geschickter Weise das neue Kulturzentrum an zwei Plätzen zu verteilen. Die klare kubische Erscheinungsform mit gezielt eingesetzten zarten Schmuckelementen kennzeichnet insbesondere das Opernhaus, dessen Baumassen durch markante Schrägstellung der Turmaufbauten aufgelockert werden. Das Innere ist mit schwungvoll in den Raum geführten Loggien einer der schönsten deutschen Theaterräume. Im rechten Winkel zum Opernhaus steht der niedrige Pavillon der Opernterrassen, die den südlichen Abschluss des Offenbachplatzes bilden, dessen Ostseite begrenzt das dem Opernhaus gegenüberliegende **Geschäfts- und Wohnhaus** von Wilhelm Riphahn. Damit ist eines

Profanbauten 189

der wenigen gelungenen und großzügigen Ensembles des Kölner Neuaufbaus nach dem Zweiten Weltkrieg insbesondere an der Nord-Süd-Fahrt entstanden. Im Norden wird der Platz begrenzt durch das **4711-Haus an der Glockengasse,** das Wilhelm und Rudolf Koep 1963/64 als freie Rekonstruktion des ehem. neugotischen Hauses errichteten. Auf dem Platz entstand 1966 der **Opernbrunnen,** von Hansjürgen Grümmer unter Verwendung von Keramikfragmenten u. a. aus der Berliner Kaiser-Wilhelm-Gedächtniskirche geschaffen. Auf dem Platz beim Schauspielhaus steht die Sitzfigur der **Sappho** von Emile-Antoine Bourdelle (1887/1925).

Ost-West-Achse → Hahnenstraße

Rathausplatz (II D8): Das Kölner Rathaus ist kein Einzelbau, sondern besteht aus mehreren im Laufe der Jahrhunderte gewachsenen Gebäuden, die sich um den Rathausplatz als Innenhof gruppieren. Seine Keimzelle ist das zwischen 1135 und 1152 erstmals genannte »Haus, in dem die Bürger zusammenkommen« (»domus in quam cives conveniunt«). Es entstand im **Judenviertel** (»domus civium inter iudeos sita«). Dieses romanische Bürgerhaus der ersten Hälfte des 12. Jh. hatte bereits dieselben Ausmaße wie der überkommene Hansasaalbau des Rathauses aus dem 14. Jh.: Ein langgestreckter zweigeschossiger Bau, dessen Rückwand auf der rheinseitigen römischen Stadtmauer gründet und dessen Hauptseite mit dem Eingang zur schmalen Judengasse lag, die dann zum Teil Bürgerstraße genannt wurde. Die Herleitung dieses langgestreckten Saalbaus von etwa 7 mal 29 Meter von den in der Proportion ähnlichen Saalbauten kaiserlicher Pfalzen erscheint naheliegend. Die Bezeichnung **Hansasaal** für den großen Obergeschossraum bezieht sich auf die Überlieferung, dass hier 1367 die Hansestädte getagt und den Krieg gegen den dänischen König beschlossen hatten – ein Krieg, an dem sich Köln aber nicht beteiligte. Beherrschendes Gliederungselement des spitztonnengewölbten

Raumes aus der ersten Hälfte des 14. Jh. sind die beiden reich geschmückten Giebelwände: Die Nordwand mit einer überaus aufwändigen Maßwerkverzierung, die vermutlich sogar in der Ausführung der Dombauhütte zugeschrieben werden kann, und die Südwand mit ihrem ikonografisch überaus interessanten Figurenprogramm. In Fialennischen stehen die lebensgroßen Standbilder der Neun Guten Helden als Symbole der Gerechtigkeit. Es sind (von rechts nach links) Alexander der Große, Hektor von Troja und Julius Cäsar aus der heidnischen Antike, dann Judas Maccabäus, König David und Josua des Alten Testamentes, sowie Gottfried von Bouillon, König Artus und Karl der Große als Vertreter der Christenheit. Diese Krieger galten zumindest im Mittelalter als vorbildliche Idealgestalten. Die um 1330 angesetzten hochgotischen Figuren gehören in ihrer Ausdrucksstärke und mit der eleganten Schwingung, die ihren Standort zwischen den Sockeln und den abgestuft in den Giebel ragenden Baldachinen homogen betont, zu den besten Arbeiten deutscher Skulptur in dieser Zeit. Die Herkunft der Gesamtkomposition mit übereck gestellten maßwerkgeschmückten hohen Sockeln und fialenartigen Baldachinen von kirchlichen Figurenportalen ist dabei klar erkennbar. In den drei Nischen der Giebelspitze finden sich seitlich die Personifizierungen der wichtigsten Kölner Privilegien: das Recht zur Befestigung der Stadt mit einer Stadtmauer als Voraussetzung von Sicherheit und Handel und das Stapelrecht von 1259, das den Standortvorteil von Köln am Rhein durch den Zwang für alle vorbeifahrenden Handelsschiffe, ihre Waren hier drei Tage lang anzubieten, enorm stärkte. In der mittleren Nische sitzt demgemäß die Figur jenes Herrschers, der diese Privilegien gerade aktuell bestätigt hatte: Kaiser Ludwig IV. der Bayer (1314–47). Die Geschlossenheit des langen Raumes wird an den Längswänden durch die Maßwerkgliederungen für einst farbfrohe Fenster oder als Rahmung ehemals hier vorhandener fi-

Profanbauten 191

gürlicher Szenen (jetzt im Wallraf-Richartz-Museum) geschmückt, wie überhaupt der gesamte Saal und sein Figurenschmuck im Mittelalter farbig gefasst waren. Nach starker Beschädigung im Zweiten Weltkrieg wiederaufgebaut, präsentiert er sich heute in jener purifizierten Weise, die auch den mittelalterlichen Kirchen zuteil wurde und die schon die Rathausrenovierung der 1930er-Jahre begonnen hatte. Das Intarsienportal zur nördlich anschließenden **Prophetenkammer** wurde um 1600 von Melchior von Reidt für das Zeughaus geschaffen, 1875 ins Rathaus gebracht und nach dem Zweiten Weltkrieg hier eingebaut. Die Holzfiguren der Propheten an der Nordseite des Hansasaales wurden 1410/20 für die Prophetenkammer geschaffen und erst nach dem Zweiten Weltkrieg hier aufgestellt. Ihre Schriftbänder enthalten moralische Aufforderungen an die Ratsmitglieder, wie z. B. »Gemeinwohl geht vor Eigennutz«.

Die im 12. Jh. im **Judenviertel** erfolgte Gründung des Rathauses hatte für diese Bevölkerungsgruppe eine ausgesprochene Sprengwirkung im wahrsten Sinne des Wortes. Die periodisch veranstalteten Judenpogrome fanden auch in Köln statt, wo sie gleichzeitig den Erweiterungsbedürfnissen des Rathauses eine makabre Grundlage gaben. So entstand nach dem Pogrom von 1349 anstelle abgebrochener jüdischer Häuser der Rathausplatz, der die Möglichkeit einer ersten Rathausvorhalle bot. 1407–14 entstand der **Ratsturm**, ein mehrgeschossiges mittelalterliches »Hochhaus« (zum Platz-Jabbeck → Alter Markt). Dieser wiederaufgebaute gotische Turmbau mit maßwerk- und figurengeschmücktem Äußeren bot im Inneren große Räume für den Weinkeller und die Waffensammlung – vor allem aber im ersten Obergeschoss für einen neuen Ratssaal, seit etwa 1930 **Senatssaal** genannt, dessen quadratischer Grundriss gegenüber dem Hansasaal akustisch günstiger war. 1597–1602 erhielt der Senatssaal eine Neuausstattung mit einer geometrisch gestalteten Stuckdecke, einer prächtig intarsierten Prunktür und ebenso gearbeitetem Ratsgestühl, über dem Gobelins die Wände zierten, während an der Stirnwand ein Bild des Gekreuzigten von Geldorp Gortzius die Sitzungen des Stadtrates dominierte. Die von Melchior von Reidt geschaffenen Intarsienarbeiten zeichnen sich dabei nicht nur durch die Qualität der künstlerischen Ausführung aus, sondern stellen in ihrem figürlichen Programm die Verherrlichung der eigenen Geschichte und die Bekräftigung der Reichstreue der Stadt dar. Das Gestühl, das aus mehreren kastenförmigen Bänken mit Rücklehnen besteht, ist insbesondere mit vielfältigen Ornamenten in Einlegearbeit aus mehrfarbigen Edelhölzern gestaltet. Die seitlichen Wangen der mehrfach veränderten Bänke sind mit figürlichen Darstellungen geschmückt, von denen vor allem zwei als ehemalige Gegenstücke einer Bank anzusehen sind. Sie zeigen, eingestellt in eine Arkade, je einen durchaus phantasievoll gerüsteten Krieger mit dem Kölner Banner vor Versatzstücken von Architekturdarstellungen, die Eindrücke der Kölner Stadtmauer ahnen lassen. Es sind der Stadtgründer Agrippa und der römische Volksheld Marsilius, die als historisch-mythische Helden aus der Kölner Gründungsgeschichte auch die Portale des Gürzenich schmücken. Der Senatssaal war vom Hansasaal zunächst noch durch ein jüdisches Wohnhaus getrennt. Erst nach der Vertreibung von 1424, die den Juden »auf ewige Zeiten« den Aufenthalt in der Stadt verbot, konnte mit der Prophetenkammer ein Verbindungsbau geschaffen werden. Diese Judenvertreibung brachte auch die Umwidmung der **Synagoge** zu einer **Ratskapelle**, die das Patrozinium »St. Maria in Jerusalem« erhielt. Es versteht sich von selbst, dass damit nicht die Erinnerung an das Judenviertel im positiven Sinne wachgehalten, sondern der endgültige Sieg der Christen über die Juden dokumentiert werden sollte. Erst nach der Besetzung durch die französischen Revolutionstruppen 1794 kehrte in Köln die Duldung anderer Reli-

Profanbauten 193

gionen ein. Der Zweite Weltkrieg zerstörte die Ratskapelle, deren wichtigstes Ausstattungsstück bis 1809 der »Altar der Stadtpatrone« war (→ Dom). Die hier zusammen mit den Ausgrabungen des **Prätoriums** und der **Mikwe** entstehende »**Archäologische Zone**« (→ Museen) wird den Bauplatz von Synagoge und Ratskapelle nicht nur wieder erlebbar machen, sondern in Zusammenhang mit dem geplanten **Haus und Museum der jüdischen Kultur** (→ Museen) auch die notwendige Schließung des Rathausplatzes nach Südwesten bringen. Dies ist v. a. auch als Rahmung der **Rathauslaube**, des wichtigsten Kölner Renaissance-Bauwerks, von entscheidender Bedeutung. Als neuer Zugang zum großen Ratssaal (Hansasaal) entstand 1569–73 von Wilhelm Vernucken dieser repräsentative Neubau, im Wesentlichen nach den 1557 entstandenen Entwürfen von Cornelis Floris. Der zweischiffige fünfjochige Bau mit Betonung der Mittelachse ist bewusst aus der Achse des Hansasaalbaus so verschoben, dass seine Ausrichtung auf die zum Rathausplatz führende Portalsgasse voll zur Wirkung kommt. Dabei sind die Proportionen der Arkaden so sehr in absolutem Bezug zum dahinter aufsteigenden Saalbaudach entwickelt, dass beim Blick durch die schmale Portalsgasse der Eindruck eines wesentlich größeren, sich nach beiden Seiten fortsetzenden Renaissancebaus entstand. Erst beim Betreten des Rathausplatzes war das volle Erfassen dieses architektonischen Schmuckstückes mit seiner maßstäblichen Einbindung in die Proportionen des Platzes möglich – ein sicher beabsichtigter Überraschungseffekt, der mit der bevorstehenden Schließung des Platzes wieder entstehen wird. Diesem formalen Bezug zwischen Rathauslaube und Platz entsprach ein ebenso gewichtiger inhaltlicher: Von ihrem Obergeschoss aus, das 1617/18 gewölbt wurde, verkündete der ältere Bürgermeister in Anwesenheit der Ratsherren die Ratsbeschlüsse in der sogenannten »Morgensprache« dem auf dem Platz versammelten Volk – ein Geschehen,

Rathauslaube

das der in den Kirchen üblichen Verkündigung des Gotteswortes vom Lettner an die im Langhaus versammelte Gemeinde entspricht und sicher davon abgeleitet ist. So nimmt es auch nicht wunder, dass die Kölner Rathauslaube bis ins 18. Jh. mitunter als »Doxal« bezeichnet wurde, dem zusätzlichen Begriff für den kirchlichen Lettner, der seine Ableitung von der Doxologie, dem Lobpreis des Herrn, hat. Zusätzlich war die Rathauslaube als zentraler

Profanbauten

Blickpunkt und als Eingang zum Hansasaal Trägerin wichtiger inhaltlicher Botschaften. Die bekrönende Justitia war einst noch über dem Giebel vom freistehenden Standbild des »Kölner Bauern«, dem Symbol der Reichstreue der Stadt, überragt, während in den Brüstungsfeldern das mittlere Relief den Kampf des Bürgermeisters Grin mit dem Löwen enthält, der auch am Vorgängerbau des 14. Jh. bereits dargestellt war. Dieser legendäre Löwenkampf, aus dem der Kölner Bürgermeister selbstredend als Sieger hervorging, symbolisiert das für das städtische Selbstverständnis so zentrale Ringen um die Macht zwischen Erzbischof und Stadt. Es wird begleitet von den themenverwandten alttestamentlichen Szenen mit Samson und Daniel, die ebenfalls ihre Begegnungen mit Löwen siegreich überstanden. In den dazwischenliegenden Inschriftfeldern und den darunter angebrachten Bildnismedaillons wird ausführlich Bezug genommen auf die glorreiche Geschichte der Stadt seit der Zeit Julius Cäsars, natürlich wird auch die Reichsfreiheit gebührend betont. Der bewusste Rückgriff auf die antike Tradition im Bildprogramm der Rathauslaube macht sie zusammen mit den klassischen Arkadenformen und den zugehörigen Schmuckelementen zum wichtigsten Kunstwerk der Renaissance in Köln. Im 19. Jh. stark übergangen und erneuert, blieb die Laube im Zweiten Weltkrieg zum Glück fast unversehrt. An der Nordwestseite des Rathausplatzes war 1608–15 ein neuer zweigeschossiger Verwaltungsbau entstanden, der im 19. Jh. den Namen **Spanischer Bau** nach den 1623 hier stattgefundenen Sitzungen der Spanischen Liga erhielt. Im Zweiten Weltkrieg beschädigt, wurde er durch einen neuen Backsteinbau (1954–56 von Theodor Teichen) ersetzt, der die Proportion des alten Baus aufnahm und in schlichtkonservative Stilformen der 1950er-Jahre übertrug. Im Inneren ist die zeittypische Ausstattung weitgehend erhalten. Im elegant geschwungenen Treppenhaus ist das große Geschichtsfenster von Georg Meistermann (1958) zu sehen.

Im nun überdachten Innenhof steht das aktuelle Stadtmodell. Der **Alter-Markt-Bau** des Rathauses wurde 1966–72 von Karl Band und Eugen Weiler in den zeittypisch wuchtigen Formen errichtet. Nur zwei Festsäle nehmen darin mit ihren Namen Bezug auf die einstigen Barockausstattungen von Muschelsaal und Weißer Saal. Im Inneren bildet die als Lichthof angelegte zentrale Rathaushalle, die **Piazzetta**, mit großer Freitreppe und dem *Baldachin* von Hann Trier (1980) das Bindeglied zu Hansasaal, Ratsturm und **Löwenhof** (rekonstruierter Arkadenhof von 1541; Reliefs, u. a. Löwenkampf des Bürgermeisters Grin, nach Gipsabgüssen, die vor der Zerstörung gemacht wurden). Vor der Rathauslaube verlegte Gunter Demnig einen seiner **Stolpersteine**, mit denen er die Menschen auch im gesamten Stadtgebiet – mit dem Text des SS-Befehls vom 16. 12. 1942 zur Deportation der Roma und Sinti nach Ausschwitz – von Köln ganz konkret und dauerhaft über den Völkermord im Dritten Reich stolpern lässt.

Rheinauhafen (II B/C9): 1892–98 wurde hier nach Plänen von Josef Stübben der neue **Rheinauhafen** angelegt. Dazu verband er die Rheininsel »Werthchen« im Süden fest mit dem Ufer, während das so entstandene Hafenbecken im Norden mittels einer **Drehbrücke** zugänglich blieb. Die Pumpstation dieser hydraulisch betriebenen Brücke wurde im Malakoffturm (→ Stadtbefestigungen) installiert. Die bei der Drehbrücke stehende Figur des **Tauziehers** ist von Nikolaus Friedrich 1911. Im Jahre 2000 wurde die Ha fenfunktion offiziell aufgegeben und die Um-

Stolperstein von G. Demnig vor dem Rathaus

Profanbauten 197

strukturierung des gesamten Gebietes forciert. Auf der nördlichen Spitze der Halbinsel steht eine **Nikolausfigur** der zweiten Hälfte des 18. Jh., die ehemals am Bollwerk des Bayenturmes (→ Stadtbefestigungen) stand. Dahinter ist das ehem. **Hauptzollamt,** 1896 von Georg Eberlein errichtet, das den Zweiten Weltkrieg und den Wiederaufbau nur teilweise überstand. 1992 wurde es von Fritz Eller zum **Schokoladenmuseum** (→ Museen) überbaut. Die drei langgestreckten **Lagerhäuser** wurden von Bernhard Below 1892–98 nach dem Vorbild des Gürzenich (→ Martinstraße) entworfen und daher mit Zinnenkranz und Eckwarten geschmückt. Die nördliche Lagerhalle baute Walter von Lom 1998/99 zum **Deutschen Sportmuseum** (→ Museen) um. Die Umnutzung der beiden anderen Hallen erfolgte zu Büros und Wohnungen. Sehr gut erhalten blieb das ehem. **Hafenamt,** 1892–98 von Adam Sesterhenn errichtet. Der **Bayenturm** (→ Stadtbefestigungen) markiert das Ende der Altstadt. Südlich davon, bereits zur Neustadt gehörend, entstand 1908/09 durch Hans Verbeek das große Speichergebäude, das seiner vielgiebeligen Erscheinung wegen **Siebengebirge** genannt wird. Es ist der erste große Eisenbetonbau in Köln und wurde 2006/07 v. a. zu Wohnungen umgebaut. Der Beitrag des 21. Jh. zum städtebaulichen Erscheinungsbild der Rheinauhalbinsel besteht insbesondere in einer rasanten Verdichtung der Bebauung, mit den von Hadi Teherani als **Kranhäuser** entworfenen Wolkenkratzern im Zentrum.

Rheingarten-Skulptur → Domumgebung

Rheingasse, Nr. 8 (II D8): **Overstolzenhaus.** Dem großartigen öffentlichen Sakral- und Profanbau des Mittelalters entsprach natürlich auch das Wohn- und Repräsentationsbedürfnis der reichen Kölner Handelsherren, die bereits in dieser Zeit angemessene Häuser besaßen. Von den einst zahlreicher erhaltenen romanischen Privatbauten ist das Overstolzenhaus in der Rheingasse nach starker Kriegsbeschädigung neu aufgebaut worden. Es gilt

Rheingasse, Overstolzenhaus

Profanbauten 199

als das »reichste Beispiel bürgerlichen romanischen Profanbaus in Deutschland« (Hans Vogts) und wurde um 1230 von der Familie Overstolz erbaut. Das Haus steht über einem hohen Keller, dessen Zugang ursprünglich in der Mitte der Fassade lag und der mit einem rechts davon befindlichen Fenster beleuchtet wurde. Der Hauptzugang war in der rechten Achse. Er führte in einen großen Erdgeschossraum, der von der Straßenseite bis zum Hof die gesamte Tiefe des längsrechteckigen Hauses und insgesamt drei Achsen umfasste. Die beiden linken Achsen des Erdgeschosses beleuchteten mit ihren säulen- und wulstgeschmückten Rundbogenfenstern einen kleineren heizbaren Raum, dem an der Hofseite ein ebensolcher entsprach. Der geschilderte Grundriss des Erdgeschosses wiederholte sich im ersten Obergeschoss. Die Fenster der Straßenseite sind hier als Doppelarkaden mit bekrönendem Rundfenster in Kleeblattblende, an der Hofseite dagegen mit den damals moderneren und größeren Kreuzstockfenstern, die an der Innenseite besonders geschmückt sind und steinerne Sitzbänke in Nischen haben, ausgebildet. Die vier oberen Geschosse des Hauses, die zum Teil hinter dem Stufengiebel liegen, sind von der ursprünglichen Funktion Speicher gewesen. Insbesondere zur Straßenseite aber sind sie mit Doppelarkaden unter Rundbogen- oder Stufenblenden in abgestuft aufwändiger Form gegliedert. Es ist insgesamt klar erkennbar, dass die Schmuckformen dieses palastartigen Hauses der gleichzeitigen Sakralarchitektur entsprechen und die Anlage großer längsrechteckiger Repräsentationsräume die großen Säle der Feudalarchitektur aufgreift. Die Restaurierung von 1838, die der Stadtbaumeister Johann Peter Weyer durchführte, beseitigte die ursprünglichen Unregelmäßigkeiten der Erdgeschosszone und vereinheitlichte die Fenster. Hier fand 1842 das Fest anlässlich der Grundsteinlegung zum Weiterbau des Kölner Domes statt. Dann wurde das Haus als Handelskammer genutzt. Der Zweite Weltkrieg zerstörte den Bau fast völlig, nur der Fassadenrest von Erd- und erstem Obergeschoss stand aufrecht. Der Aufbau von 1955/56 entfernte möglichst alle Spuren der Restaurierung des 19. Jh., beließ aber die damals veränderte Erdgeschosszone. Insgesamt ist dieser Neuaufbau von einer glatten Exaktheit und Symmetrie, die seine Datierung ins 20. Jh. offenbart. Die in modernen Formen geschlossenen Erdgeschossfenster sind eine zusätzliche Datierungshilfe. Im Inneren blieb die großzügige Gestaltung des Overstolzenhauses mit seinen großen Sälen erhalten. 1989 wurde aber bei der als vorübergehend gedachten Nutzung als **Medienhochschule** die Großzügigkeit gerade dieser Räume durch zahlreiche Einbauten empfindlich gestört. **Nr. 16: Haus von Lom.** Das 1975 von dem Architekten Walter von Lom für sich selbst gebaute Haus ist der überaus interessante und gelungene Versuch, sich der benachbarten historischen Substanz mit erkennbar zeitgenössischen Formen und mit hohem Qualitätsanspruch zur Seite zu stellen.

Roncalliplatz → Domumgebung

Schildergasse (II D7/8): Diese auch heute noch besonders wichtige Geschäftsstraße ist Teil der römischen Hauptstraße in Ost-West-Richtung (Decumanus maximus). Am Schnittpunkt mit dem Cardo Maximus (heute u. a. Hohe Straße) lag das **römische Forum**, der Hauptplatz, der ebenso öffentlicher Kommunikations- wie Marktplatz und Gerichtsort war. Das römische Forum wurde zwar ausgegraben, an Ort und Stelle ist aber nichts davon erhalten – abgesehen von einem Fundamentblock, der 1990/91 im Untergeschoss des Geschäftshauses C & A auf neuem Betonfußboden als archäologisches »fastfood« inmitten einer Filiale von McDonald's abgestellt wurde. Die 1995 gefundenen fünf Säulensockel der nördlichen unterirdischen Säulenhalle (Kryptoportikus) des Forums wurden trotz großer Proteste von ihrem originalen Standort abgeräumt und warten nun samt einer ebenfalls gefundenen Säulentrommel an einem anderen Ort auf eine Verwendung. Es erscheint möglich, dass im Bereich des Forums (zwischen Herzogstraße und Perlengässchen) die 100 n. Chr. von dem römischen Historiker Tacitus erwähnte **Ara Ubiorum** ihren Standort hatte. Es wird angenommen, dass Kaiser Augustus diesen Altar als Zentrum der geplanten großen germanischen Provinz errichten ließ, was aber nach der Niederlage seiner Truppen in der Varus-Schlacht im Jahre 9 n. Chr. nicht mehr realisiert werden konnte. Die Ara Ubiorum war Opferstätte für die Göttin Roma und für den göttlichen Augustus und ist ausdrücklich im römischen Namen der Stadt **Colonia Claudia Ara Agrippinensium** betont. Im Mittelalter war die Straße Wirkungsstätte der Maler, der »Schilderer«. Die sehr belebte Geschäftsstraße ist heute architektonisch eher bescheiden, wenn man von der **Antoniterkirche** und dem Neubau von **Peek & Cloppenburg** absieht, der seine besondere Wirkung aber zur → Cäcilienstraße entfaltet. Zum **Kaufhof** → Gürzenichstraße.

Severinsbrücke (II C9): 1956–59 von Gerd Lohmer als asymmetrische Zügelgurtbrücke mit A-förmigem Pylon entworfen, deren Gesamtlänge 691 m beträgt. Insbesondere die Brückenrampe auf der Altstadtseite schneidet empfindlich in noch immer nicht verheilte städtebauliche Situationen ein (→ St. Johann Baptist).

Severinstraße und Severinsviertel (II B8): Die Straße ist ein Teilabschnitt der römischen Nord-Süd-Verbindung, die über die Bonner Straße nach Süden, über Hohe Straße, Marzellenstraße, Eigelstein und Neusser Straße nach Norden führt. Von den römischen Gräbern, die vom 1.–4. Jh. seitlich dieser Ausfallstraße nach Süden angelegt wurden, sind viele in dem zugänglichen Ausgrabungsbereich unter St. Severin zu sehen. In dem bis weit ins 19. Jh. von Ländereien geprägten Severinsviertel sind bis heute zahlreiche Kirchen und Klöster erhalten (St. Severin, St. Johann Baptist, St. Georg, Kartäuserkirche St. Barbara, Elendskirche St. Gregor, St. Maria vom Frieden als Karmelitinnenkir che). Der nördliche Teil des Viertels wurde durch den Zweiten Weltkrieg, die Rampe der Severinsbrücke und durch den Hochhausbau des Polizeipräsidiums (Abbruch und Umbau im Gange) gegenüber St. Georg am Waidmarkt eliminiert, während der südliche nicht nur seine überwiegend spätklassizistische Baustruktur bewahrt hat (v. a. rund um den Severinskirchplatz und die angrenzenden Straßen), sondern auch durch die Um- und Neubauten der 1980er-Jahre auf dem ehemaligen Gelände der Stollwerckfabrik (zwischen Annostraße und Rheinufer) u. a. von Michael Behr und der Planungsgruppe dt8 (Christian Schaller, Helmut Theodor, Ulrich Coersmeier) in städtebaulicher und architektonischer Weise qualitätvoll weiterentwickelt wurde. Das **Bürgerhaus Stollwerck** in der Dreikönigenstraße, das im ehem. preußischen Proviantdepot von 1906 eingerichtet wurde, zeigt im Äußeren den wuchtigen türmebewehrten Backsteinbau, wurde aber im Inneren 1987 von der Architektengruppe Baucoop Köln (Wolfgang Felder und Arthur Mandler) als öffentliche Begegnungsstätte neu gestaltet. **Nr. 15: Haus Balchem »Zum Goldenen Bären«.** Der 1676 als Brauhaus erbaute repräsentative Putzbau mit Werksteingliederungen ist mit dem mächtigen Volutengiebel und dem schönen Erker eines der ganz wenigen über den Krieg geretteten barocken Bürgerhäuser der Stadt, wenn auch mit rekonstruierendem Wiederaufbau. Die seit 1890 neugebauten Brauereigebäude am **Kartäuserwall 18** sind durch eine Hausbesetzung vor dem Abbruch bewahrt und 1994 von Thomas Scheidler in architektonisch sensiblen und interessanten Formen umgebaut worden. **Kartäuserwall 20** ist das von Dieter Tiedemann 2006 zu einem Kulturzentrum umgestaltete »Alte Pfandhaus«.

Tel-Aviv-Straße → Nord-Süd-Fahrt
Tunisstraße → Nord-Süd-Fahrt
Turiner Straße → Nord-Süd-Fahrt
Ulrichgasse (II B/C8): Die Ulrichgasse ist der südliche

Teil der Nord-Süd-Fahrt, an der etwas versteckt die Franziskanerkirche liegt. **Nr. 1–3: Berufsschule,** 1949–56 baute Hans Schumacher den Baukomplex aus Putzbauten, die locker in eine Grünfläche und bewusst schräggestellt sind, um dem ursprünglich von Rudolf Schwarz gewünschten Maßstab der Autofahrer zu entsprechen (→ Griechenmarktviertel).

Unter Sachsenhausen (II E8): Die bevorzugte Wohngegend mit teilweise hochherrschaftlichen Wohnhäusern (→ Gereonstraße) erlebte seit dem Ende des 19. Jh. ihre Umwandlung zum Geschäftsviertel mit Banken und Versicherungen (→ Neustadt, Kaiser-Wilhelm-Ring), deren Werksteinbauten v. a. die unterschiedlichen neuklassizistischen Stilformen widerspiegeln. **Nr. 1–3: ehem. Reichsbank,** 1894–97 von Max Hasak mit neugotischen Formen errichtet und nach Kriegsbeschädigung vereinfacht wiederaufgebaut. **Nr. 21–27: ehem. Barmer Bankverein,** 1913 von Carl Moritz gebaut. In die Umstrukturierung der gesamten Ecke zur Nord-Süd-Fahrt 2007/08 durch Hans Kollhoff einbezogen. **Nr. 37: ehem. Frank & Lehmann,** 1914 von Peter Behrens. **Nr. 2: ehem. Rheinisch-Westfälische Bodenkreditbank,** 1914 von Bielenberg & Moser. **Nr. 4: Bankhaus Sal. Oppenheim & Cie.,** 1952–54 von Fritz August Breuhaus de Groot. **Nr. 6–8: ehem. Bankhaus Herstatt,** 1955–57 von Hanns Koerfer, 1962 erweitert von Franz Heinrich Sobotka und Gustav Müller (→ Nord-Süd-Fahrt). **Nr. 10–26: Industrie- und Handelskammer.** Der 1950/51 von Karl Hell errichtete Stahlbetonskelettbau mit Werksteinverkleidung öffnet sein Treppenhaus zum Börsenplatz mit einer Glasfassade, deren Einteilung und Struktur leider verändert wurden. Die zeitgenössische Innenausstattung ist weitgehend erhalten. Vor dem Bau steht am Börsenplatz der **Brunnen,** 1964 von Heribert Calleen als Obelisk aus Hohlkästen gebildet, der volkstümlich und ortsbezogen als »Eine Hand wäscht die andere« gedeutet wird. Die Nordseite des

Börsenplatzes wird bestimmt durch den markant reliefierten Kopfbau der ehem. **Concordia-Versicherung** (jetzt Reynolds Tobacco GmbH, Adresse: Maria-Ablass-Platz 15), die 1950–52 von Wilhelm Riphahn und Paul Doetsch errichtet wurde. An der Nordwestseite liegt St. Petrus Canisius.

Waidmarkt (II C8): An den ehemals intimen Charakter des Platzes am nördlichen Ende der Severinstraße und im Schatten von St. Georg erinnert nur noch der **Hermann-Joseph-Brunnen** von Wilhelm Albermann 1894. Der schräg gegenüberliegende **Portikus** ist der einzige Rest des preußischen Wachgebäudes von 1840/41 (→ Zeughausstraße). Das dahinter gelegene **Friedrich-Wilhelm-Gymnasium** (FWG) (Severinstr. 241) entstand 1953–57 nach Plänen von Ernst Nolte u. a. als aufgelockerter, gelb verklinkerter Bau, dessen Stirnwand die Bronzeplastik eines Ikarus von Kurt-Wolf von Borries (1957) ziert. FWG und Portikus wurden durch den Einsturz des gegenüberliegenden Historischen Archivs der Stadt Köln am 3. März 2009 in Mitleidenschaft gezogen und werden restauriert bzw. rekonstruiert.

Wallrafplatz, Nr. 5 (II E8): **WDR Funkhaus.** Das schwer beschädigte Hotel Monopol wurde 1948–53 von Peter Friedrich Schneider mit sachlich glatter Werksteinfassade und beschwingter Innengestaltung (u. a. von Ludwig Gies und Georg Meistermann) als Funkhaus mit schönem Treppenhaus und Großem Sendesaal (jetzt: Klaus-von-Bismarck-Saal) neu aufgebaut.

Zeppelinstraße (II D7): Der Straßendurchbruch vom Neumarkt zur Breiten Straße, den Carl Rehorst 1910 ebenso wie den der Gürzenichstraße schuf, wurde als große Kurve angelegt und in der Folge mit Waren- und Geschäftshäusern in unterschiedlichen neuklassizistisch gestalteten Werksteinfassaden besetzt. **Nr. 2: Schwerthof** (früher stand hier eine Rüstkammer) an der Ecke zum Neumarkt, 1921/22 von Jakob Koerfer. **Nr. 4–6: ehem. Kaufhaus Isay** (Ortloff), 1914 von Helbig & Klöckner

Profanbauten 205

(später verändert). **Nr. 9: Olivandenhof,** 1913 von Hermann Pflaume jun. errichtet. Der Name bewahrt die Erinnerung an das erst damals endgültig abgerissene Franziskanerobservanten-Kloster Ad Olivas. 1986–88 wurden von Helmut Hentrich, Hubert Petschnigg & Partner die Fassaden rekonstruierend wiederhergestellt und im Inneren mit einer alle Geschosse erschließenden ovalen Halle die Grundlage für eine vielfältige Einzelhandels-Struktur geschaffen. Gleichzeitig wurde der anschließende Teil der Zeppelinstraße transparent überdacht.

Zeughausstraße, Nr. 1 (II E7): **Zeughaus.** Der 1594–1606 von den Kölner Steinmetzen Peter von Blatzheim und Mathias von Gleen errichtete langgestreckte Backsteinbau niederländischer Prägung mit bekrönenden Treppengiebeln und einem von Peter Cronenborch geschaffenen schönen Werksteinportal mit reicher Wappenbekrönung steht mit der rückwärtigen Längswand auf der römischen Stadtmauer (zum benachbarten Römerbrunnen → Komödienstraße). An der westlichen Stirnwand befindet sich, wie bei mittelalterlichen Patrizierhäusern üblich, ein polygonaler Treppenturm. Er trägt seit etwa 1990 das **Flügelauto** von HA Schult. Das Innere wurde nach schwerer Kriegsbeschädigung 1956 für die Zwecke des Kölnischen Stadtmuseums (→ Museen) neu gestaltet. Dazu gehört auch die **Alte Wache:** 1840/41 als Wachgebäude für die preußische Militärverwaltung als klassizistischer Putzbau errichtet (ein weiteres am Heumarkt 1877 abgebrochen, von dem am Waidmarkt steht nur ein Rest). **Nr. 13: Wohnhaus.** Das den Römerturm (→ Stadtbefestigungen) umschließende Haus wurde in neugotischen Formen 1898–1900 von Carl Moritz gebaut und beherbergte ab 1904 die Dombauverwaltung und die Wohnung des Dombaumeisters. **Nr. 2: Regierungspräsidium.** Von dem 1830–32 von Mathias Biercher gebauten klassizistischen Repräsentationsbau blieb nur der rechte Seitenflügel erhalten.

Stadtbefestigungen

Zu den überregional bedeutenden Bau-Ensembles zählen die von der Römerzeit über das Mittelalter bis in die Neuzeit geschaffenen und erhaltenen Verteidigungsanlagen.

Römische Stadtmauer: Im Keller des Hauses An der Malzmühle 1 befindet sich das 1965 ausgegrabene **Ubiermonument,** das um 5 n. Chr. datiert wird. Der imposante Turm aus Tuffquadern wird als Rest der ersten römischen Befestigung angesehen. Er wurde auch weiterhin als Eckturm beibehalten, als nach der Erhebung der ubischen Siedlung zur römischen Stadt im Jahre 50 n. Chr. der **Bau der Mauer** mit knapp 4000 m Länge, 19 Türmen, 9 Toren und einem umlaufenden etwa 12 m breiten Graben erfolgte. Die Mauer war etwa 2,40 m breit und 9 m hoch, der Fundamentsockel erreichte eine Tiefe bis zu 3 m. Die ehemalige Höhe der Römermauer ist v. a. an der vermauerten Tür am Ostchor von St. Aposteln abzulesen. Die technische Ausführung bestand aus zwei Schalenmauern, zwischen die mit »caementitium« (Zement) versetzte Steine lagenweise eingefüllt wurden, gut zu sehen bei den Mauern in der Domgarage. Die Außenseiten der Mauern und Türme waren mit Steinmosaikmustern geschmückt, wie v. a. am **Römerturm** (Ecke Zeughausstraße / St. Apernstraße, Zinnenkranz aus dem 19. Jh.) zu sehen ist. Die Tore waren aus Kalksteinblöcken errichtet, wie bei dem Bogen des **Nordtores** zu erkennen, das auf der Domplatte neu aufgestellt wurde. Da die Begrenzung der römischen Stadt im Stadtgrundriss gut ablesbar erhalten geblieben ist, können die insgesamt doch erheblichen Teile der Römermauer bei einem Rundgang von etwa einer Stunde problemlos besichtigt werden: Ausgehend vom **Nordtor** beim Dom entlang der Komödienstraße mit Mauern und Turmresten, v. a. dem **Lysolphturm** an der Ecke zur Nord-Süd-Fahrt und der Zeughausstraße mit dem **Römerbrunnen** über dem Grundriss eines Turmes (siehe

Zeughausstr. 13 mit Römerturm

Komödienstraße) und mit dem die Nord-West-Ecke der Stadt sichernden **Römerturm**, dann über die St. Apern-straße mit dem **Helenenturm** und die Apostelstraße zum **Mauritiussteinweg** im Griechenmarktviertel und über die Bäche (**Alte Mauer am Bach**, Rothgerberbach, Blaubach, Hohe Pforte = Römisches Südtor, Mühlenbach) zum Lichhof und weiter zur Martinstraße, Marsplatz, Juden-gasse, über das Rathaus, Bürgerstraße, Unter Taschenma-cher östlich des Domes zur Trankgasse und zum Nordtor. An mehreren Stellen dieses Weges sind **Bronzetafeln** zur Markierung in die Gehwege eingelassen. Bis 1106 diente die Römermauer dem Schutz der Stadt.

Mittelalterliche Stadtbefestigungen: Wie die Römer-stadt sind auch die Erweiterungen am Stadtgrundriss ab-lesbar. Die **erste Stadterweiterung** erfolgte vor 950 nach Osten bis zum Rhein, v. a. unter Einschluss der ehemali-gen Rheininsel mit Groß-St. Martin. Die **zweite Stadter-weiterung** erfolgte 1106 nach Norden (Kardinal-Frings-Straße, Eintrachtstraße, Unter Krahnenbäumen), nach Westen (zum Teil Alte Wallgasse, Benesisstraße, Rinken-pfuhl) und nach Süden (Perlengraben, Katharinengraben). Die **dritte Stadterweiterung** (vom Severinswall bis zum Thürmchenswall) von 1180 bis zur Mitte des 13. Jh. mach-te Köln zur größten Stadt des Deutschen Reiches. Ihr halbkreisförmiger Mauergürtel mit den Torburgen, der einst zu den monumentalsten Mitteleuropas zählte, wurde nach 1881 im Zuge der Errichtung der Neustadt bis auf wenige, heute stark restaurierte, aber noch immer impo-nierende Reste abgebrochen: **Bayenturm** am südlichen Rheinufer, nach Kriegsbeschädigung erst bis 1992 wieder-aufgebaut, und für die Nutzung als FrauenMediaTurm durch das **Feministische Archiv** im Inneren durch Dörte Gatermann und Elmar Schossig neu gestaltet, leider im Äußeren durch Neubauten z. Zt. sehr bedrängt; Mauer-rest am Severinswall mit der 1587 auf einer Wallplattform erbauten **Bottmühle; Severinstor** mit Mauerrest am

Severinstor mit Chlodwigplatz um 1900

Chlodwigplatz; **Ulrepforte** an Ulrichgasse/Sachsenring mit zwei Halbrundtürmen und einem dahinter im 15. Jh. gebauten Mühlenturm, dessen Vorbau aus dem 19. Jh. stammt; **Mauerrest** am Sachsenring mit zwei Türmen und teilweise erhaltenem Wallgraben, an der Mauer das **Ulredenkmal**, eine erneuerte Relieftafel von 1360, zur Erinnerung an den abgewehrten Überfall der erzbischöflichen Partei von 1268 – das älteste profane Denkmal Deutschlands; **Hahnentor** am Rudolfplatz; **Mauerrest** am Gereonswall/Hansaring mit zwei halbrunden Türmen, der südliche durch das Haus Schilling (Gereonswall 110) von 1954 ergänzt, hinter dem nördlichen steht der Turm der **Gereonswindmühle** des 14. Jh.; **Eigelsteintor** am Ebertplatz; von der Rheinbefestigung erhielt sich im Norden am Konrad-Adenauer-Ufer nur ein **Türmchen**, die sog. **Weckschnapp**, im 19. Jh. mit oberem Wehrgeschoss und Zinnenkranz versehen, seit Anfang der 1950er-Jahre mit Umbau als Wohnhaus von Hans Schilling sowie 1967 durch Martin Kratz, und am Leystapel die sog. **Schlupfpforte**.

Preußische Befestigungen im 19. Jh.: Da Köln nach der Eingliederung der Rheinlande in das preußische Königreich 1815 zur Festungsstadt bestimmt war, wurden zunächst die mittelalterlichen Verteidigungsanlagen verstärkt – geblieben ist davon der Vorbau der Ulrepforte – sowie 1816–40 durch vorgelagerte Forts im Rayon, dem freizubleibenden Schussfeld im Bereich der späteren Neustadt, ergänzt. Von diesen klassizistischen Backsteinbauten sind erhalten: **Fort I** im 1914 geschaffenen Hindenburgpark (jetzt Friedenspark), **Fort IV** im 1887–89 angelegten Volksgarten, **Fort V** am Südbahnhof und **Fort X** am Neußer Wall. Zur Sicherung der Rheinfront entstanden 1891 **Bastionen** in der Verlängerung des Theodor-Heuss-Ringes (»Die Bastei« → Konrad-Adenauer-Ufer 80) und des Ubierringes im Rheinauhafen (Umbau 1920er-Jahre). In der Einfahrt zu diesem Hafen wurde zu seinem Schutz

Stadtbefestigungen 211

1855 der **Malakoffturm** errichtet. Als Voraussetzung der **vierten Stadterweiterung** wurden die **Äußeren Forts** geschaffen, die 1873–81 im Linksrheinischen am damaligen Stadtrand entlang der Militärringstraße und 1877–81 im Rechtsrheinischen entstanden. Von diesem Fortgürtel sind insgesamt imponierende Teile erhalten: **Zwischenwerk IIIb** am Nüssenberger Busch bei Bocklemünd, **Fort IV** am Freimersdorfer Weg bei Bocklemünd, **Zwischenwerk Va** in Müngersdorf, **Fort VI** am Decksteiner Weiher, **Fort VII** am Eifeltorbahnhof, **Zwischenwerk VIIIb** bei Marienburg, **Zwischenwerk IXb** im Gremberger Wäldchen, **Fort X** an der Olpener Straße, **Fort XI** an der Piccoloministraße bei Holweide, **Zwischenwerk XIa** am Herler Ring, **Zwischenwerk XIb** bei Mülheim am Neurather Ring.

Bunkerbauten des Dritten Reichs: Von den zahlreichen Bunkerbauten, die zur besseren Tarnung in den Wohngebieten die Form von Kirchen oder Wohnhäusern annahmen, seien genannt: Helenenwallstr. 21–29 in Deutz, Berliner Straße 20 in Mülheim, Marktstr. 6c in Raderberg, Körnerstr. 107–111 in Ehrenfeld, Rotkehlchenweg 49 in Vogelsang.

Neustadt

Die vierte Stadterweiterung von Köln (→ Stadtbefestigungen) wurde 1881 nach den Plänen von **Josef Stübben** (Gedenktafel am Hahnentor/Rudolfplatz) und Karl Henrici angelegt und unter der alleinigen Leitung von J. Stübben bis 1905/10 durchgeführt. Der neue Stadtteil, der sich im Halbkreis um die Altstadt legt und bis zum Inneren Grüngürtel reicht, ist eine sehr bedeutende spätklassizistische Anlage mit baumbestandenen Boulevards, Parkanlagen, Diagonalstraßen, Sternplätzen und blickpunkthaft platzierten öffentlichen Bauten und Denkmälern. Kernstück und Hauptstraße der Neustadt ist die 1881–86 im Verlauf des Walles der aufgegebenen mittelalterlichen Stadtbefestigung angelegte **Ringstraße** mit unterschiedlich breiten und ehemals durchgehend gärtnerisch reizvoll gestalteten Abschnitten, deren Benennung von Ubierring über Karolinger-, Sachsen-, Salier-, Hohenstaufen-, Habsburger- bis Hohenzollern-, Kaiser-Wilhelm- und Hansaring sowie Deutscher Ring (seit 1963 Theodor-Heuss-Ring) zwei Jahrtausende Kölner und Deutscher Geschichte widerspiegelt. Die Ringe, wie sie in Köln genannt werden, waren ehemals eine repräsentative Wohnstraße mit zahlreichen öffentlichen Prachtbauten (Hohenstaufenbad am gleichnamigen Ring, Opernhaus am Habsburgerring, Kunstgewerbemuseum am Hansaring), von denen nur das ehem. Rautenstrauch-Joest-Museum für Völkerkunde und die Maschinenbauschule am Ubierring sowie das Hansagymnasium am Hansaring erhalten sind. Die mittelalterlichen **Stadtmauerreste und Tore** wurden als Blickpunkte bewusst auf Plätzen am Ring mit eingeplant (u. a. Chlodwigplatz, Rudolfplatz, Hansaplatz am Hansaring, Ebertplatz), ebenso wurden die **Sakralbauten** mit ihren Schauseiten auf die Ringstraße ausgerichtet. Sie sind daher meist nicht

Neustadt 213

geostet. Außer fünf katholischen wurden in der Neustadt eine altkatholische und zwei evangelische Kirchen gebaut. Preußische Forts und Lünetten wurden z. T. in Parkanlagen integriert (→ Stadtbefestigungen). Mit der Neustadt entstand kein einheitlicher Stadtteil, sondern unterschiedliche Viertel. Die ehemals hochherrschaftlichen **Wohngebiete** an den Ringen und in den beiden Villenvierteln am Sachsenring und am Theodor-Heuss-Ring wurden gerade wegen ihrer repräsentativen Bausubstanz und den guten Adressen zu bevorzugten Geschäftsbereichen, durch deren Expansion schließlich die originale Bausubstanz durch wesentlich größere, leider nicht immer qualitätvolle Neubauten ersetzt wurde. Die gutbürgerlichen Wohngegenden waren das Westend, bzw. belgische Viertel zwischen Rathenauplatz und Venloerstraße, das Gerichtsviertel zwischen Neusser und Riehler Straße sowie das alte Universitätsviertel zwischen Bonner · Straße und Rhein. Für die einfacheren Angestellten und Arbeiter blieben die durch besonders hohe Grundstücksausnutzung sowie durch Ansiedlung der Feuerwehr u. ä. beeinträchtigten Bereiche zwischen Luxemburger und Zülpicher Straße, zwischen Vondel- und Elsaßstraße sowie das Dreikönigenviertel mit Kaspar-, Melchior- und Balthasarstraße. Neue **Parkanlagen** entstanden außer der begrünten und z. T. parkartig gestalteten Ringstraße mit dem Römerpark und dem Volksgarten (1887–89 von Adolf Kowallek), während der ältere Stadtgarten für die Anlage des Eisenbahndammes verkleinert werden musste. In den 1920er-Jahren wurde am Rande der Neustadt mit dem **Inneren Grüngürtel** ein umfangreiches neues Erholungsgebiet geschaffen, dessen innerstädtische Lage allzeit gegen Bebauungswünsche zu verteidigen war und ist. Durch die in Köln im 20. Jh. besonders lang anhaltende Ablehnung von Architektur und Städtebau des Historismus wurden trotz verhältnismäßig geringer Zerstörung im Zweiten Weltkrieg (nur etwa 25%) beim »**Wiederauf-**

bau« der Stadt weitere 25 % vernichtet, u. a. Hohenstaufenbad, Kunstgewerbemuseum und Opernhaus, dessen Backsteine für Neu-St. Alban in der Neustadt verwendet wurden. Besonders gut erhalten sind die oben genannten ehemals gutbürgerlichen Wohnviertel, die nach einer Phase der Geringachtung und Vernachlässigung heute wieder sehr geschätzt sind.

Sakralbauten

St. Agnes (Neusser Platz), Katholische Pfarrkirche: Als Pendant zum Eigelsteintor hatte Stübben im weiteren Verlauf seiner Neustadt-Planung am anderen Ende der Neusser Straße, an einem der schönsten und besterhaltenen Sternplätze, einen Kirchbauplatz vorgesehen. Als der Kölner Immobilienhändler und Bauunternehmer Peter Joseph Röckerath 1895 dem Generalvikar Dumont schriftlich mitteilte, dass er eine Kirche in der südlichen Neustadt stiften wolle und dafür schon Pläne habe machen lassen, wurde er statt dessen zum Bau der dringender benötigten Kirche in der nördlichen Neustadt gedrängt. Damit wurde der Kirchenbau am Neusser Platz vorgezogen und die Errichtung von St. Paul verschoben. Die schon 1895 genannten Bedingungen für den Kirchenbau aber übertrug Röckerath auf das neue Grundstück: Die Kirche sollte der Namenspatronin seiner 1890 verstorbenen Frau Agnes geweiht und von der Baugestalt eine **»reine Hallenkirche«** wie im Münsterland sein und zusätzlich eine **»Turmanlage ohne Helm«** haben. So entstand von 1896 bis 1902 nach den Plänen von Carl Rüdell und Richard Odenthal die neugotische dreischiffige Hallenkirche mit helmlosem mächtigem Turm an der Eingangsseite, Querschiff und Chor-Apsis mit angedeutetem Kapellenkranz. Im linken Zwickel von Chor und Querhaus ist die **Petruskapelle**

Sakralbauten 215

mit dem Grab von Peter Joseph Röckerath, der 1905
starb, im rechten Zwickel die **Marienkapelle**. Die **Unterkirche** sollte im Sinne des Stifters als Gottesdienstraum
für die »fremdsprachigen Arbeiter polnischer und italieni-
scher Herkunft« vorgesehen werden, wozu es aber nicht
kam. Nach dem Ersten Weltkrieg diente der Raum als
Kriegergedenkstätte mit Pietà, 1995 erfolgte die Umgestaltung zur Werktagskirche. Röckerath, der die zur Spekula-
tion notwendigen Acker-Grundstücke dem Erbe seiner
Frau Agnes verdankte, veranschlagte für den Bau der Kirche fünf Jahre lang die Überschüsse seines Einkommens.
Seine Vorliebe für neugotische Bauformen prägte auch
sein leider abgebrochenes Geschäftshaus am Hohenzollernring und war für die Agneskirche die Grundlage der
Ausführung. Der im Kern in Backsteinen errichtete Sakralbau ist mit Tuffsteinen verblendet und hat Architek-
turgliederungen aus hellem, insbesondere aber aus rotem
Sandstein. Im Zweiten Weltkrieg wurde auch St. Agnes,
die nach dem Dom zweitgrößte Kirche der Stadt, schwer
beschädigt und erhielt beim **Neuaufbau 1950–58** im Inneren durch Willy Weyres und Kobes Bong anstelle der zerstörten Gewölbe eine gefächerte Holzdecke, der gotisie-
rende Wirkung nicht abgesprochen werden konnte. 1980
zerstörte ein **Brand**, der bei Dachreparaturen ausgebro-
chen war, den Dachstuhl. Die Holzdecke im Inneren war
vor allem durch Löschwasser in Mitleidenschaft gezogen.
Nach langer Diskussion, in der die Denkmalpflege sehr
deutlich ihre Wertschätzung dieser Nachkriegsdecke for-
mulierte, setzte sich aber der Wunsch der Gemeinde nach
Rekonstruktion des neugotischen Gewölbes durch – un-
terstützt von der bautechnisch-statischen Begründung,
dass für das gesamte Baugefüge das Gewölbe optimaler
sei. Ausgeführt wurde es bis 1987 durch Karl Joseph Ernst.
Angesichts der zahlreichen so stark veränderten Kirchen
des 19. Jh. in Köln ist das Ergebnis auch aus kunsthisto-
risch-ästhetischen Gründen erfreulich. Die neuen **Chor-**

fenster von Wilhelm Buschulte geben dem neuen alten Innenraum ein zwar munteres Gepräge, das aber im Widerspruch zur bewussten Wiederherstellung der historistischen Architektur steht. Dargestellt sind auf den 1989–93 entstandenen Fenstern Szenen aus der Offenbarung des Johannes und der Lobgesang der Jünglinge im Feuerofen. Einen kleinen Eindruck von der allgemeinen Ausstattungs-Vorstellung der Erbauungszeit der Agneskirche gibt die restaurierte **Petruskapelle**, auch wenn ihre Gestaltung erst nach dem Tod des Stifters in Angriff genommen wurde. Anregungen dazu gab der zur Pfarrgemeinde gehörende Baumeister Heinrich Krings. Über einem Sockel aus Marmor und Mosaik führte Franz Müller die Malereien aus. Die Bildhauerarbeiten sind von Alexander Iven. Einen ähnlichen Eindruck vermittelt die symmetrisch dazu angeordnete und von denselben Künstlern gestaltete **Marienkapelle**, deren besonderes Schmuckstück die Madonna mit Kind von Wilhelm Albermann (1912) ist. Erhalten blieb auch der prachtvolle **Taufstein** nach Entwurf von Josef Prill (1903), und in reduzierter Form überstand auch der 1900–12 geschaffene **Hochaltar** (Entwurf von Carl Rüdell, Bildhauer Nikolaus Steinbach) die Neugestaltung der 1950er-Jahre. Rechts neben dem Turm steht auf dem Neusser Platz das **Wegekreuz von 1834**, der Ausgangspunkt der Kevelaer-Wallfahrt. Es wurde 1970 von der alten Straßengabelung hierher versetzt.

Neu-St. Alban (II E6; Gilbachstr. 25), Katholische Pfarrkirche: Der international aufregendste und anregendste Kirchenbau der Nachkriegszeit war ohne Zweifel die französische Wallfahrtskirche **Notre-Dame-du-Haut in Ronchamps** von Le Corbusier (1887–1965), zu der vor allem die jungen Architekten und Baumeister pilgerten. Mit diesem Bau von 1950–54 wandte sich Le Corbusier bewusst gegen den früh erkennbaren Missbrauch des Funktionalismus, gegen den er Expressivität und Plastizität in der Gestaltung von Architektur setzte. Der Kirchenbau in

Sakralbauten 217

Köln, der sicher am meisten von Le Corbusiers Spätwerk in Ronchamps beeinflusst erscheint, ist die Kirche Neu-St. Alban, die **Hans Schilling 1957–59** im Stadtgarten in der Neustadt als neue Pfarrkirche der traditionellen Albans-Pfarre in der Altstadt (→ Alt-St. Alban) baute. Der Grundriss der Kirche greift die seit den 1920er-Jahren im Kirchenbau verwendete **Parabelform** auf, die Otto Bartning beim Grundriss seiner nicht erhaltenen Stahlkirche auf der Ausstellung Pressa von 1928 verwendet und dann insbesondere Dominikus Böhm in seiner Kirche St. Engelbert im Kölner Vorort Riehl verwirklicht hatte. Bei Neu-St. Alban wird diese Grundrissform im Westen zu einem Fünfeck geschlossen. Der Eingang zur Kirche ist im Süden und führt über die Sakramentskapelle, während im Norden die Sakristei und der Pfarrsaal anschließen. Das Dach des stützenlosen Saalbaus senkt sich zunächst von Westen her, um dann nach Osten steil anzusteigen und dem Chor dadurch die Form eines hoch aufragenden Schiffsbuges zu geben. Durch die Chance der Freistellung dieses Baus im Grün des Stadtgartens ist die Wirkung außerordentlich erhöht. Die Kirche ist ein Backsteinbau, dessen Baumaterial aus dem Abbruch des **alten Kölner Opernhauses** am Habsburgerring stammt. Seine wiederverwendeten Backsteine geben Neu-St. Alban ein besonders lebendiges Erscheinungsbild im Äußeren und im Inneren. Natürlich wurde der Abbruch der alten Oper nicht durch den Bau von Neu-St. Alban herbeigeführt, denn es hätte auch sonst zu dieser Zeit in Köln genug alte Backsteine gegeben, um dem ausgeprägten Wunsch nach ihrer Verwendung gerade auch bei diesem Bau nachzukommen.

Das Innere, das sich durch den seitlichen Eintritt in überraschenden Einsichten erschließt, erscheint zunächst außerordentlich dunkel und geheimnisvoll, wozu nicht zuletzt das Backsteinmauerwerk beiträgt. Erst die Wendung nach Süden zeigt das von dieser Seite einströmende Licht, das durch die schönen Farbfenster von Franz Pauli gefiltert wird. Dargestellt sind in den Fenstern die Gerichtswaage im Südwesten und der Gesang der Jünglinge im Feuerofen im Südosten. Bereits zur Erbauungszeit 1957–59 war in dieser Kirche der Altar freistehend in der Chorapsis. Er nahm damit die seit den 1920er-Jahren geführte Diskussion der Liturgie-Reform auf und die Zelebration zum Volk vorweg, die erst mit dem Zweiten Vatikanischen Konzil 1964 offiziell beschlossen wurde. Dem entspricht auch die erst durch dieses Konzil offiziell herbeigeführte Trennung von Altar und Tabernakel, der in Neu-St. Alban in der eigens geschaffenen Sakramentskapelle steht (Ziborium von Elmar Hillebrand). Die **Taufkapelle** befindet sich als Krypta unter dem Chor, um so dem Taufritus das theologische Moment der Auferstehung besonders eindrücklich zu vermitteln. Hierhin wurde auch das Taufbecken von 1642 aus Alt-St. Alban übertragen. Zusätzlich stammen von dort das **Vesperbild** von 1420, die **Kreuzigungsgruppe** aus dem 16./17. Jh. und die **Apostelstatuetten** aus der 1. Hälfte des 15. Jh., deren gedrungen naturalistische Darstellung seltene Beispiele der Kölner Plastik der 1. Hälfte des 15. Jh. sind, die den Einfluss der burgundischen Skulptur eines Claus Sluter erkennen lassen.

Auferstehungskirche (II D6, Moltkestr. 25), Altkatholische Pfarrkirche: Von der 1906–07 von Peter Recht erbauten Altkatholischen Kirche blieben nach schwerer Kriegsbeschädigung nur das Pfarrhaus und der markante **Turm** übrig, der als Blickpunkt an der Ecke der Moltke- zur Roonstraße städtebaulich besonders wichtig ist. Eine Notkirche von 1953 ersetzten Pässler & Sundermann mit F. D. Sedlacek 1992–93 durch eine interessante neue architektonische Lösung. Ein **Stahlglasbau** wurde in den ursprünglichen Dimensionen des Baus errichtet, wobei rote Stahlrahmen die Form des Kirchenschiffs nachzeichnen. Der Sakralraum für die altkatholische Gemeinde liegt im Untergeschoss, die darüber liegenden Geschosse sind mit Büros und Wohnungen kommerziell genutzt.

Christuskirche (II E6; Herwarthstraße), Evangelische Pfarrkirche: Der 1891–94 nach Plänen von August Hertel und Skjold Neckelmann von Heinrich Wiethase errichtete neugotische Bau der Christuskirche wurde im Zweiten Weltkrieg schwer beschädigt und nicht mehr in seiner ursprünglichen Gestalt aufgebaut. Ein Schlichtbau wurde an den erhalten gebliebenen **Turm** angefügt, während sich im Untergeschoss der Kirchenhalle die ungewöhnlich schönen **Backsteingewölbe** erhalten haben, die noch ein wenig von der einstigen Großzügigkeit des darüber gelegenen Kirchenraumes künden. Ganz im Sinne der Stübbenschen Neustadt-Planung wurde die Christuskirche in die erweiterte Platzanlage der Herwarthstraße gestellt. Mit ihrem die Eingangsseite im Osten betonenden Turm ist ihre Wirkung direkt auf den Kaiser-Wilhelm-Ring bezogen. Zusätzlich ist es im Kernbereich von Köln die erste evangelische Kirche mit großem Turm auf einem prominenten Grundstück, also kirchenpolitisch ein besonders wichtiger Bau.

St. Gertrud (II F7; Krefelder Str. 55), Katholische Pfarrkirche: Erst 1960 wurde im Dreikönigsviertel der Neustadt eine eigene Pfarre als Abspaltung von St. Agnes gegründet und 1962–65 von Gottfried Böhm die neue Kirche mit Pfarrzentrum gebaut – in einer Baulücke von nur 62 m Breite mit der Rückseite direkt zur Eisenbahn, von der aus die Kirche auch sehr wirkungsvoll zu sehen ist. Gottfried Böhm schuf mit diesem Sakralbau auf schwierigem Innenstadtgrundstück ein herausragendes Beispiel einer städtebaulich geglückten Einpassung. Er fügte den Baukörper in die vorhandene Höhe der Wohnhäuser ein und schuf durch Zurückschwingung der Kirchenfassade ein kleines **Kirchenplätzchen**, dem er an der gegenüberliegenden Straßenseite eine Entsprechung gewünscht hätte, um die Enge der Situation aufzulockern. Leider kam dies aber nicht zustande. Der nördlich der Kirche stehende, spitz zulaufende **Turm** betont die Vertikale ebenso wie

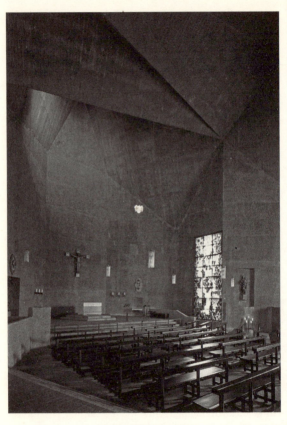

St. Gertrud, Innenraum

Sakralbauten

die giebelartige Gestaltung der in die Fassade wirkenden Kapellenwände. Der verwendete Sichtbeton, dessen meisterhafte Ausführung ein besonderes Stilmerkmal von Böhm ist, ergibt durch seinen Farbwert keinen allzu auffälligen Kontrast zur umgebenden schlichten Wohnhaus-Architektur. Der **Grundriss** der Kirche bildet ein unregelmäßiges Polygon mit der größeren Ausbuchtung des Chorraumes im Süden und drei ebenfalls polygonalen Kapellenanbauten an der Ostseite. Das nördlichste dieser angefügten Polygone ist der Eingangsbereich mit Vorhalle, das mittlere die Taufkapelle und das südöstlichste die Sakramentskapelle, in der auch eine spätgotische Statue (15. Jh.) der Kirchenpatronin aufgestellt ist. Es ist die **hl. Gertrud**, die Äbtissin von Nivelles, mit ihren Attributen, dem Äbtissinnenstab und den drei Mäusen. Diese Heilige gilt als Nothelferin gegen Mäuse- und Rattenplagen – was in dieser einfacheren Wohngegend direkt am Bahndamm passend erscheint. Der **Innenraum** ist eine Halle mit unterschiedlichen Raumhöhen, die von einer Faltdecke gebildet werden. Die das Innere bestimmende Gestaltung mit Sichtbeton unterstreicht das absichtlich Höhlenartige des überaus stimmungsvollen Sakralraumes, in dem sämtliche Ausstattungsstücke, wie **Altar** oder **Taufbecken**, von Gottfried Böhm entworfen sind.

Herz-Jesu-Kirche (II C6; Zülpicher Platz 16), Katholische Pfarrkirche: Die 1893–1900 von Friedrich und Heinrich von Schmidt errichtete **neugotische Kirche** erhielt erst 1906–09 den dominanten **Turm**, der nach schwerer Kriegsbeschädigung des Kirchenbaus allein im originalen Zustand übrigblieb. Der zum Zülpicher Platz gewandte, mit seinem Strebewerk einst überaus wirkungsvolle neugotische **Chor** mit Umgang und Scheitelkapelle wurde durch den Umbau 1953–57 durch Willy Weyres und Wilhelm Hartmann mit einer bewusst schlichteren neuen Fassade gestaltet. In den erhaltenen Umfassungsmauern des Langhauses entstand ein überaus eindrucksvoller neuer

Hallenbau auf dünnen Stahlstützen und mit einer Faltdecke. Restaurierung 1994–2006 durch Joachim Waack. Die **Herz-Jesu-Statue** ist von Alexander Iven.

Lutherkirche (II B7; Martin-Luther-Platz), Evangelische Pfarrkirche: Von der 1904–06 von Johannes Vollmer und Heinrich Jassow als Neurenaissancebau errichteten Kirche blieb nach der Kriegszerstörung nur der **Turm** (ohne die zugehörige Haube) mit dem schönen Portal erhalten. 1962–64 errichtete Heinrich Otto Vogel den stimmungsvollen neuen Gottesdienstraum. Das Gemälde im Chor von 1994 ist von Christos Koutsouras.

Maria-Hilf-Kirche (II A8; Rolandstr. 57–61), Ehem. Klosterkirche der Vinzentinerinnen: Die 1898 von Adolf Nöcker zusammen mit dem Kloster errichtete **neugotische Kirche** ist im Äußeren erhalten geblieben, das Innere wurde 1952 und 2009 umgestaltet.

St. Maternus (II A8; Maternuskirchplatz 2), Katholische Pfarrkirche: Als letzte der Neustadtkirchen wurde St. Maternus seit 1907 als malerisch komponierter **Gruppenbau** mit Pfarrhaus und Gemeindesaal von Stephan Mattar geplant. Das späte Datum erklärt, warum die Anlage nicht, wie ursprünglich von Josef Stübben vorgesehen, über die Alteburger Straße auf die Ringstraße (Ubierring) bezogen (vgl. in der Neustadt St. Agnes, Christuskirche, St. Michael, St. Paul), sondern, entsprechend den geänderten städtebaulichen Vorstellungen, bewusst aus dieser Blickachse verschoben wurde. Dies könnte auch ein Grund sein, warum der monumental geplante Turm, dem damit die städtebauliche Schwungkraft fehlte, unvollendet blieb, nachdem die **Kirche** 1913–16 und die Gemeindebauten bis 1926 errichtet worden waren. Die Einheitlichkeit wird durch die Vielfarbigkeit der Gestaltung mit Tuff und Ziegeln erreicht. Das **Innere** der dreischiffigen Basilika mit Querhaus und Chorapsis war von Mattar für eine Ausmalung konzipiert, die auch bis in die 1930er-Jahre erfolgte, im Zweiten Weltkrieg aber beschädigt wurde. Beim purifizie-

renden Wiederaufbau, insbesondere 1962–64 durch Peter
Görler und Joachim und Margot Schürmann, wurde nur
die Vierung durch Gerhard Kadow 1964 erneut ausgemalt.
Die 1988–90 geschaffenen farbigen Fenster von Marga
Wagner mit den Darstellungen von Kreuzigung und Auferstehung bringen nun einen weiteren Farbakzent. Altar,
Tabernakelanlage, Ambo und Altarhängekreuz schuf Rudolf Peer in den 1960er-Jahren. Ein besonderer Superlativ
ist mit St. Maternus verbunden: Die von Mattar gewagte
kassettierte **Eisenbetondecke** im Mittelschiff und in der
breiten Vierung gilt als die früheste ihrer Art im deutschen
Kirchenbau.

St. Michael (II D6; Brüsseler Platz), Katholische Pfarrkirche: Der 1902–06 von Eduard Endler errichtete **neuromanische** dreischiffige Bau mit Querschiff, Kuppel über
der Vierung und aufwändiger Chorpartie ist, entsprechend
den Planungsvorgaben von Stübben, mit seiner **Doppel-
turmanlage** an der Eingangsseite nach Osten zum Hohenzollernring orientiert. Ein städtebaulich überaus wirkungs-
voller Vierungsturm bekrönte einst den Monumentalbau,
der nach Dom und St. Agnes die drittgrößte Kirche der
Stadt ist. Das äußere Erscheinungsbild von St. Michael ist
ganz besonders von der vielfarbigen Werksteinverkleidung
bestimmt. Auch für den großzügig dimensionierten **Innenraum** war zweifellos eine entsprechend kostbare Ausstattung vorgesehen, wie der mehrfarbig gegliederte Na-
tursteinfußboden und die Zweifarbigkeit der Arkaden,
Pfeiler und Triumphbögen ahnen lassen. Allerdings blieb
es, wohl wegen des bald einsetzenden Ersten Weltkrieges,
bei diesen Andeutungen, die dann auch in den 1930er-
Jahren bereits unter einem einfarbig hellen Anstrich ver-
schwanden, während man eine Ausmalung der Apsis wohl
erst nach 1945 übertünchte. Der Zweite Weltkrieg beschädigte auch diese Kirche, der **Neuaufbau** allerdings fast
noch mehr. Karl Band, einst Mitarbeiter von Eduard Endler, ließ den nur teilweise beschädigten Vierungsturm ab-

St. Michael, alte Außenansicht

Sakralbauten 225

tragen und entfernte damit auch im Inneren die Kuppel. Anstelle der Tonnengewölbe mit Stichkappen entstanden bis 1956 flache Holztonnen in regelmäßiger Feldergliederung, wodurch der Innenraum seine Großzügigkeit zu einem nicht unbeträchtlichen Teil verlor. Der originale Fußboden wurde, bis auf Reste in den Kapellen, entfernt, desgleichen verschwand der erhalten gebliebene neuromanische Baldachinaltar. Die **Fenster** im Langhaus und südlichen Querschiff stammen von Ignaz Geitel 1959/60, die im Chor von Paul Weigmann 1969. 1974 wurde der ursprüngliche **Farbwechsel** an Pfeilern und Arkaden erneuert, wodurch man einen gewissen Zusammenklang mit der holzfarbenen Decke erreichte.

St. Paul (II B7; An der Pauluskirche 7), Katholische Pfarrkirche: Seit den 1890er-Jahren war an diesem an der Ringstraße (Sachsenring) gelegenen Sternplatz bereits konkret eine katholische Kirche geplant worden (→ St. Agnes), die dann erst 1906–08 von Stephan Mattar als **neugotischer Bau** errichtet wurde, dessen ursprünglich mit Spitzhelmen bekrönter **Turm** in ähnlich direkter städtebaulicher Beziehung zur mittelalterlichen Ulrepforte steht, wie der von St. Agnes zum Eigelsteintor. Im **Inneren** wurden die im Krieg zerstörten Gewölbe 1962–64 von Gottfried Böhm durch ein gotisierendes Netzgewölbe ersetzt. Rechts neben der Kirche, an der Kleingedankstraße, befindet sich ein kleiner **Friedhof** mit Gräbern der Toten vom Kriegsende, in Köln der 6. März 1945, die wegen des völligen Zusammenbruchs der Stadtstrukturen hier ihre letzte Ruhestätte fanden (→ Altstadt, St. Georg).

Synagoge (II C6; Roonstr. 50 / Rathenauplatz): Die am repräsentativen Königsplatz (seit 1922 Rathenauplatz, zwischen 1933 und 1945 Horst-Wessel-Platz) von Emil Schreiterer und Bernhard Below 1895–99 in **neuromanischen** Formen gebaute und reich ausgestattete Synagoge wurde am 9. November 1938 zwar geplündert und verwüstet, aber wegen der Gefahr für das anschließende eng bebaute Wohnviertel nicht in Brand gesetzt, so dass das Äußere mit seinem zentralen Turm, der die Kuppel birgt, erhalten blieb. 1958/59 erfolgte durch Helmut Goldschmidt im Inneren eine purifizierende Neugestaltung, bei der in Höhe des ersten Emporengeschosses eine Zwischendecke eingezogen wurde, wodurch unter dem neuen Synagogenraum ein Gemeindesaal entstehen konnte.

Profanbauten

Claudiusstraße, Nr. 1 (II B9): **Alte Universität.** Der neubarocke Schlossbau mit Ehrenhof Richtung Römerpark und großem zentralem Treppenhaus wurde 1905–07 nach Entwurf von Ernst Friedrich Vetterlein als Städtische **Handelshochschule** gebaut und stand 1919 der Wiedergründung der Universität zur Verfügung. Als diese 1934 in den Neubau in Lindenthal zog, wurde der repräsentative Bau bis 1945 als **NS-Gauverwaltung** genutzt. Aus dieser Zeit stammt v. a. die dunkle Basaltlavarahmung des rheinseitigen Eingangsportales. Nach dem Wiederaufbau, der auf die originale Dachlandschaft und v. a. auf die Kuppel an der Rheinseite verzichtete, war er bis 1970 Sitz der **Lufthansa** und ist seither das zentrale Gebäude der **Fachhochschule**.

Friesenplatz: Auf dem Platz ruht die Stahlplastik *Doppelachse* von Heinz Günther Prager, 1986.

Habsburgerring, Nr. 9–13 (II D6): **ehem. Provinzialversicherung** (jetzt Hotel). Anstelle des 1899–1902 von Carl Moritz gebauten Opernhauses (→ Altstadt, Offenbachplatz und → Neustadt, Neu-St. Alban), das 1958 trotz relativ geringer Kriegsbeschädigung abgebrochen wurde, entstand 1961/62 die von Theodor Kelter entworfene elegante Hochhausscheibe, deren gerasterte Glas-Alumini-

Profanbauten 227

um-Fassade durch die Markierung der beiden Treppenhäuser belebt wird.

Hansaring (II F7): Vereinzelt erhaltene Wohnhäuser geben noch einen Eindruck von der einstigen Prachtstraße wie z. B.: **Nr. 3**, mit originaler figürlicher Ausmalung in einem Raum des ersten Obergeschosses. **Nr. 11**, 1887/88 von Georg Eberlein erbautes Neurenaissancehaus mit zweifarbiger Werksteinfassade in Tuff und Basaltlava sowie Sgraffiti. **Nr. 25–27**: ist ein städtebaulich gut eingefügtes Wohnhaus mit Backsteinfassade und Sichtbetonbändern von Oswald Mathias Ungers (1959), dessen versetzte Balkone die Risalitbildungen der ursprünglichen Bauten dieser Straße variieren. **Nr. 97: Hansa-Hochhaus.** Das 1924/25 von Jakob Koerfer gebaute 17-geschossige Hochhaus ist mit dem siebengeschossigen Anbau harmonisch in die vorgegebene städtebauliche Situation des 19. Jh. eingefügt. Der Stahlskelettbau mit Backsteinverkleidung mit expressionistischen Motiven hat im Inneren ein travertinverkleidetes Treppenhaus und einen denkmalgeschützten Paternoster. Am **Hansaplatz**, der Grünanlage vor dem Teilstück der mittelalterlichen Stadtmauer (→ Stadtbefestigungen), steht seit 1958 die Bronzeplastik *Frau mit dem toten Kind*, ein weiterer Guss als Teilstück jener Gruppe, die Mari Andriessen 1946–53 für Enschede als Erinnerungsmal »Konzentrationslager-Häftlinge« schuf und die hier an alle NS-Opfer erinnern soll, v. a. aber an die sieben namenlosen Ermordeten, deren Gebeine auf dem Gelände des benachbarten Klingelpütz-Gefängnisses (jetzt Klingelpütz-Park) gefunden und hier beigesetzt wurden. **Nr. 54–58: Hansagymnasium.** Erbaut 1898–99 als Handelsschule von Friedrich Carl Heimann. Der neugotische Bau wurde nach Kriegsbeschädigung mit vereinfachter Dachlandschaft wiederhergestellt. Die Standfiguren zeigen zeitgenössisch gekleidete Männer, die sich um die Entwicklung des Handels der Stadt besonders verdient machten. Von links nach rechts: Friedrich Carl Heimann,

Begründer der Handelskammer; Heinrich Merkens, evangelischer Unternehmer und Wirtschaftspolitiker; Ludolf Camphausen, Präsident der Rheinischen Eisenbahn-Gesellschaft; Gustav von Mevissen, Begründer und Stifter der Handelshochschule.

Hohenzollernring (II D/E6): Von dem bereits 1881–1886 bebauten Prunkstück der Ringstraße bewahren heute nur noch vereinzelte Häuser einen Eindruck vom ehem. Glanz: **Nr. 53,** als Mittelstück eines früher dreiteiligen hochherrschaftlichen Wohnhauses, das Carl August Philipp 1884/85 schuf; **Nr. 54,** ebenfalls ein Neurenaissancehaus, von Georg Eberlein 1883/84. Seit den 1920er-Jahren führte der Strukturwandel der Straße von der reinen Wohnstraße zur Geschäftsstraße zum gelegentlichen Auswechseln der Architektur, zunächst aber immer in städtebaulicher Einfügung: **Nr. 22–24: Ufa-Haus,** 1931 gebaut von Wilhelm Riphahn als fünfgeschossiger Stahlskelettbau mit durchgehenden Fensterbändern, zwei zurückgesetzten Attika-Geschossen und schönem, sachlich gestaltetem Treppenhaus. **Nr. 1–3: Prinzenhof,** Geschäftshaus 1934/35 von Hans Heinz Lüttgen mit glatter Werksteinfassade, gerundeter Ecke und Fensterbändern. **Nr. 94: Gothaer-Haus** von 1936/37, nach Entwurf von Richard Thiede, stellt mit seiner neuklassizistischen Werksteinfassade die traditionelle Architektur der Versicherungsbauten dar und zeigt mit der zentralen nackten Fackelträgerin von Eduard Schmitz eine sehr zeittypische Figurendarstellung. Nach dem Zweiten Weltkrieg erfolgte die Neubebauung durch Höherzonung, selten mit architektonischer Qualität. **Nr. 25: Ringhof.** Das ehem. Autohaus Fleischhauer wurde 1955 von Hans Schilling mit hoher verglaster Schaufensterzone, Werksteinfassade und elegant geschwungenem Betonkragdach als Eckhaus zur Flandrischen Straße gebaut. Vor diesem Bau steht auf dem Mittelstreifen das »Denk«-Mal *Ruhender Verkehr,* das Wolf Vostell 1969 durch Einbetonierung eines Autos als sinnfälligen und nachdenklich

Profanbauten 229

stimmenden Hinweis auf das so beliebte Statussymbol schuf.

Innere Kanalstraße, Nr. 100 (II F6): **Fernsehturm.** 1978–80 von Erwin Heinle, Robert Wischer und Partner gebaut.

Kaiser-Wilhelm-Ring (II E6): Die platzartige, gärtnerisch gestaltete Erweiterung der Ringstraße war ursprünglich von Josef Stübben als repräsentativer Empfangsplatz für den von ihm anstelle des Güterbahnhofes (jetzt Mediapark) vorgesehenen Hauptbahnhof gedacht. Das hier 1897 in einem Laufbrunnen aufgestellte Reiterdenkmal für Kaiser Wilhelm I. von Richard Anders wurde im Zweiten Weltkrieg eingeschmolzen, nur die Brunnenschale ist (vor dem Allianzbau) noch vorhanden. Die einst besonders hochwertige Wohngegend wurde seit den 1930er-Jahren konsequent als Versicherungsstandort genutzt und dementsprechend neu bebaut (vgl. → Altstadt, Unter Sachsenhausen). **Nr. 31–41: Allianz,** anstelle der neubarocken Villa Langen entstand 1931–33 durch Karl Wach und Heinrich Rosskotten der dominante Stahlbetonskelettbau mit glatter Werksteinfassade, abgerundeter Ecke und vorkragender Dachplatte. Die zugehörige massive schwarze Rahmung des Eingangsportals wurde in den 1970er-Jahren entfernt (→ Claudiusstraße). **Nr. 72: Gerling Ring-Karree,** 1999–2001 von Sir Norman Foster.

Mediapark (II F7): Das größte städtebauliche Projekt des ausgehenden 20. Jh. war das neue Stadtviertel Media-Park auf dem Gelände des zentralen Güterbahnhofs. Nach dem Konzept von Eberhard H. Zeidler (1988) ordnen sich einzeln stehende Bauten halbkreisförmig um einen zur Innenstadt orientierten **Platz.** Der mittlere Bau überragt als 148 m hoch aufragender **KölnTurm** (Nr. 8) die anderen Gebäude. Der ursprünglich kühn und sehr elegant wirkende Hochhausentwurf stammt von Jean Nouvel, die veränderte Ausführung von Kohl & Kohl war 2001 abgeschlossen. Sein besonderes Kennzeichen blieb

Mediapark, Fußgängerbrücke

Profanbauten   231

aber die weitgehende Verglasung, die auch den 1990/91
von Eberhard H. Zeidler errichteten Kinopalast **Cinedom**
(Nr. 1) mit seiner markanten gläsernen Eckrotunde bestimmt. **Weitere Bauten**: Nr. 2: 2000 von Oxen + Römer,
Nr. 3: 2001 von Oxen + Römer, Nr. 4: 2003 von Herman
Hertzberger, Nr. 5: 1994 von Miroslav Volf, Nr. 6: 1999
von Büro Kottmair, Nr. 7: 1996 Kister, Scheithauer &
Partner, Nr. 8a: 2000 von Thomas Kostulski, Nr. 8b: 2000
von Kohl & Kohl. Die südlich anschließenden Wohnbau-
ten sind Nr. 10 von Steidler + Partner (1996) und Nr. 11–
15 von KSP Engel und Zimmermann (1993). Das Zentrum
des Platzes bildet der 1990–92 von Eberhard H. Zeidler
und Otto Piene geschaffene großflächige **Starpit-Brunnen** mit amphitheatralischer Gestaltung und einem zentralen wasserspendenden Edelstahlwürfel. Die gärtneri-
sche Gestaltung der **Parkanlage** schuf Jürgen Schubert,
die **Fußgänger-Brücke** als ein dynamisch-technisches
Wunderwerk 1994 Verena Dietrich. Diese führt über die
Eisenbahntrasse zu den Grünanlagen des Inneren Grüngürtels, in dem die direkt nach dem Zweiten Weltkrieg
aus dem Schutt entstandenen Trümmerberge eine neue
Topographie geschaffen haben. Auf das 1990/92 am südlichen Rand an der Maybachstraße errichtete **Umspannwerk**, das Kraemer, Sieverts & Partner als interessante und
vielfältig gegliederte Architektur errichtet haben, sei noch
besonders hingewiesen. Die drei markanten spitzen Ab-
lufthauben wurden von dem Künstler Hingstmartin, der
auch bei der Farbgebung des ganzen Baus mitgewirkt
hatte, 1996 mit einer **Fernsicht-Spektralholographie** gestaltet.

Melchiorstraße, Nr. 3 (II F8): Ehem. Feuerwache. Von
der 1888–90 erbauten ehem. Hauptfeuerwache sind noch
große Teile des zweifarbigen Backsteinkomplexes mit Di-
rektoren-Wohnhaus, Steigeturm, Pferdeställen und Wa-
genhalle mit Gusseisensäulen erhalten und zum Bürger-
zentrum »Alte Feuerwache« umgenutzt worden.

Reichenspergerplatz, Oberlandesgericht: Der 1907–11 von Franz Ahrens nach Plänen des Berliner Architekten Paul Thoemer erbaute neubarocke Justizpalast hat seine Achse diagonal durch den Baublock und auf den Vorplatz ausgerichtet. Die Fassade ist durch die Veränderung der Dachzone nach Kriegsbeschädigung etwas beeinträchtigt. Im Inneren ist ein großes, sehr schönes Treppenhaus aus der Erbauungszeit.

Riehler Straße / Elsa-Brändströmstraße, Skulpturenpark Köln → Museen

Sachsenring (II B7/8): Die **Grünanlage** tradiert mit der Lindenallee noch die einstige Wallanlage der mittelalterlichen Stadtbefestigungen. Die Bronzegruppe *Diana mit springender Antilope* schuf Fritz Behn 1916. **Nr. 77: Institut Français.** Den weiß verputzten Bau mit geschwungenem Vordach des Eingangs baute 1951–53 Wilhelm Riphahn. **Nr. 81–85: Victoria Ensemble.** 1994–96 von Thomas van den Valentyn und Armin Tillmann errichteter Komplex im Wechsel von Stahl-Glas-Fassaden und schwarz poliertem Granit.

Stadtgarten: Diese älteste Kölner Grünanlage, die 1827–29 nach Plänen von Jakob Greiß entstand und 1864 durch Anton Strauß verändert wurde, bewahrt einzelne sehr alte Solitärbäume. 1888 musste der Park bei der Verlegung der Eisenbahn an den Rand der Neustadt sowie 1957–59 durch den Bau von Neu-St. Alban verkleinert werden.

Theodor-Heuss-Ring (II F8): Anstelle des alten Sicherheitshafens entstand bei der Anlage der Neustadt hier eine ausgedehnte Parkanlage. Von dem einst nördlich anschließenden Villenviertel ist am Ring selbst nur noch **Nr. 9, Villa Bestgen**, vorhanden. Der schöne Bau mit Jugendstilornamentik und allegorischen Figuren von Adolf Simatschek wurde 1903/04 von Gottfried Wehling gebaut. Gegenüber ist mit **Nr. 10, Haus Schierenberg**, das 1893–1895 nach Entwurf von Alfred Müller-Grah gebaute neu-

Profanbauten 233

gotische Wohnhaus mit Rotsandsteinfassade und figürlichem Schmuck erhalten. Unter den v. a. nach dem Zweiten Weltkrieg entstandenen Bürogebäuden fällt **Nr. 11, Kölnische Rückversicherung**, durch die aus der Straßenflucht zurückgesetzte schlossartige Gestaltung auf (1952/53 von Hanns Koerfer und Hermann von Berg).

Ubierring (II B8): Hier findet sich das besterhaltene Ensemble von Wohnhäusern an der Kölner Ringstraße (1905–10). **Nr. 45: Ehem. Rautenstrauch-Joest-Museum für Völkerkunde**. Erbaut 1904–06 von Edwin Crones als neubarocker Bau mit übergiebeltem Mittelrisalit. Das im Zweiten Weltkrieg zerstörte Mansarddach ist noch nicht wiederhergestellt (→ Museen). **Nr. 48: Ehem. Maschinenbauschule**, jetzt Fachhochschule. Dem 1902–04 von Reg. Baumeister Schilling errichteten neubarocken Bau mit leicht geschwungenem Mittelrisalit fehlt nach Kriegsbeschädigung das für die Wirkung so entscheidende Mansarddach.

Universitätsstraße, Nr. 98 (III D5): **Japanisches Kulturinstitut**, 1969 von Yosimi Ohashi entworfen. **Nr. 100: Museum für Ostasiatische Kunst,** von Kunio Mayekawa entworfen und 1973–77 gebaut (→ Museen). Beide Bauten, von japanischen Architekten konzipiert, bringen, in Verbindung mit dem bereits in den 1920er-Jahren angelegten Aachener Weiher, ostasiatische Baukultur in diesen Teil des Inneren Grüngürtels. Insbesondere der Museumsbau verkörpert die japanische Tradition der Gruppierung um einen gärtnerisch gestalteten Innenhof.

Worringer Straße, Nr. 23: Ehem. Musikhistorisches Museum. In dem 1906 von Carl Moritz errichteten Bau, der dem nördlichen Villenviertel der Neustadt eingepasst wurde, eröffnete Wilhelm Heyer seine Privatsammlung historischer Musikinstrumente und -dokumente, die 1926 nach Leipzig abwandern musste. Der schöne und gut erhaltene Bau ist seit 1989 mit neuer Ausmalung ein – natürlich v. a. bei Musikern und Musikliebhabern – beliebtes Hotel.

Zugweg, Nr. 7 (II A8): **Ehem. Städtisches Wasser- und Elektrizitätswerk.** Die auf einem trapezförmigen Baublock 1883–1909 nach Entwurf von Heinrich Deutz entstandenen Backsteinbauten mit Werksteingliederungen stellen ein geschlossen erhaltenes, hervorragendes Ensemble historistischer Industriearchitektur dar, das neugotische und neuromanische Formen variiert.

Vororte

Bayenthal

Am Gustav-Heinemann-Ufer 72–74 befinden sich die **Cologne Oval Offices** von Matthias Sauerbruch und Loisa Hutton 2008–10 erbaut mit roten und grünen Fassadenelementen aus Glas. Schräg gegenüber am Rhein steht das elegante **Hochwasserpumpwerk** mit schwarzer Fassade von Kaspar Kraemer 2008.

Bickendorf

Die große Eingemeindung von 1888, die die Stadtfläche von Köln mit einem Schlag mehr als verzehnfachte (von etwa 1000 Hektar auf 11 111), bildete die Grundlage der Entwicklung zur Großstadt des 20. Jh. Es war der rasante Bevölkerungsanstieg und die Notwendigkeit, Reserveflächen für Industrie und Wohnen vorzusehen, die diese flächenmäßig besonders umfangreiche Erweiterung der Stadt notwendig machten, der dann noch weitere im 20. Jh. folgten. Mit einer konsequenten Bau- und Siedlungs-Politik wurde seit dieser Zeit in Köln ein Wohnungsbau-Programm verwirklicht, das den weitgehend erhaltenen Bestand an **Wohnsiedlungen** zu einem der wichtigsten architektonischen Ensembles der Stadt macht. Der sicher bedeutendste Architekt in diesem Bereich war Wilhelm Riphahn, dem Köln v. a. beim Siedlungsbau den Einsatz sachlicher Bauformen verdankt. Neue Stadtteile entstanden in den 1920er-Jahren vor allem mit der Siedlung Bickendorf II (geplant 1922, gebaut 1923–38) und mit der Siedlung Kalkerfeld in Buchforst. Sie vertreten im städtebaulichen und im architektonischen Sinn das Neue Bauen der 1920er-Jahre in Köln. Der Bauplatz für die als Teil der Infrastruktur vorgesehenen Kirchen war jeweils in zentraler Lage geplant. Dies gilt ganz besonders für die Siedlung Bickendorf II, wo die Wohnhäuser in ihrer Staffelung und rhythmischen Gliederung auf diesen Platz ausgerichtet sind. Natürlich wollte Riphahn zusammen mit seinem Partner Caspar Maria Grod auch diesem Zentrum der Siedlung, der katholischen Pfarrkirche **St. Dreikönigen**, architektonische Gestalt geben. Aber bei dem 1927 ausgeschriebenen Wettbewerb, zu dem 44 Entwürfe eingingen, blieben er und sein Partner bei der Jurierung 1928 nur zweite Sieger. Es spricht einiges dafür, dass ihr Entwurf in seiner Geschlossenheit für die Kirchengemeinde allzu modern war. Wurde doch in der Ausschreibung für die Kirche fast beschwörend gefordert: »Ihr Baucharakter muss ihre Bestimmung als Sakralbau deutlich erkennen lassen.« Auch Dominikus Böhm, einer der wichtigsten Wegbereiter der Moderne im Kirchenbau, hatte an diesem Wettbewerb vergeblich teilgenommen. Den ersten Preis und die Chance zur umgehenden Ausführung erhielt Hanns Peter Fischer, der damals im Büro von Heinrich Forthmann arbeitete. 1928–29 wurde die Kirche St. Dreikönigen errichtet, die in ihrer Verbindung von Tradition und Moderne einer der interessantesten Sakralbauten ist. Zugleich wurde der Bau der ursprünglichen Absicht Riphahns und Grods durchaus gerecht, denn er beherrscht und zentriert die Siedlung, wie von den Planern vorgesehen. Der **Saalbau** entspricht in seiner kubischen Erscheinung, die sich zum gerade geschlossenen Altarraum staffelt, dem modernen Kastenraum des Kirchenbaus der 1920er-Jahre, wie ihn Dominikus Böhm in seiner Notkirche St. Josef in Offenbach (1919) ersann und wie ihn am kompromisslosesten die Fronleichnamskirche (1930) von Rudolf Schwarz in Aachen vertritt. Dem entspricht auch das kubisch gestaffelte äußere Erscheinungsbild des glatt verputzten weißen Baukörpers, das in dem hohen schmalen **Turmquader** mit signalartig gesetzter Schallöffnung und Uhr gipfelt. Allerdings weisen die Spitzbogenfenster, die den Sakralbau-Charakter unmissverständlich vermitteln, eher auf die vergangene Stilepoche der Zeit vor dem Ersten Weltkrieg zurück, auch wenn ihre lanzettartige Form in den 1920er-Jahren vielfache Verwendung fand. Vermutlich aber war es dieses Gestaltungselement, das den Architekten den Auftrag einbrachte. Die Entwürfe für die **Fenster** lieferte Johan Thorn-Prikker. Zu den besonderen Gliederungselementen in St. Dreikönigen gehört auch der Einsatz von Backstein, der in ornamentaler Weise verwendet wurde und bedauerlicherweise heute im **Innenraum** durch die Entfernung der Kanzel und ihres ursprünglich entsprechend gestalteten Umfeldes an der rechten vorderen und damit an entscheidender Stelle fehlt. Eigentlich hatte die Kirche den Zweiten Weltkrieg recht glimpflich überstanden. Die zerstörten Fenster konnten von dem Thorn-Prikker-Schüler Wilhelm Schmitz-Steinkrüger umgehend erneuert werden. Die Entfernung der Kanzel geschah erst als missverstandene Folge des Zweiten Vatikanischen Konzils in den 1960er-Jahren.

Blumenberg

Katholisches Gemeindezentrum (Schneebergstraße): Im Zentrum des neuen Wohnviertels war bereits seit langem ein kirchliches Herz geplant, dessen Entwurf noch von Heinz Bienefeld stammte, das aber nach seinem Tod (1995) vom Sohn Nikolaus Bienefeld bis 2004 gebaut wurde. Die backsteinsichtige Baugruppe besteht aus freistehendem Turm, Gemeindehaus und Kirche, deren Innenraum in farbigen Sichtbetonstreifen als überaus spannende Queranlage konzipiert ist.

Braunsfeld

In diesem Vorort von Köln befindet sich eine der interessantesten Kirchen der Stadt, die gleichzeitig ein Musterbeispiel unterschiedlichster Auffassungen zur Architekturgestaltung des 20. Jh. darstellt. Dieser Stadtteil war durch Parzellierung des ehemaligen Ziegeleigeländes der Familie Braun – daher Braunsfeld – seit der zweiten Hälfte des 19. Jh. entstanden. Wie allgemein üblich, wurde auch von diesen Grundstücksbesitzern Bauland für die Errichtung einer Kirche kostenlos zur Verfügung gestellt. Dies geschah bereits 1897; 1906 entstand **St. Joseph** als schlichte dreischiffige Backstein-Basilika mit Dachreiter von Peter Krings und Roß. 1934 malte Peter Hecker diese Kirche aus. Die Beschädigung des Zweiten Weltkrieges wurde allerdings auch hier zum Anlass genommen, eine neue Kirche zu bauen. 1952 gewann **Rudolf Schwarz** mit Josef Bernard den Wettbewerb für den Neubau, der 1954 geweiht werden konnte. Der stützenlose Saalbau mit seitlichen Eingängen, wie bei seiner epochalen Fronleichnamskirche 1930 in Aachen, und ebenfalls freistehendem Turm wird vor allem durch das in Zickzack-Formen gestaltete Dach markiert. Die rautenförmigen Fenster verleihen dem Bau ein eigenwilliges Profil. Der gerade geschlossene Chorraum wird von beiden Seiten durch eine großzügige Durchfensterung der Wände beleuchtet. Unter dem Chorraum ist eine kleine Unterkirche, zu der seitliche Treppen hinunterführen. Im Westen der Kirche sind Tauf- und Beichtkapelle sowie die Sakristei um einen kleinen Innenhof angeordnet. Das Äußere ist durch die Y-förmigen Betonstützen rhythmisiert, deren Zwischenfelder mit strukturiertem Backstein-Mauerwerk gegliedert sind. Das Innere ist verputzt. Natürlich war dieser Bau nicht unumstritten, und die Braunsfelder, die eine gutbürgerliche, der Tradition verhaftete Bevölkerungsschicht repräsentieren, nannten den Bau zunächst etwas unwillig

Braunsfeld 239

»Sankt Zickzack«. Ein Zeitungs-Bericht vom Baubeginn, der in der Kirchenfestschrift von 1975 zitiert wird, urteilte sehr vorsichtig: »Mancher, der einen ersten Blick auf das Modell wirft, wird – vielleicht ein wenig schockiert – fragen: Eine Fabrik? Ein ungewöhnlicher optischer Eindruck bietet sich dar.« Von der originalen **farbigen Gestaltung des Inneren** existiert keine Farbaufnahme, aber eine sehr eindrucksvolle Beschreibung von Rudolf Schwarz: »Dünne schneeweiße Stützen zweigen sich zu den sechseckigen Waben des hohen Lichtgadens. Die Zwischenfelder der Stützen sind ausgemauert, verputzt und in leuchtend blauer Farbe gestrichen. Beiderseits der frei in den Raum hinabgestuften Altarstelle reichen die Fenster bis unten hinab, oben ist ihnen ein weiteres Sechseck hinzugefügt, so dass sich der Bau dort domartig erhebt. Die gefaltete Decke ist wiederum weiß. Wir wollten einen ganz klaren, männlich-keuschen Raum bauen.« Für die Gestaltung der Fenster hatte Ludwig Gies (1887–1966) den Auftrag erhalten und bereits Entwürfe geliefert, für die nach seinem Tod Wilhelm Buschulte die Ausführungskartons zeichnen sollte. Dann aber ging der Auftrag an **Georg Meistermann**, der die Fenster 1967/68 in der von ihm bekannten strahlenden Farbigkeit, die dann den gesamten Innenraum erfasste, ausführte. Georg Meistermann begründete sein Konzept sehr deutlich: »Die Kirche St. Joseph in Braunsfeld war … sehr abgenutzt. Und ihr fehlte jede Freudigkeit. Die Architektur ist klar, nüchtern, streng. Diese Grundhaltung des Bauwerks ist die Basis. Aber ihm fehlte die Farbe. Die Fenster stießen an die Decke. Die Waben dieser Fenster riefen nach Rhythmisierung. Es lag nahe, sie durch eine große, wellenförmige Bewegung in Verbindung zu bringen, eine Bewegung, die die ganze Längsdimension des Raumes zusammenfaßte; Bewegung, Rhythmus, die Zeichen des Geistes sind, der die Gemeinde zusammenfaßt. Dann die großen seitlichen Fensteröffnungen, auf denen Farbe wie Kraft und Strukturen des fried-

Buchforst, Weiße Stadt

vollen Schwebens unserem Auge begegnen«. Und auch der Pfarrer freute sich in der Festschrift von 1975 angesichts der von ihm betriebenen Neufassung, dass nun die »Nüchternheit der Nachkriegsjahre zu einer zur Andacht stimmenden Geborgenheit« geworden sei.

Buchforst

Die modernste Siedlungsplanung im Köln der Zwischenkriegszeit war die von Wilhelm Riphahn und Caspar Maria Grod für den **»Blauen Hof«** (1926/27) und für die **»Weiße Stadt«** im rechtsrheinischen Vorort Kalkerfeld, der 1932 den ansprechenderen Namen Buchforst erhielt. Seit 1926 liefen die Vorbereitungen für die »Weiße Stadt« und ihre dann schrittweise in den Jahren 1929–32 gebauten Mehrfamilien- und Einfamilienhäuser. Vor allem die schräg in das begrenzende Achsenkreuz gestellten, flach gedeckten Wohnblöcke mit den gestaffelten Hauseinheiten und den versetzten Balkonen sind in ihrer blockhaften Struktur und mit der blendend weißen Farbe ein Musterbeispiel des Neuen Bauens nicht nur in Köln. Für die auch hier von Anbeginn der Ausführungsplanung im Zentrum vorgesehene Kirche wurde kein eigener Wettbewerb ausgelobt, wie bei St. Dreikönigen in Bickendorf, sondern tatsächlich den beiden Siedlungsplanern auch der Auftrag für den Bau der Pfarrkirche mit dem Patrozinium **St. Petrus Canisius** erteilt. Allerdings war ihr erster Entwurf in seiner kompromisslosen Sachlichkeit so wenig als Sakralbau zu interpretieren, dass die Ablehnung des Pfarrgemeinderates, der sich in seinen katholischen Gefühlen verletzt fand, eigentlich programmiert war. Ein modifizierter Entwurf wurde 1930 angenommen und bis 1931 ausgeführt. Dieser Sakralbau, der seit der Nachkriegszeit noch nicht wieder in seinen originalen Zustand gebracht wurde, war und ist einer der wichtigsten modernen Bauten in Köln. Er ist ein Längsbau, der die für die katholische Kirche so wichtige Funktion des Weges der Gläubigen zum Altar konsequent erfüllt. Das Äußere zeigt eine durch Arkaden gegliederte Vorhalle und den seitlich gestellten sehr schlanken Turm, dessen leuchtend weiße Farbe zur Zeit noch von architekturwidrigen Eternitplatten verhüllt wird. Im **Inneren** zeigt das Langhaus einen hochgezogenen Mittelteil, so dass der Querschnitt dem einer dreischiffigen Basilika entspricht. Durch den Einsatz von Stahlbeton und dementsprechende moderne Konstruktionsmethoden aber gelang es, den Innenraum stützenlos zu gestalten, so dass er einen gestaffelten Saal darstellt. Die Fenster bestehen aus einem Raster kleiner Quadrate, die vorwiegend zu Bändern in waagrechter und senkrechter Form zusammengefasst sind. Auch die halbrunde Apsis war ursprünglich verglast, was die von den Architekten beabsichtigte Helligkeit des gesamten Inneren noch steigerte. Zusätzlich war der Raum von Franz W. Seiwert in abgestufter Weise blau gefasst. Die Fenster hatte derselbe Künstler mit Glasmalereien gestaltet. Dieses wichtige Zusammenspiel von Architektur und Malerei der späten 1920er-Jahre in Köln ist bei der Nachkriegsrenovierung nicht in seiner Bedeutung erkannt und wiederhergestellt worden. Insbesondere die nun fensterlose Apsis veränderte den Raumeindruck, dem auch das programmatische Blau fehlt, ganz empfindlich. Erst nach dem Zweiten Weltkrieg entstand am Rand der Siedlung die evangelische **Auferstehungskirche**. Diesen spannenden Betonbau in Form eines Tetraeders, der v. a. im Inneren eines der aufregendsten Architekturerlebnisse in Köln bietet, schufen Georg Rasch und Winfried Wolsky 1967/68.

Deutz

Um 310 ließ Kaiser Konstantin zur Sicherung der römischen Reichsgrenze am rechtsrheinischen Ufer das **Kastell Divitia** erbauen und durch eine Brücke mit dem römischen Köln, der Colonia Claudia Ara Agrippinensium (CCAA), verbinden. Das Kastell war eine annähernd quadratische, mit Rundtürmen bewehrte Anlage, die durch je ein Tor im Westen und im Osten erschlossen wurde. Die Grundmauern des Osttores sind zwischen dem Altenheim und dem ehem. Lufthansa-Hochhaus sichtbar, die weitere Ausdehnung des Kastells ist durch einen Rest der erhaltenen Südmauer in der Tiefgarage des Hochhauses und durch Markierung der Nordmauer im Pflaster nördlich der Kirche **Alt-St. Heribert** (II D9; Urbanstraße) erkennbar. Die Westmauer liegt im Bereich der Rheinpromenade. Wie bei Staatsbauten offensichtlich üblich, ging auch das Kastell Divitia in zunächst fränkischen Königsbesitz über. Durch die Initiative und die Schenkung von Kaiser Otto III. (983–1002) ließ Erzbischof Heribert (999–1021) hier 1002 ein Benediktinerkloster einrichten. Die 1020 geweihte Kirche, zunächst dem Salvator und der Gottesmutter Maria geweiht, war ein monumentaler Zentralbau, dessen massives Mauerwerk im Inneren sechs Nischen aussparte und von einer Kuppel überfangen war. Ein mächtiger Westbau mit einer großen tonnengewölbten Vorhalle bildete den Eingang. Dieser ungewöhnliche Bau des frühen 11. Jh. wird insbesondere in der Nachfolge der Aachener Pfalzkapelle Karls des Großen gesehen, da sich Otto III. diesem Vorgänger besonders verpflichtet fühlte. Selbstverständlich wird auch das nahegelegene Kölner Vorbild des zentralen Kuppelbaus der Kirche St. Gereon maßgeblich gewesen sein. Allerdings übertraf die Deutzer Kirche in ihrer Dimension diese beiden genannten Bauten bei weitem. Erzbischof Heribert wurde 1021 in der Kirche begraben, die in der Folge seinen Namen erhielt. 1147 erhob man die Gebeine dieses Heiligen zur Ehre der Altäre und bettete sie in einen kostbaren Schrein (seit 1896 in Neu-St. Heribert). Die bereits im späteren 11. Jh. beginnende Emanzipation der Kölner Bürgerschaft von ihrem Erzbischof als Stadtherrn und die tatsächliche Loslösung mit der Schlacht von Worringen 1288 war für die Köln direkt gegenüberliegende Deutzer Heriberts-Abtei verhängnisvoll. Nunmehr war dieses vom Erzbischof kontrollierte Gebiet für die Kölner »feindliches Ausland«, vor dessen Übermacht sie sich schützen mussten. So geschah es, dass bereits 1376 die Heribertskirche von den Kölnern zerstört wurde, da ihre strategisch so wichtige Lage für die Stadt gefährlich werden konnte. Die Verpflichtung zum Neubau, die Köln nach päpstlichem Bann eingehen musste, wurde nach 1382 zunächst erfüllt, aber bereits 1393 erfolgte die nächste Zerstörung. Die neuerliche Verpflichtung zur Wiederherstellung der Abteikirche brachte bis 1400 den gotischen Neubau auf den alten Fundamenten. Dieser hochaufragende oktogonale Bau mit Strebepfeilern und spitzem Dach, der uns vor allem aus der Stadtansicht von Anton Woensam (siehe S. 9) bekannt ist, dürfte ebenfalls im Inneren eine Kuppel getragen haben. Es wird angenommen, dass sie eine ähnliche Rippenkonstruktion war wie die Kuppel von St. Gereon. In jedem Fall war auch dieser monumentale Kuppelbau ohne weitere Vergleichsbeispiele in seiner Zeit. Da der Standort weiterhin für Köln gefährlich schien, war die nächste Vernichtung programmiert. Die Zerstörung von 1583 wurde erst durch den bestehenden **Neubau von 1659 bis 1663** behoben. Unter Benutzung der alten Fundamentplatte entstand nun ein einfacherer Bau, der trotz der zeitüblichen barocken Kuppelbauten in wesentlich schlichterer Form als seine überkuppelten Vorgänger entstand. Bei der dreischiffigen Basilika erinnern nur noch die leicht ausgebuchteten Seitenschiff-Mauern an die einzigartigen Zentralbauten des frühen 11. und des späten 14. Jh., die hier einst Deutz dominierten. Die gewölbte Basilika des 17. Jh. ist wie St. Mariä Himmelfahrt ein Beispiel des Weiterlebens gotischer Formen. Die Säkularisierung der Abtei 1803 brachte den Übergang der Kirche an die Pfarrgemeinde und 1862 den Abbruch der danebenliegenden alten Pfarrkirche St. Urban, die seit dem katastrophalen Eisgang von 1784 ohnehin nicht mehr benutzt werden konnte. Die Abteigebäude dienten wechselnder Nutzung, seit dem 1970–73 durch Karl Band erfolgten Wiederaufbau sind sie ein Altersheim.

Die **Eingemeindung von Deutz nach Köln im Jahre 1888** setzte den letzten Schlusspunkt unter ein Kapitel jahrhundertelanger Auseinandersetzungen zwischen Köln und seinem direkten Gegenüber. Durch die allgemeine Bevölkerungszunahme, vor allem aber durch die Verlagerung des Deutzer Siedlungsschwerpunktes nach Osten entstand der Wunsch nach einer neuen und größeren Pfarrkirche. Alt-St. Heribert wird, nach wechselvoller Geschichte, seit den 1990er-Jahren von der griechisch-orthodoxen Gemeinde genutzt. **Neu-St. Heribert** (II D9; Deutzer Freiheit) wurde 1891–96 von Caspar Clemens Pickel gebaut. Der »Deutzer Dom«, wie der neuromanische Sakralbau wegen seiner ungeheuren Dimension auch genannt wird, ist eine dreischiffige Basilika mit dreischiffigem Querhaus und einer dreiteiligen Choranlage, bei der die polygonale Hauptapsis von schräggestellten Querhaus-Apsiden begleitet wird. Die wegen der Stellung an der Deutzer Freiheit nach Süden ausgerichtete Kirche wird an der nördlichen Eingangsseite von einer Doppelturmfront betont, der Chorflankentürme und ehemals auch ein Vierungsturm antworten. Der Backsteinbau ist im Äußeren mit Tuff verkleidet, während die Gliederungen in Sandstein ausgeführt sind. Der **Innenraum** weist mit dem Stützenwechsel von Pfeilern und Säulen, denen unterschiedliche Wandvorlagen im Obergaden entsprechen, auf das sechsteilige Gewölbe hin – das den Raum einst über dem Blendtriforium abschloss. Die Beschädigungen des Zweiten Weltkrieges tra-

Heribertschrein, Detail

fen Neu-St. Heribert so sehr, dass dem Neuaufbau von Rudolf Schwarz und Josef Bernard ab 1950 großer Spielraum für eine Neugestaltung gelassen wurde. Hierbei wurde allzuviel der originalen Substanz entfernt, was den herausragenden neuromanischen Bau außen und innen zu seinem Nachteil veränderte. Wichtigstes Ausstattungsstück ist der 1896 aus Alt-St. Heribert hierhin übertragene **Heribertschrein**, der im dritten Viertel des 12. Jh. in Köln entstand und mit seinen Figuren, Inschriften und Emailarbeiten eines der bedeutendsten Werke der romanischen Goldschmiedekunst ist. Dargestellt ist auf dem vorderen

Deutz 247

Giebel unter einem Dreipassbogen die thronende Gottesmutter mit dem Kind und Engeln, auf dem rückwärtigen Giebel der hl. Heribert, begleitet von Caritas (Nächstenliebe) und Humilitas (Demut) unter dem thronenden Christus. Die Langseiten zieren Apostelfiguren und Emaildarstellungen der Propheten, während die Dachflächen in Emailmedaillons die Lebensgeschichte des hl. Heribert erzählen. Inschriften deuten den Schrein als Abbild des Himmlischen Jerusalem. Die interessante klassizistische evangelische Pfarrkirche **St. Johannes** (II D9; Tempelstr. 31) entstand 1859–61 unter dem Einfluss von Friedrich August Stüler. Der Saalbau mit halbrunder Ostapsis und einem markanten dreiteiligen Riegelbau mit Giebeln im Westen, der im Mittelteil von einem achteckigen Turm mit Giebelkranz und Spitzhelm bekrönt ist, stand ursprünglich frei und dominierte den Stadtteil, bis 1891–96 als Gegenüber Neu-St. Heribert entstand und zusätzlich die St. Johanniskirche seitlich eingebaut wurde. Die starken Beschädigungen des Zweiten Weltkriegs sind am Außenbau nicht mehr sichtbar, wohl aber an der zeittypischen Purifizierung im Inneren, die durch die farbstarken Glasfenster von Herbert Schuffenhauer aufgelockert wird.

Die städtebauliche Entwicklung von **Deutz im 20. Jh.** ist bestimmt von der Ansiedlung ausgedehnter Ausstellungs-, Verwaltungs- und Veranstaltungsbauten. 1914 entstand am Ottoplatz der schöne **Deutzer Bahnhof** von Hugo Röttcher und Karl Biecker als neubarocker Bau mit zentraler Kuppel. Westlich anschließend entwickelten sich auf dem Gelände der legendären Werkbundausstellung von 1914 die Anlagen der **Kölner Messe** (II E9), von denen die von Adolf Abel 1927/28 errichteten repräsentativen Backsteinbauten der ehem. Messehallen sowie des Turmes und des angrenzenden Staatenhauses erhalten sind. Vor diesem halbrund geschwungenen Bau mit hohem zentralem Torbau entstand 1950 von Joseph Op Gen Oorth der beliebte **Tanzbrunnen**, den Frei Otto 1957 mit dem beschwingten Sternwellenzelt überspannte. In diesem Jahr fand in dem nördlich anschließenden **Rheinpark** die Bundesgartenschau statt, die 1971 hier wiederholt wurde. Südlich der Hohenzollernbrücke erinnert am Rheinufer das Reiterdenkmal *Deutzer Kürassier* (1930 von Paul Wynand) an die im 19. Jh. gebaute Kaserne, an deren Stelle 1957/58 Ernst von Rudloff, Eckhard Schulze-Fielitz und Ulrich S. von Altenstadt das **Landeshaus** des Landschaftsverbandes Rheinland (LVR) als quergelagerten, verglasten Vierkantbau um einen begrünten Innenhof errichteten. Der leicht und elegant wirkende Bau zeigt jene städtebauliche Rücksichtnahme, die den 1950er-Jahren eigen ist. Dagegen war dies den Bauten der 1960er-/70er-Jahre, u. a. dem ehem. Lufthansa-Hochhaus oder dem ehem. Ford-Hochhaus, kein Anliegen mehr, noch weniger dem besonders dominanten LVR-Hochhausturm, genannt Köln Triangle (Dörte Gatermann und Elmar Schossig, bis 2006). Erst der Einspruch der UNESCO, die den Weltkulturerbe-Status des Domes betroffen sah, stoppte weitere beabsichtigte Hochhaustürme im Weichbild von Deutz. Am östlichen Rand des alten Siedlungskernes entstand 1996–98 nach Entwurf des Büros Gottfried Böhm das **Stadthaus** (Willy-Brandt-Platz) und die **Arena**. Dieser Zentralbau für Kölner Großveranstaltungen hat als Markenzeichen den weithin sichtbaren bekrönenden, überspannenden Bogen.

Ehrenfeld

In römischer Zeit befand sich im Bereich der katholischen Pfarrkirche **St. Mechtern** (Mechternstr. 4–6) ein Landgut. Der Legende nach fand hier das Martyrium (daher mundartlich: Mechtern) der Thebäischen Legion mit ihren ebenfalls legendären Anführern statt (→ Altstadt, St. Gereon und St. Mauritius). Der Neubau der Kirche von 1954 durch Rudolf Schwarz, die 1956 Fresken von Peter Hecker erhielt, hat von dem neuromanischen Vorgängerbau (1907–09 von Eduard Endler) nur das Erdgeschoss des Turmes übernommen.

Wegen Platzmangels im immer dichter besiedelten Köln entwickelten sich im 19. Jh. die davor gelegenen Siedlungsbereiche. Dies führte hier 1845 zur Gründung der planmäßig angelegten Bebauung, die 1879 zur **Stadt Ehrenfeld** erhoben wurde, 1888 aber bereits nach Köln eingemeindet wurde. Das rechteckige Straßenraster und der axiale.Bezug auf die Kirchen ist ein besonderes Kennzeichen dieser klassizistischen Gründung, die insbesondere durch einen großen Anteil an Industrie- und Gewerbeansiedlungen geprägt und deren Wohnhausarchitektur dementsprechend schlicht war. Dies betrifft auch die Kirchen: die kleine neugotische Marktkapelle **St. Mariä Himmelfahrt** (Geisselstr. 1) 1860 von Vincenz Statz; die katholische Pfarrkirche **St. Joseph** (Venloer Straße 286) von Vincenz Statz 1872–75 mit dem Turm von 1913; die evangelische **Friedenskirche** (Rothehausstraße) von Carl Coerper 1876–77; die katholische Pfarrkirche **St. Peter** (Subbelrather Straße 278) von Theodor Roß 1899–1901 und mit Farbfenstern von Hermann Josef Baum aus den 1970er-Jahren. Das **Neptunbad** (Neptunplatz 1), das Johann Baptist Kleefisch 1912 baute, ist mit seiner erhaltenen Innenausstattung bei heute veränderter Nutzung ein hervorragendes Beispiel der Badekultur des frühen 20. Jh.

1900–14 entstand mit **Neu-Ehrenfeld** ein gutbürgerlicher und stark durchgrünter Wohnbereich, dessen Häuser an der Eichendorff-, Röntgen-, Förster- und Ottostraße das besterhaltene Viertel des späten Historismus mit zahlreichen Jugendstilornamenten im heutigen Köln darstellt. Die hier in der Achse der Eichendorffstraße gelegene katholische Pfarrkirche **St. Anna** ist ein spannendes Beispiel des Neuaufbaus einer im Krieg stark beschädigten Kirche (1907/08 von Peter Nöcker) durch Dominikus und Gott-

Neu-Ehrenfeld, Eichendorffstraße

Kalk 251

fried Böhm 1956. An der Ecke Venloer Straße / Innere Kanalstraße entsteht die 2006 von Gottfried und Paul Böhm entworfene **Zentralmoschee**. Unter den Industrie- und Gewerbebauten sind als besonders qualitätvolle Bauten v. a. zu erwähnen: der **4711-Bau** (Venloer Straße 241) von Wilhelm und Rudolf Koep (1950) mit geschwungener Glasfassade in den Firmenfarben Blau und Gold sowie die **GEW-Verwaltung** (Parkgürtel 24) von Friedrich Wilhelm Kraemer, Ernst Sieverts & Partner (1978–80).

Kalk

Geistlicher Mittelpunkt des Vorortes war und ist die **Kalker Kapelle** (Kalker Hauptstr. 228) mit dem Gnadenbild von 1423. Der 1950 von Rudolf Schwarz anstelle der kriegszerstörten barocken Kapelle errichtete schlichte Bau mit Tonnenwölbung im Inneren ist Ziel von traditionellen Wallfahrten. Die zugehörige katholische Pfarrkirche **St. Marien**, eine 1863–66 von Vincenz Statz gebaute neugotische Backsteinhalle, wurde nach Kriegsbeschädigung von Rudolf Schwarz 1950/51 im Inneren neu gestaltet und 1965/66 mit einem farbmächtigen Fensterzyklus zum Marienleben von Georg Meistermann geschmückt. Auch in der katholischen Pfarrkirche **St. Josef** (Bertramstr. 9 / Höfestraße), einer 1899–1902 gebauten neugotischen Backsteinhalle von Heinrich Renard, entstand beim Wiederaufbau 1951/52 durch Dominikus und Gottfried Böhm eine Neuschöpfung im Inneren. Von Gottfried Böhm stammt auch das 1987–92 gebaute **Kalker Rathaus** (Kalker Hauptstr. 247–273) mit einem kuppelüberwölbten, besonders schönen Innenraum, dessen lebendig gegliederte Backsteinfassaden an die in Kalk traditionellen **Fabrikgebäude** des 19. Jh. erinnern. Durch die Umstrukturierung des ehemaligen Standorts der Schwerindustrie blieb aber davon wenig erhalten.

Lindenthal

Der 1846 gegründete Villenvorort, dessen begehrte Wohnlage durch den 1895–98 von Adolf Kowallek geschaffenen **Stadtwald** noch gefördert wurde, ist seit den 1930er-Jahren durch die Ansiedlung und Ausbreitung der **Universität** geprägt, die 1919 in der Claudiusstraße in der Neustadt neugegründet worden war. Das breitgelagerte neue **Hauptgebäude** (III C5; Albertus-Magnus-Platz 1) entstand 1929–35 nach Plänen von Adolf Abel mit heller Tuffsteinfassade und zeittypischem Portikus aus schwarzem Basalt. Das davor aufgestellte **Albertus-Magnus-Denkmal**, 1955/56 von Gerhard Marcks geschaffen, zeigt den bedeutenden mittelalterlichen Denker als Sitzfigur mit aufgeschlagenem Buch. Gegenüber sind die u. a. von Rolf Gutbrod in den 1960er-Jahren errichteten Sichtbetonbauten: **Philosophikum, Hörsaalgebäude** und **Bibliothek**. Die **Wirtschafts- und Sozialwissenschaftliche Fakultät** (Wiso, Universitätsstr. 24) wurde 1954–60 von Wilhelm Riphahn gebaut. Über eingeschossigen Bauten erhebt sich die achtgeschossige Scheibe des Hochhauses. Davor steht ein Nachguss des *Herakles* von Emile-Antoine Bourdelle (1909). Das **Hygiene-Institut** (Goldenfelsstr. 19) ist ein Bau von Oswald Mathias Ungers, 1956, das **Physiologische Institut**, 1955–61, von Fritz Schaller und die **Pädagogische Akademie** (III D4; Gronewaldstr. 2) von Hans Schumacher, 1955–57, das **Institut für internationales und ausländisches Recht** (Gottfried-Keller-Str. 2) von Walter Ruoff, 1968–70. Von den **Universitätskliniken** sind erwähnenswert: **Medizinisch-Technische Institute** (Josef-Stelzmann-Str. 52) von Fritz Schaller, 1958–61, das **Bettenhochhaus** (III B4; Kerpener Straße), entworfen 1970 u. a. von Erwin Heinle, und v. a. die kath. Krankenhaus-Kirche **St. Johannes der Täufer** (Josef-Stelzmann-Str. 9) mit angefügtem Vierflügel-Schwesternhaus von Gottfried Böhm, 1962–65. Die **Kirche der ka-**

Lindenthal 253

tholischen Hochschulgemeinde (III B5; Berrenrather Str. 119–129 in Sülz) ist ein markanter Bau von 1968/69 nach Entwürfen von Josef Rikus.

In Lindenthal befindet sich zwar mit dem **»Krieler Dömchen« St. Stephan** (III B3; Suitbert-Heimbach-Platz 1) ein kleiner romanischer Bau des 9.–11. Jh., aber v. a. ermöglicht dieser Vorort mit seinen katholischen Kirchen einen hervorragenden Überblick der unterschiedlichen Strömungen der Baukunst des 20. Jh. Dem Krieler Dömchen benachbart ist **St. Albertus-Magnus** (III B3) 1950/51 von Otto Bongartz in traditionellen Formen gebaut, der Chor 1962 von Peter Hecker ausgemalt. Von besonderer Bedeutung ist der Komplex des **St. Elisabeth-Krankenhauses Hohenlind** (III B2; 1 1930–32 von Hans Tietmann und Karl Haake), in den die gleichzeitig von Dominikus Böhm gebaute Kirche **St. Elisabeth** in der Weise integriert wurde, dass die Emporen der Kirche direkten Zugang von den Krankenstationen aus gewähren. Die Apsis malte Peter Hecker 1949/50 mit einer lichten Darstellung des Jüngsten Gerichts aus. Nahe gelegen ist **St. Thomas Morus** (III B3; Decksteiner Str. 5), 1962/63 von Fritz Schaller als »Zelt Gottes« errichtet. **St. Stephanus** (III C4, Bachemer Str. 106) wurde 1886 von August Lange gebaut, wovon nach Kriegsbeschädigung nur der purifizierte Turm übrigblieb, während Joachim und Margot Schürmann 1961 einen kubischen Glasbau anfügten, dessen wunderbar lichter und transparenter Innenraum von schlanken Stahlrohr-Stützen gegliedert wird. **St. Laurentius** (III C5; An St. Laurentius 1), 1961/62 von Emil Steffann ebenfalls als Quader errichtet, ist dagegen ein geschlossener Backsteinbau, dessen stimmungsvoller Innenraum von dem umlaufenden Fensterband unter der Flachdecke erhellt und von einem riesigen Radleuchter beherrscht wird. **Christi Auferstehung** (III D4; Brucknerstr. 16) schließlich, 1967–70 von Gottfried Böhm gebaut, stellt den ganz besonderen Typ seiner Betonplastiken dar: eine wahre Burg Gottes, deren kristalline Formen in einem Turm gipfeln und auch im Innenraum den eindrucksvollen Wechsel von Backstein und Sichtbeton zeigt.

Die **Wohnhaus- und Villenbebauung** ist insgesamt nicht überragend, abgesehen von einigen sehr guten Bauten aus den 1950er-Jahren von Joachim und Margot Schürmann (Enckestr. 2, Hans-Driesch-Str. 15, Peter-Kintgen-Str. 2, Räderscheidtstr. 1 und 3).

Zwei besonders wichtige Friedhöfe liegen in diesem Vorort. Der **Geusenfriedhof** (III C5; Weyertal), weit außerhalb der alten Stadt 1576 als evangelischer Friedhof v. a. für die niederländischen Protestanten (sog. Geusen) angelegt, wurde bis 1829 belegt. Er blieb dann als Park erhalten, so dass die Vielfalt an Grabsteinen und -platten vom 16. bis zum 19. Jh. einen einmaligen Überblick der Begräbniskultur dieser Epochen zeigt. Während der französischen Zeit wurde in Köln die Beerdigung auf den innerstädtischen Kirchhöfen aus hygienischen Gründen untersagt und 1810 weit außerhalb der **Friedhof Melaten** (III D4; Aachener Str. 200–202) auf dem ehem. Gelände des Leprosenhauses (*malade* ›krank‹) in streng geometrischer Form angelegt. 1884/85 wurde er in gleichartigen Formen erweitert. Das schöne klassizistische Hauptportal von 1810, dessen Giebel auf ausgestellten Pfeilern ruht, trägt die von Ferdinand Franz Wallraf konzipierte Inschrift: »Funeribus Agrippinensium sacer locus« (Für die Toten Kölns ein heiliger Ort). Die zahlreichen Grabmäler geben einen hervorragenden Überblick aller Stilepochen des 19. und 20. Jh. Ihre Erhaltung gelang vielfach durch das Modell der durchaus nachgefragten Patenschaften, denn Melaten ist Kölns beste diesbezügliche Adresse. Der Eingang für Beerdigungen liegt an der Piusstraße, wo 1954–57 der Neubau der Trauerhalle durch Fritz Schaller entstand.

Marienburg

Hier wurde in römischer Zeit in der ersten Hälfte des 1. Jh. n. Chr. am Rhein das **Flottenkastell** (An der Alteburger Mühle) gebaut, dessen Reste noch bis ins 16. Jh. zu sehen waren und wo Ende des 18. Jh. die heute völlig veränderte **Alteburger Mühle** entstand. In dem südlich anschließenden Park wurde 1844/45 vermutlich von Johann Peter Weyer als klassizistischer Kubus das **Herrenhaus Marienburg** (Parkstr. 55) errichtet, das 1891/92 und 1907 in Neurenaissance- und Neubarockformen erweitert wurde. Zu dieser Zeit war es ein beliebtes Ausflugslokal, das nicht zuletzt aus diesem Grund namengebend war. Der 1888 nach Köln eingemeindete Vorort Marienburg, der von privaten Immobilien-Unternehmern als Villenkolonie nach englischem und amerikanischem Vorbild geplant und ausgeführt wurde, entwickelte sich vor allem als Wohnort der reichen evangelischen Bürgerschaft der Stadt. Als besonderer Anreiz dafür wurde von der Immobiliengesellschaft schon früh der Bau der evangelischen Pfarrkirche, der **Reformationskirche**, betrieben und dafür 1899 Grundstück und Finanzierung vermittelt (Goethestr. 25 / Mehlemer Str. 29). Nach einem 1903 ausgelobten Wettbewerb, der von dem Entwurf ausdrücklich forderte, dass er dem »Landhauscharakter der Kolonie Marienburg« anzupassen sei, erhielt der Berliner Architekt Otto March den Auftrag. Der 1903–05 errichtete Gruppenbau von Kirche und Pfarrhaus ist geprägt von der malerischen Asymmetrie mit dem prägnanten Turm über dem Eingangsportal. Die Kombination aus Formen der Neuromanik und des Jugendstils ist charakteristisch für den Beginn des 20. Jh. Der Saalbau war ursprünglich nach Osten orientiert, wo in einer polygonalen Apsis Altar, Kanzel und Taufstein in sehr enger Verbindung standen, während die Orgel auf der westlichen Empore ihren Platz hatte. Nach der Beschädigung im Zweiten Weltkrieg wurde der Innenraum durch Heinrich Otto Vogel 1960/61 nach Süden umorientiert, wo der neue Altarraum durch eine von Eugen Keller gestaltete weitgehende Durchfensterung seiner drei begrenzenden Wände in eine überaus lichte und farbig opulent strahlende Halle verwandelt wurde. Für die Gemeinde entstand 1935 durch Clemens Klotz das Martin-Luther-Haus mit Eingang an der Mehlemer Straße.

Die **Villencolonie**, die trotz Kriegs- und Nachkriegsverlusten immer noch zu den bedeutendsten und geschlossensten Beispielen zählt, entstand über mehrere Jahrzehnte. Ihre Bauten entsprechen überwiegend dem traditionellen Landhaustyp, für den u. a. die Architekten Otto March, Paul Pott, Theodor Merrill, Paul Bonatz stehen. Die Namen der Bauherren ergeben den repräsentativen Querschnitt des überwiegend evangelischen Kölner Großbürgertums dieser Zeit. Besonders interessante Beispiele sind: Am Südpark 45, Haus Schmölz-Huth, 1957/1958 von Hans Schilling; Auf dem Römerberg 25, Haus Böhm, 1932 von Dominikus Böhm; Auf dem Römerberg 35, Haus Lux, 1924/25 von Hans Schumacher; Bayenthalgürtel 15, Haus Schröder, 1906/07 von Eugen Fabricius; Eugen-Langen-Str. 11–13, 1925/26 von Clemens Klotz, Plastiken von Willy Meller; Germanicusstr. 8, Haus Strenger, 1921–23 von Paul Bonatz; Goethestr. 65a, Galerie Gmurzynska, 1989–91 von Diener & Diener; Goethestr. 67, Haus Herstatt, 1921–23 von Paul Bonatz; Goethestr. 30, Haus Vorster, 1937 von Joseph Op Gen Oorth; Goethestr. 64, Haus Rheindorff, 1922 von Clemens Klotz; Goethestr. 66, Haus Grünwald, 1922–24 von Theodor Merrill; Goltsteinstr. 191 / Bayenthalgürtel, Doppelhaus Salomon/Mann, 1924/25 von Bruno Paul; Leyboldstr. 42–44, Haus Albert Ahn, 1912/13 von Paul Pott; Lindenallee 47, Haus Dr. Max Clouth, 1911/12 von Paul Pott; Lindenallee 51, Haus Heinrich Neuerburg, 1927/28 von Emil Felix; Marienburger Str. 48, Haus Stüssgen, 1922/23 von Theodor Merrill; Mehlemer Str. 33, Haus Weiß, 1922/23 von Martin Elsässer; Oberländer Ufer 184–186, Doppelhaus Weischer/Röckerath, 1912/1913 von Franz Brantzky (verändert); Parkstr. 1–5, Haus Neven DuMont, 1913/14 von Paul Pott; Parkstr. 55, Haus Marienburg (s. o.); Parkstr. 20, Haus Bleissem, 1924/25 von Paul Pott; Pferdmengesstr. 1, Haus Goldmann, 1924/25 von Theodor Merrill; Pferdmengesstr. 3, Haus Oppenheim, 1924 von Theodor Merrill; Pferdmengesstr. 52, Haus Deichmann, 1910/11 von Paul Pott; Tiberiusstr. 3, Haus A. Vorster, 1921/22 von Paul Bonatz; Tiberiusstr. 12, Haus Philips, 1922/23, vermutlich von Paul Bonatz; Unter den Ulmen 148, Haus Vorster, 1891–94 von Otto March. – Mitten in die Villencolonie wurde in der Lindenallee 13 als großflächiges Verwaltungsgebäude das ehem. **Haus des Deutschen Städtetages** von Joachim und Margot Schürmann 1969–73 errichtet.

Erst 1939 war in dem evangelisch geprägten Vorort eine selbstständige katholische Pfarrgemeinde eingerichtet worden, für die Dominikus Böhm 1953–54 die Pfarrkirche **St. Maria Königin** baute. Sie verkörpert über quadratischem Grundriss den Typ »Zelt Gottes« mit leicht konvex ausgebuchteter Apsis im Westen und einer kreisrunden Taufkapelle, die als eigener völlig durchfensterter Baukörper an die große Glaswand im Süden angefügt und mit einem ebenfalls gläsernen Verbindungsgang angeschlossen ist. An der gegenüberliegenden Nordseite ist ein schmales Seitenschiff mit den Beichtstühlen angegliedert, während die darüberliegende Empore Standort der Orgel ist. Die Decke des »Zeltes« wird getragen von vier filigranen Eisenstützen, wie sie den Zeltstangen entsprechen. Auch die Stützen der Empore sind in jener schwerelosleichten Form gebildet, wie sie das gesamte Erscheinungsbild dieses Baus prägt und durch die dominierenden Fensterwände nach Entwurf von Dominikus Böhm noch betont wird. Den nördlich gelegenen Turm baute 1959/60 Gottfried Böhm. Im Zusammenhang mit den Bauten für die Britischen Besatzungsbehörden entstand 1951/52 an der Bonner Straße 547 die **Allerheiligenkirche** von Rudolf Schwarz und Josef Bernard in den gewünschten traditionellen Formen. Den Abschluss des 1899 angelegten Bayenthalgürtels zum Rhein bildet der 1898–1903 von Arnold Hartmann errichtete **Bismarckturm** mit dem Reichskanzler in Panzerrüstung und mit dem Reichsadlerschild. Zu Bismarcks Geburtstag brannte ehemals in der Feuerschale auf der Turmspitze das traditionelle Bismarckfeuer.

Meschenich

Die katholische Pfarrkirche **St. Blasius**, 1891 von Theodor Kremer in neuromanischen Formen errichtet, ist heute auf Kölner Stadtgebiet die einzige historistische Kirche mit erhaltener Innenausstattung. Die Ausmalung von Bernhard Hertel war zwar 1952 übertüncht worden, konnte aber 1978 freigelegt und durch Gangolf Minn restauriert werden.

Mülheim

1098 war die erste Erwähnung von »Mulenheym«, benannt nach dem Wassermühlen an der Rheinmündung des Strunderbaches. Dieser rheinabwärts am gegenüberliegenden Ufer von Köln gelegene Ort entwickelte sich bald zum Konkurrenten der großen Handelsstadt, die Mülheim zur eigenen Sicherheit und zum Schutz ihrer wirtschaftlichen Potenz immer wieder mit Zerstörung überzog. Aus dieser Konkurrenzsituation mit Köln ist die gezielte Förderung von Mülheim durch die Grafen und späteren Herzöge von Berg zu verstehen, die 1609 ihren Untertanen volle Religionsfreiheit gewährten. Damit gaben sie den bedrängten Kölner **Evangelischen** eine nahegelegene Ausweichmöglichkeit, die diese auch in so großer Zahl wahrnahmen, dass

Mülheim aufblühte und ein wichtiger Ort für Handel und Produktion wurde. Bereits 1610 entstanden eine reformierte und eine lutherische Gemeinde in Mülheim. Der Große Eisgang von 1784, das Jahrtausend-Hochwasser, zerstörte Mülheim besonders stark, da die Wucht durch die zerborstene Eisdecke des Rheines katastrophal war. 1914 wurde Mülheim nach Köln eingemeindet und 1927/1928 mit der von Adolf Abel gebauten **Mülheimer Brücke**, einer modernen Kabelhängebrücke, mit dem Linksrheinischen verbunden.

Aus der barocken Blütezeit Mülheims im 18. Jh. sind noch einige der großbürgerlichen **Wohnhäuser und Palais** erhalten: Mülheimer Freiheit Nr. 31, 33, 102, 119 sowie Buchheimer Str. 29 (Bertoldisches Haus von 1780) und Wallstr. 56.

Am Rheinufer steht die alte katholische Schifferkirche **St. Clemens**, ein Saalbau des 12. Jh., der 1692 und 1720 zur dreischiffigen Halle mit Quergiebeldächern umgebaut und nach den Beschädigungen des Zweiten Weltkriegs zuletzt durch Joachim und Margot Schürmann purifizierend gestaltet wurde. Die evangelische **Friedenskirche** entstand 1784–86 nach den Plänen von Wilhelm Hellwig an der hochwasserfreien Wallstraße als zunächst turmloser Zentralbau, dessen Grundriss aus der Durchdringung von Kreuz- und Kreisform besteht und zur Wallstraße einen Ehrenhof erhielt. Erst nach der Vereinigung von Lutherschen und Reformierten im Jahre 1837 zur unierten evangelischen Kirche erhielt sie den Namen Friedenskirche, um den Bund dieser beiden evangelischen Glaubensrichtungen besonders zu besiegeln. Nach dieser Union wurden wegen des größeren Platzbedarfs im Inneren Emporen eingezogen, die Fenster erhielten gusseisernes Maßwerk, ein Turm wurde vom evangelischen Kölner Dombaumeister Ernst Friedrich Zwirner 1845–48 gebaut. Mit der Errichtung dieses klassizistischen Turmes mit spitzem Knickhelm in der Achse des barocken Zentralbaus war der weitgehende Verlust des Ehrenhofes verbunden, der nun in zwei kleine Vorhöfe geteilt war. 1914 erhielt der Turm eine neubarocke Turmbekrönung, die nach Kriegszerstörung durch ein romanisierendes Pyramidendach variiert wurde. Das Innere hat man purifizierend wiederhergestellt, es dient heute als Ausstellungsraum.

Die katholische **Liebfrauenkirche** (Regentenstr. 4) war ein 1857–64 von Ernst Friedrich Zwirner errichteter neugotischer Monumentalbau, der nach Kriegsbeschädigung 1953–55 durch Rudolf Schwarz einen neuen Chorraum mit Fenstern von Anton Wendling (1958) und 1965 eine neue Turmbekrönung durch Maria Schwarz erhielt. Von der 1893–95 von Emil Schreiterer & Bernhard Below Neurenaissanceformen gebauten evangelischen **Lutherkirche** (Regentenstr. 44) wurde nach Kriegsbeschädigung nur der Turm (ohne die Haube) wiederhergestellt, während hinter dem ehemaligen Langhaus 1948/49 von Otto Bartning die **Luther-Notkirche** (Adamsstr. 49–51) entstand: Ein Saalbau aus freitragenden Holzbindern mit Ziegelausfachungen. In der 1946–48 gebauten Bruder-Klaus-Siedlung wurde 1956/57 von Fritz Schaller die katholische Pfarrkirche **St. Bruder Klaus** als Backsteinbau mit Stützen und Decken in Stahlbeton und mit Fenstern von Georg Meistermann (1965) geschaffen. Eine profane städtebauliche Dominante ist das ehem. **KHD-Hochhaus** für die Hauptverwaltung von Klöckner-Humboldt-Deutz, eine 15-geschossige Stahl-Glas-Scheibe, 1959–64 von Helmut Hentrich und Hubert Petschnigg gebaut.

Angesichts der Zerstörung so vieler **Denkmalbrunnen** im Linksrheinischen sind die vier in Mülheim erhaltenen besonders erwähnenswert. Der Mülheimia-Brunnen (Mülheimer Freiheit) 1884 von Wilhelm Albermann; der Schiffahrtsbrunnen am Wiener Platz, 1913 von Hans Wildermann; der Genovevabrunnen am Clevischen Ring, 1914 von Adalbert Hertel; der Märchenbrunnen an der Sonderburger Str., 1914 von Wilhelm Albermann.

Müngersdorf

An der wichtigen Ausfallstraße nach Aachen gelegen, hat der 980 als Mundestorp genannte Ort natürlich Siedlungsspuren aus **römischer Zeit**. Allerdings konnten hier nahe der Kreuzung Aachener Straße mit dem Militärring auch die wohl ältesten Gebäude auf Kölner Stadtgebiet ausgegraben werden: Um 4000 vor Christus werden diese Funde der sogenannten **Linienbandkeramik** datiert. Bis zum Beginn des 19. Jh. blieb die Struktur des Ortes dieselbe: landwirtschaftliche Nutzung überwiegend zugunsten der großen Kölner Stifte, die hier natürlich auch die Pfarr-Seelsorge bestimmten. **St. Vitalis**, der Titelheilige der Kirche, war ein Märtyrer der Thebäischen Legion wie St. Gereon und St. Mauritius, die ihre Kirchen in der Kölner Altstadt haben. Unmittelbar nach der 1888 erfolgten Eingemeindung von Müngersdorf nach Köln entstand 1889/1890 nach den Plänen von Theodor Kremer der monumentale Neubau von St. Vitalis anstelle der alten Kirche. Die dreischiffige Backstein-Basilika mit Querschiff, halbrunder türmeflankierter Apsis und Doppelturmfassade im Westen ist Kölns erste große neuromanische Kirche. Ihre für eine Dorfkirche erstaunliche Monumentalität und Baugestalt orientierte sich an den romanischen Stifts- und Klosterkirchen der Kölner Altstadt, deren umfangreiche bauliche Sicherung und neuromanische Ausstattung damals voll im Gange war. Bis auf die durch Luftdruck zerstörten Fenster unbeschädigt durch den Zweiten Weltkrieg gekommen, wurde die neuromanische Ausstattung danach durch Umgestaltung von Rudolf Schwarz, der seit 1956 in Müngersdorf wohnte, geopfert. 1959 wurde im Fußboden das Bild eines weißen Stromes in schwarzen Untergrund eingelegt, Wände und Gewölbe durchgehend weiß gestrichen und mit wenigen Farbhöhungen an Architekturgliedern versehen. Die farbstrahlenden Fenster schuf bis 1986 Wilhelm Buschulte, die schöne Orgel 1994 Maria Schwarz. Sie nahm die erhaltenen Relieftafeln der historistischen Kanzel als Maß und Maßstab des Orgelgehäuses. Natürlich ist mit dieser Neugestaltung ein überaus qualitätvolles Ensemble der zweiten Hälfte des 20. Jh. entstanden – gleichwohl bleibt der eigentlich unnötige Verlust des neuromanischen Originals (vgl. Meschenich). Am Rande des Ortskerns entwickelte sich ein **neues Wohnviertel**, dessen hervorragende Bauten sich wie eine Architekturgeschichte v. a. der zweiten Hälfte des 20. Jh. lesen lassen. Am Gibbelsberg 12, Haus Riphahn, 1963 von Wilhelm Riphahn; Beckenkampstr. 7, 1961 von Joachim und Margot Schürmann; Belvederestr. 60 / Quadrater Str. 2, Haus Ungers, 1958 von Oswald Mathias Ungers, im Garten der quaderförmige Bibliotheksbau aus dunklem Basalt von 1989/90; Belvederestr. 79, Haus Domizlaff, 1929 von Theodor Merrill; Belvederestr. 149a, Haus Gerhard Marcks, 1948–50 von Wilhelm Riphahn; Kämpchensweg 1, Haus Haubrich, 1951/52 von Wilhelm Riphahn; Kämpchensweg 58, Haus ohne Eigenschaften, 1994/95 von Oswald Matthias Ungers; Lövenicher Weg 28, Haus Schwarz, 1956 von Rudolf und Maria Schwarz; Van-Gogh-Str. 3, 1959 von Joachim und Margot Schürmann; Veit-Stoß-Str. 6, 1959 von Hans Schilling.

Nippes

Der 1888 nach Köln eingemeindete, bis dahin landwirtschaftlich geprägte Ort, war als Ausflugsziel so beliebt gewesen, dass der Kölner Bürgerschaft im 17. Jh. verboten werden musste, hierhin zum Biertrinken zu gehen, »weil durch das schädlich dolle Getränk kundbarlich grobe Excessen entstanden«. Heute ist ein Besuch z. B. in der historischen Gastwirtschaft »Em golde Kappes« auf der Neusser Straße problemlos und voller Genuss möglich.

Die 1847 entworfene und 1856 gebaute schlichte Marienkirche, jetzt **St. Heinrich und Kunigund** (Mauenheimer Str. 25), von Vincenz Statz ist die älteste neugotische Kirche von Köln, die evangelische **Lutherkirche** (Merheimer Str. 112), 1886–89 von August Albes, ein selten gut erhaltenes Beispiel der Backstein-Neugotik.

Porz

Die beiden Kirchenbauten des erst 1975 eingemeindeten Ortes zeigen die stilistische Formenvielfalt am Beginn des 20. Jh. Während die katholische Pfarrkirche **St. Joseph** (Hauptstr. 432) als neugotische Basilika 1910/11 von Eduard Endler errichtet wurde (Turm erst 1928), zeigt die evangelische **Lukaskirche**, die 1914 Max Benirschke entwarf, mit ihrem spannenden Turm in der Nachfolge des Darmstädter Hochzeitsturmes von Joseph Maria Olbrich und der bis 1927 fertiggestellten expressionistischen Innengestaltung die neueren Tendenzen.

Porz-Wahn

Schloss Wahn (Burgallee) wurde 1753–57 als Dreiflügelanlage mit Wassergraben von Johann Georg Leydel für die Grafen Schall zu Bell gebaut. Der einheitliche Backsteinkomplex wird dominiert vom zweigeschossigen Herrenhaus mit Werksteingliederungen und hohem Mansarddach. Im Inneren reichgeschnitzte Stiege sowie zahlreiche Wandbespannungen, Supraporten und Stuckaturen. Die dem Herrenhaus gegenüberliegende schlichte Vor-

264 *Vororte*

burg schließt den rechteckigen großen Innenhof. Das Schloss ist Sitz des Theatermuseums (→ Museen) der Universität Köln.

Raderberg

Auf dem Gelände des ehemaligen mittelalterlichen jüdischen Friedhofes nahe der Bonner Straße, später »Zum Toten Jud« genannt, entstand 1936–40 die **Großmarkthalle** (Marktstr. 10) von Theodor Teichen. Die tonnengewölbte Halle mit parabelförmigem Querschnitt in Stahlbeton-Schalenbauweise und den nördlichen Shedaufbauten ist ein hervorragendes Beispiel sachlicher, funktionaler Gewerbe-Architektur bei einem offiziellen Bau der NS-Zeit. Die **Arbeitersiedlung Wilhelmsruh** (Bonner Str. 228–310), 1888 als schlichte Backsteinbauten entstanden, ist ein ungewöhnlich frühes, nur teilweise erhaltenes Beispiel der Zeilenbauweise im Siedlungsbau.

Rheinkassel

St. Amandus: Die kleine romanische Dorfkirche wirkt in ihrer zum Rhein gewandten doppeltürmigen Chorfassade nicht zufällig wie ein kleinerer »Ableger« des Chores von St. Gereon in der Altstadt – sie gehörte tatsächlich in der entscheidenden Bauphase, ab 1220, zu diesem Stift. Damals erhielt die aus dem Ende des 12. Jh. stammende Saalkirche mit Westturm nicht nur den repräsentativen Chorbau, dessen Schaufassade von der Anhöhe über dem Rhein weithin die Flusslandschaft dominiert, sondern sie wurde durch Anfügung von Seitenschiffen zur dreischiffigen Basilika erweitert. Die 6-teilige, zentralisierende Rippenwölbung im Inneren des Chores ist ohne das Vorbild der Dekagonkuppel von St. Gereon nicht denkbar. Die Einwölbung des Mittelschiffes erfolgte im 17. Jh., die der Seitenschiffe erst im 19. Jh. Von der Ausstattung des 19. Jh. sind vor allem mit den Kirchenbänken, der Kommunionbank und der Kanzel hervorragende Stücke erhalten geblieben. Die Restaurierung der 1970er-Jahre stellte die dem originalen mittelalterlichen Erscheinungsbild nahekommende Außenerscheinung mit Verputz und Farbfassung wieder her. Das **Pfarr- und Jugendzentrum** wurde 1976, die anschließende kleinteilige **Wohnsiedlung** 1979/80 von Gottfried Böhm gebaut.

Riehl

Seit der Mitte des 19. Jh. entwickelte sich die ehemals dörfliche Ansiedlung zu einem durchgrünten Wohnviertel. 1860 wurde hier der **Zoologische Garten** gegründet, von dessen Ursprungsbauten noch die klassizistische Direktorenvilla von 1859/60, das ehemalige Antilopen- und Elefantenhaus in Form eines indischen Tempels von 1863, die Blockhäuser der Rinder von 1891 und das die Türme russischer Kirchen zitierende Vogelhaus von 1898/99 erhalten sind. 1862–64 wurde gegenüber dem Zoo die Parkanlage der **Flora** als botanischer Zier- und Lustgarten nach den Plänen von Peter Joseph Lenné durch Julius Niepraschk angelegt. Das Floragebäude wurde als Palmenhaus 1863 mit gusseisernen Stützen und Glastonne (jetzt Walmdach) in der Nachfolge des Londoner Kristallpalastes gebaut. 1906 entstand für die deutsche Kunstausstellung der Frauenrosenhof von Joseph Maria Olbrich, der nach Kriegsbeschädigung von Wilhelm Riphahn 1955/56 verändert wiederaufgebaut wurde. 1912–14 wurde der Flora der **Botanische Garten** nach Entwurf von Fritz Encke angegliedert.

Riehl, St. Engelbert

1930–32 erfolgte der Neubau der katholischen Kirche **St. Engelbert** (Riehler Gürtel) auf völlig freiem Grundstück durch Dominikus Böhm. Die auf einen hohen Sockel gestellte Kirche hat im Untergeschoss Platz für Jugendräume, einen Pfarrsaal und eine Bibliothek. Die als eigener Raum installierte Taufkapelle ist im Untergeschoss des extra gestellten Turmes. Im Äußeren wie im Inneren ist die Parabel das Hauptmotiv. Trotz kreisrundem Grundriss aber ist St. Engelbert ein sakraler Richtungsbau, bei dem die Gläubigen aus dem mystischen Dunkel ins Licht des Altarraumes geführt werden. Mit Absicht ist dort die Lichtführung nur von einer Seite gegeben, damit sich die Wirkung nicht aufhebt. Diese Inszenierung mit dem Licht ist auch heute noch von beeindruckender Dramatik. Die Beschädigungen des Zweiten Weltkrieges im Chorbereich konnten schnell behoben werden. Nach dem Zweiten Vatikanischen Konzil wurden 1967 durch Gottfried Böhm der Hauptaltar nach vorne gezogen und die Seitenaltäre entfernt. Die Fenster sind nach Entwürfen von Anton Wendling gefertigt. Für die Kölner, die sich mit der ungewöhnlichen Form dieser Kirche, die sie Zitronenpresse nannten, wohl eher zurückhaltend anfreundeten, hat der Bau nach dem Zweiten Weltkrieg eine besondere Bedeutung bekommen. Hier hielt Kardinal Frings zu Silvester 1946 seine berühmte Predigt, in der er den Gläubigen vorab die Absolution erteilte für das Organisieren von lebenserhaltenden Grundlagen – was dann den treffenden Begriff des »**Fringsen**« für das Beschaffen von Lebensmitteln und Briketts in Köln in Umlauf setzte und die Gewissensnot linderte. Zusätzlich aber brachte diese so wichtige und selbstredend überaus volkstümliche Begebenheit dem modernen Baustil größere allgemeine Akzeptanz.

Roggendorf-Thenhoven

Schloss Arff, ein freistehender Landsitz mit zentralem Herrenhaus und rechtwinklig vorgelagerten Remisen, wurde 1750–55 von Michael Leveilly gebaut. Die Anklänge an Schloss Falkenlust in Brühl erklären sich einfach: Leveilly war dort der Bauleiter von François Cuvilliés. Der schöne Putzbau von Arff wird durch ein hohes Mansarddach mit Aussichtslaterne bekrönt. Das Treppenhaus ist mit illusionistischen Wandmalereien geschmückt.

Sülz

Das **Weißhaus** an der Luxemburger Straße 201 und von dort aus sichtbar, ist privat bewohnt und nicht zugänglich. In vielerlei Hinsicht aber ist dieses Anwesen eine besondere Kostbarkeit in Köln, deren Geschichte einen Überblick über das wechselhafte Schicksal der Hofanlagen rund um die in ihren Befestigungen sichere Stadt gewährt. Der heutige Vorort Sülz entwickelte sich nach der Säkularisation von 1802 auf den Ländereien, die bis dahin überwiegend zur Abtei St. Pantaleon in der Altstadt gehört hatten und für deren direkte Versorgung mit Lebensmitteln zuständig waren. Allerdings litten gerade diese direkt vor den Stadtmauern liegenden Hofanlagen am meisten in den kriegerischen Auseinandersetzungen, die sich vergeblich um eine Einnahme von Köln bemühten. Vom Weißhaus wissen wir, dass es dabei 1474, 1481, 1584 und 1650 zerstört wurde. Zusätzlich wurde es 1606 durch Unwetter und 1668 durch ein Hochwasser des später kanalisierten Duffesbaches so stark beschädigt, dass es neu errichtet werden musste. Das heute noch weitgehend vorhandene kleine **Barock-Schlösschen von 1669** mit dem charakteristischen Turm diente damals dem Abt von St. Pantaleon

Roggendorf-Thenhoven, Schloss Arff

als Sommerresidenz. Die Anlage des Parks mit Weiher wird ebenfalls in dieser Zeit angenommen. Nach der Aufhebung der Abtei 1802 wurden auch ihre Besitzungen verstaatlicht und schließlich privatisiert. 1855–57 ließen die neuen Besitzer durch Vincenz Statz die **neugotische Kapelle** anbauen, die sich als Backsteinbau sehr deutlich vom barocken Putzbau des Schlösschens abhebt. Höhepunkt der Ausstattung sind die zeitlich zugehörigen Tafelmalereien nach Entwürfen von Johann Anton Ramboux. Die insgesamt 14 Bilder zeigen in acht großen Tafeln Szenen aus dem Marienleben und die Kreuzigung sowie in sechs kleineren Tafeln (im Chor) Heilige, die Patrone von Familienmitgliedern waren.

Weiden

An der Aachener Str. 328 liegt die **Römische Grabkammer,** die bedeutendste erhaltene römische Grabstätte nördlich der Alpen. 9 km außerhalb der antiken Stadt an der römischen Fernstraße nach Aachen gelegen, war die Mitte des 2. Jh. n. Chr. entstandene Grabanlage einer römischen Gutsherrenfamilie 1843 entdeckt, wiederhergestellt und mit einem Schutzbau und einem Wächterhaus nach Plänen von Ernst Friedrich Zwirner versehen worden. Das Innere der mit Tuffsteinblöcken in die Erde vertieften Grabkammer birgt drei breite Nischen mit Marmorbänken und 29 Urnennischen. Zur Ausstattung gehören neben Büsten auch zwei in Kalkstein nachgebildete Korbgeflechtsessel.

Museen in Köln

Die meisten Museen sind in Köln montags geschlossen, mit Ausnahme von Arthothek, Kolumba, Photographischer Sammlung / SK Stiftung, Skulpturenpark.

Weitere Informationen unter:
– www.koeln.de/kultur/museen/
– www.museenkoeln.de

Agfa Photo-Historama → Museum Ludwig

Archäologische Zone (II D8; Rathausplatz): Auf etwa 7000 Quadratmetern entsteht mit der Archäologischen Zone ein unterirdisches Museum, das die Ausgrabungen der römischen Antike, des Mittelalters und v. a. des jüdischen Viertels zugänglich machen wird.

Zu besichtigen sind zur Zeit (Auskunft 0221–221 22394 oder E-Mail: CCAΛ@stadt-koeln.de):
– das Praetorium, die Reste des römischen Statthalterpalastes unter dem Rathaus und der römische Abwasserkanal unter der Großen Budengasse (Eingang Budengasse 2),
– die Mikwe, das jüdische Kultbad, auf dem Rathausplatz,
– das Ubiermonument, der älteste Teil der römischen Stadtbefestigung, an der Malzmühle.
(→ Haus und Museum der jüdischen Kultur)

Artothek (II E8; Am Hof 50): Die Artothek verleiht nicht nur Kunstwerke zeitgenössischer internationaler und Kölner Künstler aller Stilrichtungen, sondern bietet auch wechselnde Ausstellungen mit Malerei, Zeichnungen, Skulpturen und Fotografien sowie Performances Kölner Künstler und internationaler Gäste.

Deutsches Sport & Olympia Museum (Rheinauhafen 1): In Dauer- und Wechselausstellungen werden alle Aspekte des nationalen, internationalen und olympischen Sports auf etwa 2000 Quadratmetern gezeigt. 2500 Jahre

272   *Museen in Köln*

Sportgeschichte wird mit Bekleidung, Sport- und Spielge-
räten, Medaillen, Urkunden, Sportpreisen, Kunstplakaten
und -objekten, Grafiken, Fotos und Videos lebendig.

Domschatzkammer → Dom

Duftmuseum im Farinahaus (II D8; Obenmarspforten 21): Das schräg gegenüber dem Wallraf gelegene Farinahaus tradiert die Geschichte des erstmals 1708 in Köln
durch Johann Maria Farina entwickelten Eau de Cologne
und vermittelt in seinem Duftmuseum drei Jahrhunderte
Duft- und Kulturgeschichte.

El-De-Haus → NS-Dokumentationszentrum

Geomuseum der Universität (III C6; Neustadt, Zülpicher Str. 49b)

Diese interessante geologische Sammlung enthält ver-
mutlich alte Bestände des ehemaligen »Naturhistorischen
Museums zu Köln«, die sog. Stapelhaus-Sammlung, die im
Zweiten Weltkrieg stark beschädigt wurde.

Zu sehen sind Mineralien aus der Umgebung von Köln,
z. B. Minerale des Siegerländer Bergbaus, Minerale aus
Russland, spezielle Mineralgruppen (Varietäten von
Quarz, Achat, Calcit, Zeolithe) sowie eine zentrale Ausstellung zur Erd- und Lebensgeschichte, u. a. Korallen
und eindrucksvolle Fossilien.

Haus und Museum Jüdischer Kultur (II D8; Rathausplatz): Über der Archäologischen Zone mit dem ausgegrabenen mittelalterlichen Kölner Judenviertel geplant, soll
diese Institution die reichhaltigen Judaica-Sammlungen zu
jüdischer Kultur und Geschichte v. a. in Köln präsentieren.

Käthe Kollwitz-Museum (II D7; Neumarkt 18–24):
Das 1985 von der Kreissparkasse Köln gegründete Museum besitzt die international größte Sammlung mit Werken von Käthe Kollwitz (1867–1945), die sowohl in der
Dauerausstellung zu sehen sind, als auch, unter Einbeziehung ihres künstlerischen Umfelds und der Rezeption, in
hervorragenden Wechselausstellungen gezeigt werden.

Kölner Karnevalsmuseum (Braunsfeld, Maarweg 134–

Museen in Köln 273

136): Auf einer Fläche von 1400 Quadratmetern wird die Geschichte des Karnevals nicht nur seit der offiziellen Gründung des organisierten Frohsinns im Jahr 1823 gezeigt, sondern von den antiken Saturnalien über das Mittelalter bis zur Franzosenzeit dieses für Köln so wichtige Thema entwickelt. Dabei wird auch die Zeit des Nationalsozialismus kritisch beleuchtet und der alternative Karneval mit der Stunksitzung und der Rosa Sitzung (Karneval der Schwulen und Lesben) einbezogen.

Kölnischer Kunstverein (II D7; Hahnenstr. 6): Der 1839 gegründete Kölnische Kunstverein, der im Laufe der Geschichte vielfach provozierende Kunstthemen aufgriff, verfolgt bis heute mit seinem engagierten Programm in Einzel- und Gruppenausstellungen die Vermittlung aktueller wie kunsthistorisch relevanter Positionen internationaler Kunst. Die 2002 erfolgte Übersiedlung in das ehem. Gebäude des englischen Kulturinstituts British Council (→ Hahnenstraße) gibt dem aktuellen Geschehen einen besonders schönen Rahmen.

Kölnisches Stadtmuseum (II E7; Zeughausstr. 1–3): Wird im Römisch-Germanischen Museum die Geschichte des römischen und fränkischen Köln vermittelt, so folgt im Kölnischen Stadtmuseum die Geschichte vom Mittelalter bis heute, in einer Dauerpräsentation wie auch durch wechselnde Sonderausstellungen. Die Besichtigung des historischen Stadtmodells empfiehlt sich zur Einstimmung in die großartige mittelalterliche Stadtbaugeschichte, aber auch der Rundgang durch die Dauerausstellung u. a. mit den Themen Klüngel, Kölsch, Karneval, Kölnisch Wasser, Otto-Motor macht mit der speziellen Befindlichkeit dieser Stadt ebenso vertraut wie die Darstellung von Volksfrömmigkeit, dem einst reichhaltigen jüdischem Leben, dem Wirtschaftsleben und der allgemeinen Wohnkultur. Über eine Neugestaltung der Sammlung wird seit längerem diskutiert.

Kolumba – Das Kunstmuseum des Erzbistums Köln (II D8; Kolumbastr. 4): Die umfangreiche Ausgrabungszone im

Kolumba – Das Kunstmuseum des Erzbistums Köln

Erdgeschoss zeigt anschaulich die Geschichte des Ortes seit römischer Zeit, vermittelt die Befunde der kontinuierlich gewachsenen Pfarrkirche (→ St. Kolumba) und schließt den Chor der Kapelle »Madonna in den Trümmern« ein, deren von innen erleuchteter Zentralraum als ästhetisches Ausstellungsstück in diesen Bereich einbezogen wurde.

Die in den Stockwerken darüber im Jahresrhythmus neu präsentierte Sammlung verfolgt das überaus engagierte Konzept eines künstlerischen Dialogs zeitgenössischer Kunst mit den Sammlungsbeständen von der Spätantike über das Mittelalter bis zum 20. Jahrhundert. Dabei liegt der Schwerpunkt auf Werken der christlichen Kunst aus dem Kunstbestand des Diozösanmuseums, wie etwa der *Veilchenmadonna* von Stefan Lochner, romanischer Skulptur oder wunderbarer Goldschmiedekunst, die in Kontext mit anderen spirituellen Werken gesetzt werden.

Museen in Köln 275

Museum für angewandte Kunst (II E8; An der Rechtschule; → Minoritenkirche): In Dauer- und Wechselausstellungen zeigt das Museum seine umfangreichen und überaus qualitätvollen Bestände an europäischem Kunsthandwerk vom Mittelalter bis zur Gegenwart: Möbel, Keramik, Glas, Silber, Zinn, Schmuck und Textilien, wobei ein besonderer Sammlungsteil der Epoche des Jugendstils gewidmet ist. Wechselnde Präsentationen zeigen die Entwicklung der Mode von 1800 bis heute. Ein besonderer Schwerpunkt ist das Design des 20. Jh., dem im Erdgeschoss seit 2008 eine umfangreiche Präsentation zuteil wurde, sowie Plakate und eine umfangreiche Ornamentstichsammlung. In hervorragenden Sonderausstellungen wird auch der modernen Architektur breiter Raum gewährt.

Museum Ludwig (II E8; Bischofsgartenstr. 1): Das von dem Sammlerehepaar Peter und Irene Ludwig initiierte Museum zeigt in seiner Dauerausstellung die wichtigsten Stationen und Positionen der Kunst des 20. und 21. Jh. Besondere Schwerpunkte sind die Klassische Moderne der Sammlung Haubrich, die Russische Avantgarde, die Malerei des Surrealismus, die amerikanische Pop Art, die Picasso-Sammlung, die aktuelle Gegenwartskunst sowie zu all diesen Bereichen eine hervorragende Graphiksammlung. Besondere Beachtung findet auch die wechselnde Präsentation von Videokunst.

In ambitionierten Dauerausstellungen werden die eigenen Bestände mit umfangreichen Leihgaben anderer Museen und Sammlungen zu ebenso informativen wie ästhetisch hervorragend präsentierten Lernorten zur zeitgenössischen Kunst. Zusätzlich wird im größten Ausstellungsraum die Möglichkeit wechselnder Installationen einzelner Künstler wahrgenommen.

Im Museum Ludwig befindet sich das Agfa Photo-Historama, eine der bedeutendsten Sammlungen zur Geschichte der Fotografie, die in wechselnden Darstellungen und thematischen Ausstellungen zu sehen ist.

Museum für Ostasiatische Kunst

Museum für Ostasiatische Kunst (III D5; Neustadt, Universitätsstr. 100): Das bewusst und harmonisch in den Inneren Grüngürtel gebettete Haus, das vielen als das schönste Kölner Museum gilt, zeigt in seinem Zentrum einen in der Tradition japanischer Meditationsgärten gestalteten Landschaftsgarten, um den sich die Sammlungsräume mit Kunst aus China, Japan und Korea gruppieren. Die Kollektion mit buddhistischer Malerei und Holzskulpturen, japanischer Stellschirmmalerei, Farbholzschnitten und Lackkunst gilt als eine der bedeutendsten Kunstsammlungen innerhalb Europas. Sie wird in immer wieder wechselnden Präsentationen gezeigt und durch thematische Sonderausstellungen ergänzt.

Museum Schnütgen (II D7; Cäcilienstr. 29–33): Die in → St. Cäcilien untergebrachte Sammlung mittelalterlicher

Museum Schnütgen

Kunst, die ihren Ausgangspunkt in der Schenkung des Domkapitulars Alexander Schnütgen (1843–1918) hat, zählt zu den besten Kollektionen an Schatzkunst aus Bronze, Silber, Gold und Elfenbein, an Holz- und Steinskulpturen, an Textilien und an Glasmalerei. Seit 2010 hat das Museum zusammen mit dem Rautenstrauch-Joest-Museum. Kulturen der Welt einen gemeinsamen Eingangsbereich und konnte durch den Erweiterungsbau sowie Umnutzung der ehemaligen Anbauten seine Ausstellungsfläche wesentlich erweitern. Dadurch wurde es erstmals möglich, die umfangreiche Glasmalerei-Sammlung auszustellen sowie die mittelalterlichen Steinskulpturen und die völlig einmalige Textilkollektion angemessen zu zeigen. Zusätzlich wird in Sonderausstellungen der eigene Bestand in den Kontext seiner weltweiten Bedeutung gestellt.

NS-Dokumentationszentrum (II E7; El-De-Haus, Appellhofplatz 23 – 25): Das NS-Dokumentationszentrum zur Erforschung der Geschichte des Nationalsozialismus ist eine Forschungseinrichtung mit Spezialbibliothek, Medien- und Arbeitsräumen, die auch als Ausstellungs- und Veranstaltungsort die wissenschaftliche Dokumentation der NS-Zeit in Köln vermittelt. Im Keller sind die original erhaltenen Gefängnis- und Folterzellen mit erschütternden Inschriften der Gefangenen und den Spuren von Schweißströmen an den Wänden – Ausdruck der damals völlig überfüllten Zellen, in die die Opfer gepfercht wurden (Abb. S. 159)

Photographische Sammlung / SK Kultur (II F7; Neustadt, Im Mediapark 7): Ausgehend von dem Werk des bedeutenden deutschen Photographen August Sander gilt die Arbeit der Photographischen Sammlung/SK Stiftung Kultur der Stadtsparkasse Köln der sachlich dokumentarischen und konzeptuell ausgerichteten Photographie (u.a. Karl Blossfeldt, Chargesheimer, Man Ray, Bernd und Hilla Becher), die in wechselnden Ausstellungen und ergänzt durch Vorträge, Symposien und Filmabende gezeigt wird.

Rautenstrauch-Joest-Museum – Kulturen der Welt (II D7; Cäcilienstr. 29–33): Das bedeutende Völkerkundemuseum mit seinem großen Bestand von 65000 Objekten kann nach dem Zweiten Weltkrieg erstmals wieder nach der Eröffnung des Neubaus 2010 seine Schätze angemessen präsentieren, wofür eine Ausstellungsfläche von 3600 Quadratmetern zur Verfügung steht. Gezeigt werden Objekte der Kulturen und Religionen Afrikas, Amerikas, Asiens, Indonesiens und Ozeaniens, wobei diese erstmalig nicht in geografischen Großräumen sondern in thematisch orientierten Parcours gezeigt werden. Das großzügige Foyer ist auch der Eingangsbereich des Museum Schnütgen. Hier ist als Wahrzeichen des neuen Rautenstrauch-Joest-Museums – Kulturen der Welt ein großer indonesischer Reisspeicher aufgebaut worden.

Zusätzliche Sonderausstellungen geben Einblick in die

im neuen programmatischen Namen des Museums betonten Kulturen der Welt, die auch durch Vorträge, Lesun-
gen, Film-, Musik- und Tanzveranstaltungen vermittelt
werden. Der Fachforschung stehen zusätzlich zu den Objekten eine der größten Spezialbibliotheken mit 40000
Bänden sowie etwa 100000 historisch-ethnographische
Fotografien zur Verfügung.

Römisch-Germanisches Museum (II E8; Roncalliplatz
4): Das Museum vermittelt die Kunst und Geschichte des
römischen und fränkischen Köln, ergänzt durch außerköl-
nische wertvolle Sammlungsbestände. Die bekanntesten
Werke sind das römische Mosaik mit Szenen aus der Welt
des Dionysos (um 220/230 n.Chr.) und der rekonstruierte
Grabbau des Legionärs Poblicius (um 40 n.Chr.). Sie gehören zu dem seit langem kontinuierlich ausgegrabenen Erbe
des römischen Köln, der Colonia Claudia Ara Agrippinensium, das sich in diesem »Stadtmuseum« umfangreich präsentiert und mit den Mosaiken und Wandmalerein die reiche Ausstattung römischer Häuser zeigt. Schwerpunkte
sind außerdem die weltweit größte Sammlung römischer
Gläser, eine herausragende Kollektion römischen und
frühmittelalterlichen Schmucks, Angewandte Kunst der
Antike und der europäischen Völkerwanderungszeit.

Schokoladenmuseum (II C9; Rheinauhafen, Am Schokoladenmuseum 1a): Präsentiert wird nicht nur die
3000-jährige Kulturgeschichte der Schokolade und die
Heimat des Kakaos, dessen Anbau und Ernte durch Fotos
dokumentiert wird, vielmehr lässt sich im Gewächshaus
des Tropenhauses das tropische Klima erleben und der
Anbau der Pflanzen besichtigen. Eine Hauptattraktion ist
die Möglichkeit, auf zwei Ebenen die Herstellung von Ta-
felschokolade, Trüffel und Hohlfiguren zu erleben und an
einem Schokoladenbrunnen zu naschen.

Sammlungsschwerpunkte sind außerdem u.a. Objekte
aus dem Bereich der alt-amerikanischen Kulturen, Porzel-
lan, Emailschilder und historische Produktionsmaschinen.

Skulpturenpark Köln (II F8; Neustadt, Riehler Straße): Inmitten alter Bäume wird ein wechselndes breites und hochkarätiges Spektrum zeitgenössischer Skulptur gezeigt, das sich dem Engagement des Sammlerehepaars Dr. Eleonore und Dr. Michael Stoffel verdankt.

Theatermuseum (Porz-Wahn, Burgallee): Die 1921 begründete Studiensammlung des Instituts für Theaterwissenschaft der Universität Köln ist seit 1955 im Schloss Wahn untergebracht und hat eine umfangreiche Sammlung v. a. von Bilddokumenten zur Theatergeschichte, die in unregelmäßigen Abständen mit Ausstellungen, Vorträgen und Symposien der Öffentlichkeit präsentiert wird.

Wallraf (II D8; Obenmarspforten), Wallraf-Richartz-Museum – Fondation Corboud: Die große klassische Gemäldegalerie, deren Grundstock auf das 1824 erfolgte Vermächtnis von Ferdinand Franz Wallraf zurückgeht, wurde 1827 als Wallrafianum gegründet und erhielt 1861 den von Johann Heinrich Richartz gestifteten Museumsbau (→ Minoritenkirche), dessen Nachkriegs-Neubau seit 1990 das Museum für Angewandte Kunst beherbergt. Die Schwerpunkte der Dauerausstellung sind die Mittelalterabteilung, die einen fast lückenlosen Überblick über die Entwicklung der Kölner Tafelmalerei von 1300 bis 1550 erlaubt, die Barockabteilung u. a. mit Hauptwerken von Rubens und Rembrandt, sowie die Abteilung 19. Jahrhundert, die neben Gemälden der Romantik, des Realismus und des Impressionismus (u. a. Sammlung Corboud) auch Skulpturen und Plastiken zeigt. Die Graphische Sammlung umfasst rund 75000 Blatt und kann nach Vereinbarung besichtigt werden.

In wechselnden Sonderausstellungen werden die Bestände des Hauses in Malerei, Skulptur und Graphik in die großen Zusammenhänge der europäischen Kunst gestellt. Ein besonders engagiertes pädagogisches Programm bemüht sich um die Vermittlung auch an das jüngere Publikum im Schulalter.

Ausflugsziele in der Kölner Umgebung

Bensberg

Altes Schloss und Rathaus (Wilhelm-Wagener-Platz).
Auf einer Randhöhe des Bergischen Landes bauten die
Grafen von Berg (daher Bergisches Land) im 12. Jh. eine
Burg, die im 20. Jh. Grundlage des Rathaus-Neubaus von
Gottfried Böhm wurde. Die mittelalterliche Bruchsteinanlage, die vermutlich im 17. Jh. zur Ruine wurde, war im
19. Jh. als Krankenhaus genutzt. Für den 1964–67 erfolgten Neubau des Rathauses wurden die Bauten des 19. Jh.
abgerissen. Es entstand in Sichtbeton eine der eindrucksvollsten Bauplastiken Gottfried Böhms, die dem mittelalterlichen Oval der Burganlage eingeschrieben wurde und
mit dem spitzen Betonturm dem fünfeckigen romanischen
Bergfried selbstbewusst antwortet.

Neues Schloss (Kadettenstraße). Über dem Alten
Schloss ließen Kurfürst Johann Wilhelm von der Pfalz und
seine zweite Frau Anna Maria Luisa von Medici etwa
1700–16 ein Jagdschloss errichten. Die barocke Anlage in
der Nachfolge der Schlösser von Versailles bei Paris und
Schönbrunn bei Wien öffnet ihren Ehrenhof nach Westen
mit freiem Blick in die Rheinebene und ausgerichtet auf die
Blickachse des Kölner Domes. Der nach Befund für die
derzeitige elegante Hotelnutzung restaurierte dreigeschossige und mit Türmen, Kuppeln und Laternen gekrönte
dreiflügelige Hauptbau ist weiß geschlämmt mit grauen
Gliederungen. Von der ursprünglichen Innenausstattung
ist wenig erhalten. Während der Nutzung als preußische
Kadettenanstalt wurden 1838–42 die anschließenden klassizistischen Bruchsteinbauten mit zeittypischen Giebelfronten errichtet.

282 *Ausflugsziele in der Kölner Umgebung*

St. Nikolaus (Nikolausstraße). Die dreischiffige neuromanische Backsteinbasilika mit Ostquerhaus, türmebeglei-
tetem Chor und dominantem Westturm wurde 1877–1883
von August Lange anstelle eines Vorgängerbaus des 16. Jh.
errichtet. Von der originalen Ausstattung ist nur die Orgeltribüne erhalten. Die mittleren Chorfenster 1933/34 stammen von Fritz Schaefler, die übrigen von Paul Weigmann
1957–1959. Das Triumphkreuz und die Chorausstattung
schuf 1985/86 Helmut Moos. Der romanische Taufstein
stammt aus der Refrather Kirche.

Brühl

Der 1288 nach der Schlacht von Worringen als weltlicher
Stadtherr aus Köln vertriebene Erzbischof wählte insbesondere Bonn und Brühl als Standorte, wo in der Folge
umfangreiche Schlossbauten entstanden und auch die zugehörigen Städte sich entsprechend entwickelten.
  Schloss Augustusburg (Schlossstraße), Weltkulturerbe.
Das heute als Museum zugängliche Schloss bildet mit dem
großen Garten und Park die bedeutendste Barockanlage
des Rheinlandes. Sie wurde von Kurfürst Clemens August
ab 1725 durch Johann Conrad Schlaun unter Einbeziehung älterer Schlossteile errichtet. Die dreigeschossige
Dreiflügelanlage war 1728 im Rohbau fertig, als Schlaun
durch François Cuvilliés ersetzt wurde, der bis 1840 hier
wirkte und u. a. das Gelbe Appartement im Stile des fran-
zösisch-bayrischen Rokoko ausstattete. Kernstück des
Baus wurde das 1740–48 von Balthasar Neumann einge-
baute und über das zentrale Vestibül erschlossene Prunk-
treppenhaus mit seiner reichen Stuckmarmor- und Stuckdekoration, bekrönt vom Deckengemälde Carlo Carlones
mit der Verherrlichung des Kurfürsten Clemens August.
Die im 1. Obergeschoss anschließenden Prunk- und Emp-

Brühl 283

fangsräume (Gardensaal, Speise- oder Musiksaal, Audienzsaal u. a.) erhielten ihre prachtvolle Ausstattung im 3. Viertel des 18. Jh. Das schön gepflegte **Gartenparterre** war 1933–35 sowie 1984–87 nach dem Originalplan von 1728 von Dominique Girard, einem Schüler des Versailler Garten-Architekten André Le Nôtre, erneuert worden. Der umgebende Park wurde durch die 1844 angelegte Bahntrasse mit dem in der Hauptachse des Schlosses gebauten **Bahnhof** an der Linie Köln–Bonn durchschnitten, die ganz bewusst, im Sinne der Verbindung von Geschichte und Moderne, den Anblick von Schloss Augustusburg in das Erlebnis der Bahnfahrt einbeziehen wollte (→ Köln, Altstadt, Profanbauten, Hauptbahnhof).

Schloss Falkenlust, Weltkulturerbe. Jenseits der Bahnlinie liegt in einem Wäldchen das mit einer Allee mit Schloss Augustusburg verbundene Jagdschloss, das Kurfürst Clemens August 1729–32 nach Plänen von François Cuvilliés für die Falkenjagd errichten ließ. Das zweigeschossige Schlösschen, dem die niedrigen Wirtschaftsgebäude vorgelagert sind, besitzt im Inneren noch die zugehörige originale und ungewöhnlich prachtvolle Ausstattung (u. a. Lackkabinett).

St. Maria von den Engeln (Schlossstraße). Die 1493 geweihte Franziskanerklosterkirche wurde unter Kurfürst Clemens August zur Hofkirche und mit der nach Kriegsbeschädigung erneuerten prachtvollen Ausstattung u. a. eines Hochaltar-Baldachins von Balthasar Neumann 1745 entsprechend gestaltet.

Max-Ernst-Museum (Comesstraße 42 / Max-Ernst-Allee 1). Die 1844 errichtete klassizistische Dreiflügelanlage wurde durch Thomas van den Valentyn mit einem eingestellten Glaskubus zu dem 2005 eröffneten Museum v. a. mit dem Frühwerk des in Brühl geborenen Max Ernst (1891–1976) umgebaut.

Weiterführende Informationen

Literatur

Colonia Romanica. Jahrbücher des Fördervereins Romanische Kirchen Köln e. V. Köln: Greven, 1986 ff.

Dehio, Georg: Handbuch der deutschen Kunstdenkmäler: Nordrhein-Westfalen 1: Rheinland. Bearb. von Claudia Euskirchen, Olaf Gisbertz, Ulrich Schäfer [u. a.]. München/Berlin 2005.

Fußbroich, Helmut: Profane Architektur nach 1900. (Architekturführer Köln.) Köln 1997.

– Skulpturen im öffentlichen Raum nach 1900. Köln 2000. (Skulpturenführer Köln.)

– Sakralbauten nach 1900. (Architekturführer Köln.) Köln 2005.

Hagspiel, Wolfram: Marienburg. Köln 1996. (Stadtspuren-Denkmäler in Köln 8/I und II.) [Mit sehr gutem Architektenverzeichnis.]

– / Kier, Hiltrud / Krings, Ulrich: Architektur der 50er-Jahre. Köln 1986. (Stadtspuren – Denkmäler in Köln 6.)

Kempkens, Holger: Meister Tilman und der Schnitzaltar von St. Kunibert in Köln. In: Wallraf-Richartz-Jahrbuch 5 (1997). S. 31–72.

Kier, Hiltrud: Die Kölner Neustadt. Text- und Kartenband. Düsseldorf 1978. (Beiträge zu den Bau- und Kunstdenkmälern im Rheinland 23.)

– Architektur der 50er-Jahre. Bauten des Gerling-Konzerns in Köln. Frankfurt a. M. / Leipzig 1994.

– Gotik in Köln. Köln 1997.

– Stadtplanung und Architektur nach dem Zweiten Weltkrieg in Köln. In: Jost Dülffer (Hrsg.): Köln in den 50er-Jahren. Köln 2001. S. 409–420.

– Kleine Kunstgeschichte Kölns. München 2001.

– Via Sacra. Kölns Städtebau und die Romanischen Kirchen. Köln ²2004.

– / Chibidziura, Ute: Romanische Kirchen in Köln und ihr historisches Umfeld. Köln 2004.

– / Esch, Hans Georg (Fotos): Kirchen in Köln. Köln 2000.

– / Krings, Ulrich (Hrsg.): Köln: Die Romanischen Kirchen. Köln 1984–86. (Stadtspuren – Denkmäler in Köln 1,3,4.)

Kier, Hiltrud: Die Diskussion um das Kölner Ensemble von Oper, Schauspielhaus, Opernterrassen, Offenbachplatz und Theaterplatz. In: Festschrift Thomas Topfstedt. Leipzig. [In Vorb.]

Köln – seine Bauten. Der Rheinauhafen. Hrsg. vom AIV Köln-Bonn e. V. von 1875. Köln 2011.

Kölner Domblatt. Jahrbuch des Zentral-Dombau-Vereins, Köln 1948 ff.

Kosch, Clemens: Kölns Romanische Kirchen. Architektur und Liturgie im Hochmittelalter Regensburg ²2005.

Krings, Ulrich: Via Culturalis. Köln 2003.

– / Otmar, Schwab: Köln. Die Romanischen Kirchen. Zerstörung und Wiederherstellung. Köln 2007. (Stadtspuren – Denkmäler in Köln Bd. 2.)

– / Schmidt, Rudolf: Hauptbahnhof Köln. Kathedrale der Mobilität und modernes Dienstleistungszentrum. Weimar 2009.

Lauer, Rolf: Der Schrein der Heiligen Drei Könige. Köln 2006. (Meisterwerke des Kölner Doms 9.)

Meynen, Henriette (Hrsg.): Festungsstadt Köln. Das Bollwerk im Westen (Fortis Colonia, Schriftenreihe Nr. 1). Köln 2010.

Museum Schnütgen. Die Holzskulpturen des Mittelalters. Bd. 1: 1000–1400. Bearb. von Ulrike Bergmann. Bd. 2.1: 1400–1540. Köln, Westfalen, Norddeutschland. Bearb. von Reinhard Karrenbrock. Köln 1989–2001.

Pehnt, Wolfgang: Rudolf Schwarz, Architekt einer anderen Moderne. Ostfildern 1997.

– Die Plangestalt des Ganzen. Der Architekt und Stadtplaner Rudolf Schwarz (1897–1961) und seine Zeitgenossen. Köln 2011.

Schock-Werner, Barbara: Kölner Dom. Köln 2005.

Wolff, Gerta: Das Römisch-Germanische Köln. Führer zu Museum und Stadt. Köln ⁶2005.

Internetseiten

Homepage von Köln (mit Links u. a. zu Stadtführungen,
  Museen, Karneval, Weihnachtsmärkten):
  www.koeln.de
Museen:
  www.koeln.de/kultur/museen
  www.museenkoeln.de
Kirchen:
  evang.: www.kirche-koeln.de
  kath.: www.katholische-kirche-koeln.de
        www.domforum.de
Romanische Kirchen:
  www.romanische-kirchen-koeln.de
Aktuelle Architektur:
  www.koelnarchitektur.de
Theater und Oper:
  www.buehnenkoeln.de
Philharmonie:
  www.koelner-philharmonie.de
Kino:
  www.koeln.de/ausgehen/kino
Parkanlagen und Zoo:
  www.stadt-koeln.de/natur
  www.zoo-koeln.de
Busse und Bahnen:
  www.kvb-koeln.de

Nachweis der Karten und Abbildungen

Die Fotografien stammen von Celia Körber-Leupold, Köln; die
Stadtteilpläne erstellten Anna Schulze, Hannover, und Klaus Küh-
ner, HüttenWerke. Die übrigen Abbildungen, Grundrisse und
Zeichnungen sind dem Verlagsarchiv entnommen. © VG Bild-
Kunst, Bonn 2011: S. 196.

Objektregister

4711-Bau (Ehrenfeld) 251
4711-Haus 189

ABC-Bank 105, 176
Albertus-Magnus-Denkmal
(Marcks) 252
Allianz 229
Alte Universität 226
Alteburger Mühle
(Marienburg) 255
Amtsgericht 160
Ara Ubiorum 10, 201
Arena (Deutz) 248

Bankhaus Herstatt 203
Bankhaus Sal. Oppenheim &
Cie. 203
Barmer Bankverein 203
»Die Bastei« (Aussichts-
restaurant) 180
Bayenturm 31, 197, 208
Berufsschule 203
Bickendorf 29, 235ff.
Bismarckturm (Marienburg) 258
Blau-Gold-Haus 162
»Blauer Hof« (Buchforst) 241
Blumenberg 237
Börsenplatz 160
Botanischer Garten (Altstadt)
174
Botanischer Garten (Riehl) 265
Bottenbroich 79
Bottmühle 208
Braunsfeld 237ff.
Bruder-Klaus-Siedlung 260
Brügelmannhaus 184
Buchforst 29, 240ff.
Buchhandlung König 165
Bundesbahndirektion 180
Bunkerbauten 211

Cäsarius-Oratorium 74
Cinedom 229

Cologne Oval Offices 235
Concordia-Versicherung 204

Deichmannhaus 162
Deutz 28f., 242–248
Deutzer Bahnhof 247
Deutzer Brücke 162
Deutzer Kürassier (Wynand) 248
Dionysoshof 165
Dischhaus 160
Domforum 162
Domherrenfriedhof 165
Domhotel 162
Domplatte 164
domus ecclesiae 130
Dreikönigenpförtchen 106
Dreikönigs-Gymnasium 102
Duffesbach 268

Ehrenfeld 248ff.
Ehrenstraße 165
Eigelstein 166
Eigelsteintor 166, 210, 214
El-De-Haus 159f., 272, 278
»Em golde Kappes« (Gast-
wirtschaft) 262
Erzbischöfliches Haus 142
Erzbischöfliches Palais 141

Fachhochschule 226, 233
Farinahaus 187
Feministisches Archiv 208
Fernsehturm 229
Feuerwache 231
Flittard 29
Flottenkastell (Marienburg) 255
Ford-Hochhaus (Deutz) 248
Fort 28
Fort I 210
Fort IV 210f.
Fort V 210
Fort VI 211
Fort VII 211

Objektregister

Fort X 210 f.
Fort XI 211
Forum 11, 13, 200
Frank & Lehmann 203
FrauenMediaTurm 208
Friedhof Melaten (Lindenthal) 26, 34, 254
Friedrich-Wilhelm-Gymnasium 204
»Fringsen« 267
Funkhaus 204

Genovevabrunnen 260
Gereonsdriesch 166 f.
Gereonshaus 170
Gereonswindmühle 210
Gerling-Konzern 30, 168 f.
Geusenfriedhof (Lindenthal) 254
GEW-Verwaltung (Ehrenfeld) 251
Gothaer-Haus 228
Griechenmarktviertel 30, 35, 170
Griechenpforte 170
Großmarkthalle 264
Gürzenich 23, 60, 171, 181

Hafenamt 197
Hahnentor 210
Hansagymnasium 227
Hansa-Hochhaus 227
Hansasaal 189
Hauptbahnhof 28, 173–176
Hauptzollamt 197
Haus Albert Ahn (Marienburg) 256
Haus Bachem 170
Haus Balchem »Zum Goldenen Bären« 202
Haus Bing 185
Haus Bleissem (Marienburg) 256
Haus Böhm (Marienburg) 256
Haus Dr. Max Clouth (Marienburg) 256
Haus Deichmann (Marienburg) 257
Haus des Deutschen Städtetages (Marienburg) 257

Haus Domizlaff (Müngersdorf) 262
Haus Glesch 169
Haus Goldmann (Marienburg) 256
Haus Goldschmidt 162
Haus Grünwald (Marienburg) 256
Haus Haubrich (Müngersdorf) 262
Haus Herstatt 256
Haus und Museum der Jüdischen Kultur 193, 272
Haus von Lom 200
Haus Lux (Marienburg) 256
Haus Gerhard Marcks (Müngersdorf) 262
Haus Marienburg (Marienburg) 255 f.
Haus Heinrich Neuerburg (Marienburg) 171, 256
Haus Neven DuMont (Marienburg) 256
Haus ohne Eigenschaften (Müngersdorf) 262
Haus Oppenheim (Marien- burg) 256
Haus Päffgen 178
Haus Philips (Marienburg) 257
Haus Rheindorff (Marienburg) 256
Haus Riphahn (Müngersdorf) 262
Haus Saaleck 23
Haus Salomon/Mann (Marienburg) 256
Haus Schierenberg 232
Haus Schilling 210
Haus Schmölz-Huth (Marienburg) 256
Haus Schröder (Marienburg) 256
Haus Schwarz (Müngersdorf) 262
Haus Strenger (Marienburg) 256
Haus Stüssgen (Marienburg) 256
Haus Ungers (Müngersdorf) 262
Haus Vorster (Marienburg) 256 f.
Haus Wefers 180
Haus Weischer/Röckerath (Marienburg) 256
Haus Weiß (Marienburg) 256

290 *Anhang*

Haus Wolkenburg 184
Haus »Zum Maulbeerbaum« 172
Haus zum St. Peter 176
Heinzelmännchenbrunnen 158
Helenenturm 208
Hermann-Joseph-Brunnen 204
Hochpfortenhaus 179
Hochwasserpumpwerk 235
Hohenzollernbrücke 27, 176
Hotel Excelsior 162
Hotel Fürstenhof 162

Industrie- und Handelskammer
203
Innerer Grüngürtel 213
Institut Français 232

Judenviertel 189, 191, 272
Jüdischer Friedhof 264
Junkersdorf 29

Kalk 29, 251
Kapitolstempel 11, 13, 16, 32,
106
Karnevals- oder
Fastnachtsbrunnen 171
Kastell Divitia (Deutz) 11, 243
Kaufhaus Isay 204
Kaufhof 172, 179, 181, 201
KHD-Hochhaus (Mülheim) 260
Allerheiligenkirche (Marienburg)
258
Alt-St. Alban 60, 138, 182, 218
Kirchen
Alt-St. Heribert (Deutz)
20, 243, 245
Antoniterkirche 23, 65 f., 201
Auferstehungskirche, altkath.
218
Auferstehungskirche, evang.
(Buchforst) 242
Christi Auferstehung
(Lindenthal) 253
Christuskirche 219
»conventiculum ritus Christiani«
32

Kirchen
Dom 14 f., 17, 18, 20, 22, 23, 27,
28, 32, 33, 34, 37, 41–59, 193
Dominikanerkirche 52, 61, 64
Elendskirche St. Gregor
24, 73 f., 87, 201 f.
Franziskanerkirche St. Marien
74, 119, 203
Friedenskirche (Ehrenfeld) 249
Friedenskirche (Mülheim) 259
Groß-St. Martin 13, 15, 20, 22,
119–124
Herz-Jesu-Kirche 221 f.
Jesuitenkirche 87
Kalker Kapelle 251
Karmelitinnenkirche 88, 169
Kartäuserkirche St. Barbara 16,
23, 26, 71, 88 ff., 102, 148, 201
Katholisches Gemeindezentrum
(Blumenberg) 237
Kirche der katholischen
Hochschulgemeinde
(Lindenthal) 252 f.
Klein-St. Martin 124
Kloster Ad Olivas 204
Kloster Weiher 73
Krieler Dömchen St. Stephan
(Lindenthal) 252
Liebfrauenkirche (Mülheim) 260
Lukaskirche (Porz) 263
Lutherkirche 222
Lutherkirche (Mülheim) 260
Lutherkirche (Nippes) 263
Luther-Notkirche (Mülheim)
260
Madonna in den Trümmern 90,
180
Maria Hilf-Kirche 222
Minoritenkirche 23, 126–130
Neu-St. Alban 60 ff., 216, 232
Neu-St. Heribert (Deutz)
243, 247
Ratskapelle 192 f.
Reformationskirche (Marienburg)
255
St. Agnes 214–219

Objektregister

Kirchen
St. Albertus-Magnus
 (Lindenthal) 253
St. Amandus (Rheinkassel) 264
St. Andreas 20–23, 60 ff., 114,
 129
St. Anna (Ehrenfeld) 249
St. Apostel 19–22, 33, 66–71,
 104
St. Blasius (Meschenich) 258
St. Bruder Klaus (Mülheim) 260
St. Cäcilien 13, 20, 22, 52, 71 ff.,
 274
St. Christoph 166
St. Clemens (Mülheim) 259
St. Dreikönigen (Bickendorf)
 236
St. Elisabeth (Lindenthal) 253
St. Engelbert (Riehl) 30, 217,
 266 f.
St. Franziskus 126
St. Georg 13, 15, 20 ff., 30, 33,
 62, 74–80, 116, 201 f., 204
St. Gereon 13, 16 ff., 20, 22,
 79–87, 143, 156, 166, 169
St. Gertrud 219 ff.
St. Heinrich und Kunigund
 (Nippes) 263
St. Johann Baptist 87, 138, 201
St. Johannes (Deutz) 247
St. Johannes der Täufer
 (Lindenthal) 252
St. Josef (Kalk) 251
St. Joseph (Braunsfeld) 238
St. Joseph (Ehrenfeld) 249
St. Joseph (Porz) 263
St. Klara 58, 158
St. Kolumba 90 ff., 138, 156,
 180, 273
St. Kunibert 20, 21, 22, 33,
 92–99, 166
St. Laurentius (Lindenthal)
 253
St. Laurenz 15
St. Machabäer 64
St. Maria Ablass 99

Kirchen
St. Maria ad gradus 20, 58, 86
St. Mariä Empfängnis 99, 126
St. Mariä Himmelfahrt 24,
 102 ff., 133
St. Mariä Himmelfahrt
 (Ehrenfeld) 249
St. Maria im Kapitol 13, 15, 16,
 20, 22, 24 f., 32 f., 37, 105–113,
 124
St. Maria in der Kupfergasse
 24, 99, 113 ff.
St. Maria Königin (Marien-
 burg) 257
St. Maria Lyskirchen 22, 69,
 115–119
St. Maria vom Frieden 24, 99 ff.,
 114, 202
St. Marien (Kalk) 251
St. Maternus 222 f.
St. Matthäus in fossa 60 ff.
St. Mauritius 124 ff.
St. Mechtern (Ehrenfeld) 248
St. Michael 223 ff.
St. Pantaleon 16 f., 20, 22, 24,
 26, 32, 104, 125, 130–137
St. Paul 214, 225
St. Peter 13, 23 f., 137–141
St. Petrus Canisius 141 f., 170,
 204
St. Petrus Canisius (Buchforst)
 241
St. Severin 16 f., 20, 22, 143–148,
 201
St. Stephanus (Lindenthal) 253
St. Thomas Morus (Lindenthal)
 253
St. Ursula 13, 16, 18, 20 f., 23,
 25, 33, 61 f., 64, 99, 143,
 150–155
St. Vitalis (Mülheim) 261
Trinitatiskirche 29, 148 ff.
Ursulinenkirche Corpus
 Christi 24, 92, 155 f., 166
Weidenbachkloster 71
Kölner Messe (Deutz) 29, 34, 247

292 *Anhang*

Kölnische Rückversicherung 233
KölnTurm 229
Königsdenkmal (Friedrich
Willhelm IV.) 178
Kolpingdenkmal (Schreiner) · 179
Kolpinghaus 179
Kranhäuser 197
Kuriengebäude 164

Lagerhäuser 197
Landeshaus 72, 248
Lindenthal 29, 251–254
Lövenich 29
Löwenhof 196
Lufthansa 226
Lufthansa-Hochhaus (Deutz) 243, 248
LVR-Hochhausturm (Deutz) 248
Lysolphturm 206

Märchenbrunnen 260
Malakoffturm 196, 211
Marienburg 254–258
Mariensäule 167f.
Maritim Hotel 178
Markthalle 30, 179
Marstempel 11
Martin-Luther-Haus (Marienburg) 256
Maschinenbauschule 233
Maternushaus 179
Mediapark 30, 35, 229f.
Medienhochschule 200
Meschenich 258
Mikwe 193, 271
Mülheim 29, 34, 258ff.
Mülheimer Brücke 259
Mülheimia-Brunnen 260
Müngersdorf 261f.
Museen
  Agfa Photo-Historama 271, 274
  Archäologische Zone 193, 271
  Artothek 271
  Deutsches Sport & Olympia Museum 197, 271f.

Museen
  Die Brücke (Kölnischer Kunstverein) 173
  Domschatzkammer 58, 272
  Galerie Gmurzynska 256
  Geomuseum der Universität 272
  Haus und Museum der Jüdischen Kultur 272
  Japanisches Kulturinstitut 233
  Käthe Kollwitz-Museum 272
  Kölner Karnevalsmuseum 272f.
  Kölnischer Kunstverein 173, 272
  Kölnisches Stadtmuseum 158, 272
  Kolumba 90, 92, 147, 180, 272f.
  Max-Ernst-Museum, Brühl 283
  Museum für angewandte Kunst 130, 275
  Museum für Ostasiatische Kunst 233, 276
  Museum Ludwig 130, 165, 275
  Museum Schnütgen 66, 72, 77, 106, 161, 276f.
  Musikhistorisches Museum 233
  NS-Dokumentationszentrum 278
  Photographische Sammlung 278
  Rautenstrauch-Joest-Museum für Völkerkunde 161, 233, 278f.
  Römisch-Germanisches Museum 164, 279
  Schokoladenmuseum 197, 279
  Skulpturenpark Köln 232, 280
  Theatermuseum 280
  Wallraf-Richartz-Museum 89, 129f., 187, 280
Musikhochschule 161

Neptunbad 249
Neu-Ehrenfeld 249f.
Neuenahrer Hof 114
Neustadt 29f., 34
Nikolausfigur 197

Objektregister

Nippes 262 f.
NS-Gauverwaltung 226

Oberlandesgericht 231
Olivandenhof 205
Opernbrunnen 189
Opernhaus 217
Opernterrassen 188
Ostermannbrunnen 183
Overstolzenhaus 22, 197 f., 200

Palais Langen 168
Palatium (Geschäftshaus) 172, 179
Peek & Cloppenburg 201
Petrusbrunnen 164
Philharmonie 165
Porz 29, 263
Porz-Wahn 263 f.
Prätorium 11, 13, 15, 193, 271
Prinzenhof 228
Prophetenkammer 191
Provinzialversicherung 226
Puppenspieltheater Hänneschen 183

Raderberg 264
Rath 29
Rathaus 13, 22 ff., 33, 189 ff.
Rathaus (Kalk) 251
Rathauslaube 193, 194
Ratsturm 181, 191
Regierungspräsidium 205
Reichardhaus 162
Reichsbank 203
Rheinauhafen 31, 35, 196
Rheinbraun (Verwaltungsgebäude) 180
Rheingarten-Skulptur (Paolozzi) 165, 197
Rheinisch-Westfälische Bodenkreditbank 203
Rheinkassel 264 f.
Richmodhaus 184
Riehl 265 ff.
Ringhof 228
Rodenkirchen 29

Römerbrunnen 180, 206
Römermauer 170, 181
Römerturm 206 f., 208
Römische Grabkammer 270
Römischer Friedhof 143, 151
Römisches Nordtor 60, 164
Römisches Südtor 74, 76
Roggendorf-Thenhoven 268 f.

Sappho (Sitzfigur von Bourdelle) 189
Schauspielhaus 188
Schifffahrtsbrunnen 260
Schloss Arff 25, 268 f.
Schloss Augustusburg, Brühl 282 f.
Schloss Falkenlust, Brühl 283
Schloss Wahn 263, 277
Schlupfpforte 160, 210
Schreine 18, 21, 58 f., 61, 88, 136, 145, 152, 243, 246
    Albinusschrein 136
    Ätheriusschrein 152
    Dreikönigenschrein 33, 44, 46, 48, 45, 54, 84
    Ewaldischrein 94
    Heribertschrein 245 f.
    Kunibertschrein 94
    Machabäerschrein 65
    Maurinusschrein 136
    Severinsschrein 145
    Ursulaschrein 152
Schwerthof 204
Senatssaal 191
Severinsbrücke 201
Severinstor 208 f.
Severinsviertel 201
Sicherheitshafen 232
Siebengebirge (Speichergebäude) 197
Spanischer Bau 195
Stadtarchiv 169
Stadtgarten 232
Stadthaus (Deutz) 248
Städtisches Wasser- und Elektrizitätswerk 234

Stadtmauer 28, 34, 206, 212
Stadtverwaldung anstelle von
    Stadt-Verwaltung (Beuys)
    168
Stadtwald (Lindenthal) 252
Stapelhaus 183
Starpit-Brunnen 231
St. Elisabeth-Krankenhaus
    Hohenlind 253
Stollwerckfabrik 202
Stolpersteine (Demnig) 196
Straßen und Plätze
    Albertusstraße 157
    Alte Mauer am Bach 208
    Alter Markt 25, 38, 157, 168
    Am Hof 23, 158
    Am Römerturm 158
    Am Weidenbach 170
    An der Rechtschule 158
    Appellhofplatz 159 f.
    Auf Rheinberg 160
    Benesisstraße 160, 165 f.
    Blaubach 160
    Breite Straße 160
    Brückenstraße 160
    Burgallee 263
    Cäcilienstraße 161
    Chlodwigplatz 209 f.
    Claudiusstraße 226
    Dagobertstraße 161
    Eisenmarkt 183
    Elsa-Brändströmstraße 232
    Filzengraben 166
    Fischmarkt 183
    Friesenplatz 226
    Gereonshof 168 f.
    Gereonskloster 169
    Gereonstraße 169
    Gerling Ring-Karree 229
    Glockengasse 170
    Großer Griechenmarkt 170
    Gülichplatz 171
    Gürzenichstraße 29, 171
    Habsburgerring 226
    Hahnenstraße 30, 35, 173 ff.
    Hansaplatz 227

Straßen und Plätze
    Hansaring 227
    Heinrich-Böll-Platz 165
    Heumarkt 25, 176
    Hohe Pforte 179
    Hohe Straße 169
    Hohenzollernring 228
    Hohestraße 11, 13
    Innere Kanalstraße 229
    Josefstraße 179
    Kaiser-Wilhelm-Ring 229
    Kardinal-Frings-Straße 179
    Kartäuserwall 179, 202
    Kaygasse 179
    Kettengasse 166, 179
    Kolpingplatz 179
    Kolumbastraße 180
    Komödienstraße 180
    Konrad-Adenauer-Ufer 180
    Leonhard-Tietz-Straße 181
    Lichhof 106
    Machabäerstraße 181
    Marienplatz 181
    Marktstraße 264
    Marsplatz 181
    Martinstraße 181
    Martinsviertel 30, 35, 183
    Mauritiussteinweg 25, 184
    Melchiorstraße 231
    Militärringstraße 28
    Neuköllner Straße 184
    Neumarkt 16, 38, 69, 184
    Neven-DuMont-Straße 185
    Nord-Süd-Fahrt 30, 35, 185 ff.
    Obenmarspforten 187
    Offenbachplatz 30, 170, 187
    Ostermannplatz 183
    Ost-West-Achse 30, 189
    Ost-West-Durchbruch 174
    Piazzetta 196
    Rathausplatz 189–196
    Reichenspergerplatz 231
    Rheingasse 197 ff.
    Rheinpark (Deutz) 247
    Riehler Straße 232
    Ringstraße 212

Objektregister

Straßen und Plätze
Roncalliplatz 38, 163 f., 200
Sachsenring 232
Schildergasse 11, 13, 200
Severinskirchplatz 147
Severinstraße 201
St. Apernstraße 208
Theodor-Heuss-Ring 232
Tunisstraße 202
Ubierring 233
Ulrichgasse 202
Universitätsstraße 233
Waidmarkt 204
Wallrafplatz 204
Worringer Straße 233
Zeppelinstraße 29, 204
Zeughausstraße 204 f.
Zugweg 233
Zur Malzmühle 178
Sülz 268, 270
Synagoge 29, 187, 192 f., 225

Tanzbrunnen (Deutz) 247
Taubenbrunnen 162
Tauzieher (Friedrich) 196
Tel-Aviv-Straße 202
Tempel der Vernunft 103
Thermen 11, 13, 72
Turiner Straße 202

Ubiermonument 10, 206, 271
Ufa-Haus 228
Ulredenkmal 210
Umspannwerk 231
Universität 23, 29, 33 f., 252, 264

Unter Käster 184
Unter Sachsenhausen 203

Victoria Ensemble 232
Vierscheibenhaus des WDR 30, 185
Villa Bestgen 232
Villa Langen 229
Villencolonie (Marienburg) 256
Vingst 29

Wasserturm 171
WDR-Arkaden 187
Weckschnapp 210
Weiden 29, 270
»Weiße Stadt« (Buchforst) 240 f.
Weißhaus (Sülz) 268
Werthchen (Rheininsel) 196
Widdersdorf 29
Wilhelmsruh (Arbeiter-siedlung) 264
Worringen 29

Zentralmoschee (Ehrenfeld) 251
Zeughaus 24, 205
Zoologischer Garten (Riehl) 265
»Zum Toten Jud« (Jüdischer Friedhof) 264
Zwischenwerk IIIb 211
Zwischenwerk IXb 211
Zwischenwerk Va 211
Zwischenwerk VIIIb 211
Zwischenwerk XIa 211
Zwischenwerk XIb 211

Umgebung

Bensberg
Altes Schloss 281
Neues Schloss 281
Rathaus 281
St. Nikolaus 282

Brühl
Schloss Augustusburg 282
Schloss Falkenlust 283
St. Maria von den Engeln 283

Personenregister

Abel, Adolf 247, 252, 259
Adenauer, Konrad 29, 34, 185
Agrippa (röm. Feldherr) 10, 182, 192
Agrippina (Kaiserin) 10 f., 32
Ahrens, Franz 162, 232
Ainmiller, Max 53
Albermann, Wilhelm 130, 158, 204, 216, 260
Alberti, Matteo 104, 156
Albertus Magnus 61, 65, 129
Albes, August 263
Alexander d. Gr. 190
Allwörden, Hubertus von 166
Altenstadt, Ulrich S. von 248
Anders, Richard 229
Andriessen, Mari 227
Angenendt (Pfarrer) 111
Anna Maria Luisa von Medici 281
Anno II. (Erzbischof) 20 f., 33, 42, 74, 79 f., 83, 107, 120
Anton von Schauenburg (Erzbischof) 55
Arnold (Dombaumeister) 42
Arnold von Wied (Erzbischof) 83
Augustus (röm. Kaiser) 201

Baegert, Derick 99
Balser, Gerhard 166
Balthasar von Mülheim 141
Band, Karl 61, 63, 65, 88, 94, 145, 153, 161, 180, 182, 196, 223, 245
Bardenhewer, Anton 118
Barlach, Ernst 66
Bartning, Otto 217, 260
Baum, Hermann Josef 249
Beckenkamp, Kaspar Benedikt 119
Behn, Fritz 232
Behr, Michael 202
Behrens, Peter 203
Below, Bernhard 187, 197, 225, 260
Bendgens, Rolf 137

Benirschke, Max 263
Berg, Hermann von 233, 278
Bernard, Josef 129, 238, 246, 258
Beuys, Joseph 52, 168
Beyschlag, Wendelin 87
Biecker, Karl 180, 247
Bielenberg & Moser 203
Bienefeld, Heinz 31
Biercher, Mathias 205
Billecke, Bernd 59
Bismarck, Otto von 258
Bläser, Gustav 176, 178
Blatzheim, Peter von 205
Blum, Robert 183
Böhm, Dominikus 179, 217, 236, 249, 251, 256 f., 261, 267
Böhm, Elisabeth 187
Böhm, Gottfried 31, 91 f., 178 ff., 187, 219, 225, 248 f., 251 ff., 257, 265, 267, 281
Böhm, Paul 251
Böhm, Peter 187
Boisserée, Melchior 26, 48
Boisserée, Sulpiz 26, 48, 51, 90
Bolg, Peter 59
Bonatz, Paul 162, 184, 256 f.
Bong, Kobes 215
Bongartz, Otto 253
Borger, Hugo 164
Borries, Kurt-Wolf von 150, 204
Bourdelle, Emile-Antoine 189, 252
Brantzky, Franz 180, 257
Braun, Augustin 59
Breker, Arno 169
Breuhaus de Groot, Fritz August 203
Brovot, Gisbert 184
Brunelleschi, Filippo 84
Bruno (Erzbischof) 17, 32, 61, 66, 68, 106 f., 120, 132
Bruyn d. Ä., Barthel 64, 98, 148, 138, 147 f.
Bruyn d. J., Barthel 79

Personenregister

Bruyn d. J., Heinrich 136
Burgeff, Karl 165
Buschulte, Wilhelm 86, 111, 142, 154, 216, 239, 262
Busmann, Peter 161, 165, 175
Bussenius, Ingrid 79, 99, 133, 152 f.

Cäsar, Julius 10, 46, 190, 195
Calleen, Heribert 203
Camphausen, Ludolf 227 f.
Carlone, Carlo 282
Cézanne, Paul 29
Chillida, Eduardo 139
Chlodwig (König) 14
Claudius (röm. Kaiser) 10
Clematius (röm. Senator) 150
Clemens August (Kurfürst) 59, 282 f.
Coerper, Carl 249
Coersmeier, Ulrich 202
Crane, Johann von 153
Crane, Verena von 153
Creed, Martin 141
Crodel, Carl 90
Cronenborch, Peter 205
Crones, Edwin 233
Cuvilliés, François 268, 282 f.

Dahmen, Leopold 160
Demnig, Gunter 196
Deutz, Heinrich 234
Diener & Diener 256
Dietrich, Verena 231
Dixon, F. W. 154
Doetsch, Paul 204
Drake, Friedrich 176
Dürer, Albrecht 57
Duisbergh, Conrad 59
Dumont (Generalvikar) 214
Duns Scotus, Johannes 129

Eberhard, Arthur 149
Eberlein, Georg 197, 227 f.
Eifler, Gillis 181
Elisabeth von Manderscheidt (Äbtissin) 138

Eller, Fritz 197
Elsässer, Martin 256 f.
Encke, Fritz 265
Endell, August 160
Endler, Eduard 223, 249, 263
Engel, Jürgen 231
Erberich, Hans 160
Erdmann, S. 180
Ernst von Bayern (Erzbischof) 102
Ernst, Karl Joseph 215
Ernst, Max 283
Essenwein, August 53, 123
Ezzonen 20

Fabricius, Eugen 256
Farina, Johann Maria 187, 272
Felder, Wolfgang 202
Felix, Emil 171, 256
Felten, Joseph 129
Ferdinand (Erzbischof) 102
Fischer, Hanns Peter 236
Floris, Cornelis 55, 193
Forthmann, Heinrich 236
Foster, Norman 229
Frank, Franz Heinrich Nicolaus 125
Friedrich Barbarossa (Kaiser) 41, 181
Friedrich III. (Kaiser) 64, 176
Friedrich Wilhelm III. (König) 178
Friedrich Wilhelm IV. (König) 28, 34, 48 f., 148, 173 f., 176
Friedrich, Nikolaus 196
Frings, Josef (Kardinal) 141 f., 267
Fritze, Georg 90
Fuchs, Peter 51, 164, 168

Gatermann, Dörte 208, 248
Gauguin, Paul 29
Geißelbrunn, Jeremias 59, 104, 136
Geitel, Ignaz 225
Gerling, Hans 169
Gero (Erzbischof) 54
Gerresheim, Bert 142
Gies, Ludwig 70, 92, 239
Girard, Dominique 280

Gisela (Gemahlin Konrads II.) 19
Gleen, Mathias von 205
Göbbels, Matthias 118
Görler, Peter 223
Görres, Joseph 48
Goethe, Johann Wolfgang 48, 171
Gogh, Vincent van 29
Goldschmidt, Helmut 226
Gortzius, Geldorp 192
Gottfried von Bouillon 190
Gottfried, Hermann 71, 88, 124,
139, 154
Grasegger, Georg 171
Gregor von Tours (Bischof)
81 f., 143
Greiß, Jakob 232
Grin (Bürgermeister) 195 f.
Grod, Caspar Maria 236, 241
Groote, Familie 73 f.
Groote, Kurt 169
Großheim, Karl von 162
Grümmer, Hansjürgen 189
Gruhl, Hartmut 166
Gülich, Nikolaus 171
Gunthar (Erzbischof) 130
Gutbrod, Rolf 252

HA Schult 205
Haake, Karl 253
Haberer, Godfrid 165, 175
Hachenberg, Heiner 161
Hackenay, Familie 109, 113
Hanemann, Peter 65
Hardenrath, Familie 109, 113
Hardenrath, Johannes 112
Hartmann, Arnold 257
Hartmann, Dieter 111, 135, 137
Hartmann, Wilhelm 221
Hasak, Max 203
Haubrich, Josef 274
Hecker, Peter 60, 118, 238, 249, 253
Heers, Anna Maria
Augustina de 155
Heider, Hans 63, 94
Heiermann, Theo 155
Heimann, Friedrich Carl 169, 227

Heinle, Erwin 229, 252
Heinle, Wischer und Partner 229
Heinrich II. (Kaiser) 19
Heinrich III. (Kaiser) 33, 107
Heinrich IV. (Kaiser) 21, 181
Hektor von Troja 190
Helbig & Klöckner 204
Hell, Karl 203
Hellwig, Wilhelm 259
Helmont, Johann Franz van
92, 114 f., 156
Henn, Ulrich 66
Henrici, Karl 212
Hentrich, Helmut 168 f., 185, 205,
260
Heribert (Erzbischof) 243
Herimann II. (Erzbischof) 20, 106
Hertel, Adalbert 260
Hertel, Bernhard 258
Hertzberger, Herman 231
Heuser, Hans 169
Heyden, Adolf 181
Heyer, Wilhelm 233
Hildebold (Erzbischof) 16, 17, 32,
82
Hillebrand, Elmar 86, 88, 137, 218
Hingstmartin 231
Hitler, Adolf 90
hl. Albinus 17
hl. Augustinus 127
hl. Clemens 94
hl. Engelbert von Berg 59
hl. Felix 54
hl. Helena (Mutter Kaiser
Konstantins) 46, 81 f.
hl. Heribert 18, 243
hl. Hermann Joseph 112
hl. Hippolytus 152
hl. Kunibert 18, 93
hl. Martin 16, 37, 119, 143
hl. Nabor 54
hl. Paulus 46
hl. Petrus 17, 46, 59, 68, 115
hl. Severin 16, 18, 120, 143
Hll. Drei Könige 18, 21, 33, 36, 41 f.,
44, 46, 48, 53 f., 57, 59, 65, 86, 180

Personenregister

Holzmeister, Clemens 76 ff.
Horst, Eduard 148
Hürten, Sepp 70, 78, 132
Hugot, Leo 94
Hulsmann, Johann 86, 104

Ida (Äbtissin) 20, 106, 112
Imhoff d. Ä., Johann Joseph 74
Imhoff, Peter Joseph 124
Innocenz III. (Papst) 181
Iven, Alexander 60, 216, 222

Jabach, Familie 139
Jacobsthal, Johann Eduard 175
Jassow, Heinrich 222
Johann Wilhelm von der Pfalz
   (Kurfürst) 156, 281
Joos van Cleve 119
Joseph II. (Kaiser) 25
Judas Maccabäus 190
Judd, Donald 171

Kadow, Gerhard 137, 223
Kaiser, Christiane 161
Kaldenhoff, Helmut 129
Karavan, Dani 165
Karl d. Gr. (Kaiser) 16, 32, 133,
   190, 243
Karl VII. (Kaiser) 59
Karolinger 16
Kayer, A. 180
Kayser, Heinrich J. 162
Keller, Eugen 255
Kelter, Theodor 226
Kesseler, Thomas 129
Kiesling, M. 180
Kister, Johannes 161, 231
Kister, Scheithauer & Partner 231
Kleefisch, Johann Baptist 249
Klein, Johannes 123
Klein, Willy 183
Kleinertz, Alexius 123
Klotz, Clemens 179, 256
Klüser, Reinhold 161, 181
Kölnischer Meister 154
Könn, Josef 70, 71

Koep, Rudolf 189, 251
Koep, Wilhelm 158, 162, 189, 251
Koerfer & Menne 169
Koerfer, Hanns 203, 233
Koerfer, Jakob 204, 227
Kohl & Kohl (heute Kohl:Fromme)
   229, 231
Kollhoff, Hans 203
Kollwitz, Käthe 60, 66, 272
Kolping, Adolf 129, 148
Konrad II. (Kaiser) 19
Konrad von Hochstaden
   (Erzbischof) 42, 55
Konstantin d. Gr. (Kaiser)
   15, 46, 81, 243
Kostulski, Thomas 231
Kottmair, Hanspeter 231
Koutsouras, Christos 222
Kowallek, Adolf 213, 252
Kraemer, Friedrich Wilhelm
   158, 178, 231, 251
Kraemer, Kaspar 164, 183, 235
Kraemer, Sieverts & Partner 231
Krakamp, Heinrich Nikolaus 73
Kramer, Eduard 149
Kratz, Martin 210
Kreis, Wilhelm 173, 179
Kremer, Theodor 258, 261
Krings, Heinrich 87, 216, 238
Krings, Peter 238
KSP Engel und Zimmermann 231
Kulka, Peter 179
Kunibert (Bischof) 93
Kuyn, Konrad 96, 112
Kyllmann, Walter 181

Lange, August 253, 282
Le Corbusier 216, 217
Le Nôtre, André 283
Lenné, Peter Joseph 265
Leo IX. (Papst) 33, 107
Leonhardt, Fritz 162
Leveilly, Michael 268
Leydel, Johann Georg 263
Lisolvus/Lysolfus 115
Lochner, Stefan 55 ff., 274

Lohmer, Gerd 162, 201
Lom, Walter von 197, 200
Ludwig I. (König) 53
Ludwig IV. der Bayer (Kaiser) 190
Ludwig, Irene 275
Ludwig, Peter 275
Lünenborg, Hans 119, 139
Lüninck, Johann 135
Lüpertz, Markus 65
Lüttgen, Hans Heinz 228
Lyversberg, Jakob Johann 98

Mack, Heinz 164
Mandler, Arthur 202
Manessier, Alfred 83
Mansfeld, Johann Gerhard von 79
March, Otto 255 ff.
Marcks, Gerhard 106, 252
Maria von Medici 100
Marsilius 182, 192
Mataré, Ewald 52, 60, 92, 130, 157, 162, 182
Maternus (Bischof) 15, 32, 41, 48, 115
Mathilde (Pfalzgräfin) 129
Mattar, Stephan 222, 225
Maximilian I. (Kaiser) 64
Maximilian von Bayern 102
Mayekawa, Kunio 233
Meister der Georgslegende 98
Meister der Hl. Sippe 53
Meister der Ursulalegende 146
Meister des Bartholomäus- Altars 90
Meister Gerhard 42
Meister Tilman 64, 71, 99, 124, 152, 154
Meister von St. Severin 53, 64
Meistermann, Georg 85, 92, 196, 204, 239, 251, 260
Meller, Willy 256
Mengelberg, Wilhelm 52, 58, 145
Menne, Hans 188
Merkens, Heinrich 228
Merowinger 16
Merrill, Theodor 256 f., 262

Mertens, Jan 113
Mevissen, Gustav von 228
Meyer-Barkhausen, Werner 21
Milde, Karl Julius 53
Minn, Gangolf 258
Moers, Graf von 136
Mohr, Christian 51
Moore, John 171
Moos, Helmut 282
Moritz, Carl 162, 170, 203, 205, 226, 233
Moser, Joseph 203
Müller, Franz 216
Müller, Günter 161
Müller, Gustav 169, 203
Müller-Erkelenz, Heinrich 162, 180, 185
Müller-Grah, Alfred 232
Munch, Edvard 29

Nagel, Paul 71
Neckelmann, Skjold 219
Neumann, Balthasar 282 f.
Neuß, Heribert 48
Niederhäuser, Ernst 149
Niepraschk, Julius 265
Nierhoff, Ansgar 65
Nikolaus Gerhaert von Leyden 109
Nikolaus von Verdun 33, 54, 137
Nöcker, Adolf 222
Nöcker, Peter 249
Nolte, Ernst 204
Norbertine Theresia de Jesu, geb. Binsfeld 113
Nouvel, Jean 229

Odenthal, Richard 214
Ohashi, Yosimi 233
Olbrich, Joseph Maria 263, 265
Oldenburg, Claes 184
Opie, Julian 165
Oorth, Joseph Op Gen 247, 256
Otto I., d. Gr. (Kaiser) 17, 19, 32, 106, 132
Otto II. (Kaiser) 20, 32, 132

Personenregister

Otto III. (Kaiser) 132, 243
Otto IV. (König) 54
Otto, Frei 247
Overstolz, Familie 199
Oxen + Römer (heute römer partner) 231

Pässler & Sundermann 218
Pässler, Klaus 218
Pahl, Jürgen 161
Paolozzo, Eduardo 165
Parler, Familie 51
Paul, Bruno 160, 168, 256
Pauli, Franz 111, 119, 126, 129, 139, 217
Peer, Rudolf 92, 223
Petschnigg, Hubert 185, 205, 260
Pflaume, Hermann 168, 205
Philipp von Heinsberg (Erzbischof) 55
Philipp von Schwaben (König) 181
Philipp, Carl August 228
Piano, Renzo 161
Picasso, Pablo 274
Pickel, Caspar Clemens 245
Piene, Otto 179, 231
Pieper, Vincenz 63
Pilgrim (Erzbischof) 19, 20, 33, 68, 70
Pippin der Mittlere (Hausmeier) 106
Pippin von Heristal (Hausmeier) 32
Plektrudis 32, 106, 112
Poblicius (Legionär) 276
Pott, Paul 256 f.
Powolny, Wilhelm 77, 79
Prager, Heinz Günther 226
Prill, Josef 216
Putman, Andrée 171

Rainald von Dassel (Erzbischof) 18, 21, 41, 54, 65
Ramboux, Johann Anton 142, 270
Rasch, Georg 242
Raschdorff, Julius 129

Recht, Peter 218
Rehorst, Carl 172, 204
Reichensperger, August 50
Reidt, Melchior von 191 f.
Reiß, Josef 87
Rembrandt 280
Renard, Edmund 158
Renard, Heinrich 158, 251
Renn, Gottfried 168
Reuter, Wolfgang 184
Rexhausen, Robert 129
Richartz, Johann Heinrich 130, 280
Richter, Gerhard 53
Riegelmann, Ernst 176
Rikus, Josef 253
Riphahn, Wilhelm 173, 180, 188 f., 204, 228, 232, 235 f., 241, 252, 262, 265
Röcke, Heinz 164
Röckerath, Agnes 214 f.
Röckerath, Peter Joseph 214 f.
Röttcher, Hugo 247
Rogier van der Weyden 90
Romulus Augustulus (röm. Kaiser) 14
Roß, Theodor 238, 249
Rosskotten, Heinrich 229
Rotterdam, Bernard 104, 164
Rubens, Jan 139
Rubens, Peter Paul 24, 58, 139, 140, 141, 280
Rückriem, Ulrich 180
Rudloff, Ernst von 248
Rüdell, Carl 214, 216
Rüden, Walter von 161
Ruoff, Walter 161, 252

Salier 19
Samsonmeister 59
Sander, August 278
Sauerbruch, Matthias 235
Schaefler, Fritz 282
Schall zu Bell (Graf) 263
Schaller, Christian 164, 202
Schaller, Fritz 126, 162, 164, 252 ff.
Scheidler, Thomas 202

Scheithauer, Reinhard 161, 231
Schellen, Karl 74, 175
Schilling, Hans 31, 157, 179, 210, 217, 228, 256, 262
Schinkel, Karl Friedrich 49
Schlaun, Johann Conrad 282
Schlegel, Friedrich 48
Schlösser, Horst R. 161
Schlössgin, Familie 109
Schlössgin, Sybille 112
Schlombs, Wilhelm 103
Schmidt, Friedrich von 221
Schmidt, Heinrich von 221
Schmitt, O. 175
Schmitz, Eduard 80, 228
Schmitz, Peter Joseph 148
Schmitz-Steinkrüger, Wilhelm 79, 237
Schneider, Hugo 51
Schneider, M. 175
Schneider, Peter Friedrich 204
Schneider-Wessling, Erich 161
Schnitzler, Hermann 78
Schnütgen, Alexander 277
Schönstätter Marienschwestern 74
Schorn, Wilhelm 76, 85
Schossig, Elmar 208, 248
Schreiner, Johann Baptist 129, 179
Schreiterer, Emil 187, 225, 260
Schubert, Jürgen 231
Schürmann, Joachim 31, 105, 122, 184, 223, 254, 257, 259, 262
Schürmann, Margot 31, 105, 184, 223, 254, 257, 259, 262
Schuffenhauer, Herbert 247
Schult, HA s. HA Schult
Schulze-Fielitz, Eckhard 248
Schumacher, Hans 142, 203, 252, 256
Schut, Cornelius 141
Schwab, Otmar 85
Schwalge, Otto 100
Schwarz, Maria 65, 260, 262
Schwarz, Rudolf 30, 31, 35, 129, 170, 182, 185 f., 203, 236, 239, 246, 249, 251, 258, 260 ff.

Schwechten, Friedrich 176
Schweling, Christian 59
Sedlacek, F. D. 218
Seiwert, Franz W. 242
Sesterhenn, Adam 197
Sieverts, Ernst 178, 231, 251
Silvanus (röm. Feldherr) 15
Simatschek, Adolf 232
Sitte, Camillo 172
Sixtus IV. (Papst) 64
Sluter, Claus 218
Sobotka, Franz Heinrich 169, 203
Spaeth, Balthasar 73
Starck, Jan Werner 70
Statz, Vincenz 125, 168 f., 251, 251, 263, 270
Steffann, Emil 31, 74
Steidler + Partner 231
Stein, Edith 101, 142, 148
Steinbach, Nikolaus 216
Steinle, Eduard von 168
Stoffel, Eleonore 280
Stoffel, Michael 280
Strauß, Anton 232
Strauß, Willi 88
Stübben, Josef 196, 212, 214, 222 f., 229
Stüler, Friedrich August 129, 149, 247
Sundermann, Michael 218

Tacitus 201
Teherani, Hadi 197
Teichen, Theodor 196, 264
Theodor, Helmut 202
Theophanu (Kaiserin) 17, 20, 32, 132
Thiede, Richard 228
Thoemer, Paul 160, 232
Thonett, Will 154
Thorn-Prikker, Johan 77 f., 92, 237
Tiedemann, Dieter 202
Tietmann, Hans 253
Tillmann, Armin 232
Toussyn, Johann 86 f.
Trajan (röm. Kaiser) 98

Personenregister

Treskow, Elisabeth 92
Trier, Hann 196
Trint, Peter 161
Tuaillon, Louis 176
»Tünnes und Schäl« (Reuter) 184

Ungers, Oswald Mathias
 187, 227, 252, 262

Van den Valentyn, Thomas
 232, 283
Verbeek, Hans 197
Vernucken, Wilhelm 193
Vetterlein, Ernst Friedrich 226
Vieth, Josef 179
Villeroy und Boch 123
Viventia (Königstochter) 151
Vogel, Heinrich Otto 66, 222,
 255 f.
Vogts, Hans 22, 199
Voigtel, Richard 164
Volf, Miroslav 231
Vostell, Wolf 228

Waack, Joachim 222
Wach, Karl 229
Wagner, Marga 223
Wallraf, Ferdinand Franz 26, 58,
 66, 130, 254, 280
Wamser, Christoph 102, 103
Wegelin, Adolph 149

Wehling, Gottfried 232
Weigmann, Paul 111, 148, 225, 282
Weiler, Eugen 196
Wendling, Anton 111, 260, 267
Werres, Anton 65, 129
Werth, Jan von 158
Weyer, Johann Peter 72, 199, 255
Weyres, Willy 53, 70, 94, 110 f.,
 142, 164, 215, 221
Wiethase, Heinrich 219
Wildermann, Hans 260
Wilhelm I. (Kaiser) 176, 229
Wilhelm II. (Kaiser) 176
Wilms, Oswald 170, 187
Winkel, Theodor 146
Winter, Karl Matthäus 65, 124
Wischer, Robert 229
Woensam, Anton 9, 23, 33
Wolff, Arnold 50
Wolsky, Winfried 242
Wunderlich, Hermann 161, 181
Wynand, Paul 248
Wysch, Wilhelm 78

Zander, Erwin H. 161
Zeidler, Eberhard H. 229, 231
Zepter, Hans 138, 146
Zimmermann, Michael 231
Zumthor, Peter 92, 180
Zwirner, Ernst Friedrich 29, 49 f.,
 149, 259 f., 270

Zur Autorin

HILTRUD KIER studierte Kunstgeschichte, Archäologie und Musikwissenschaft vor allem in Wien und Köln. Nach der Promotion (1968) Forschungsförderung durch die Deutsche Forschungsgemeinschaft und die Fritz Thyssen Stiftung, Erarbeitung des neuen Denkmälerverzeichnisses der Stadt Köln, dort Stadtkonservatorin, Generaldirektorin der Museen, Leiterin des Amtes für Bodendenkmalpflege und des Wissenschaftlichen Forschungsreferates. Honorarprofessur für Kunstgeschichte an der Universität Bonn. Bundesverdienstkreuz und zahlreiche weitere Auszeichnungen.

Zahlreiche Veröffentlichungen u. a. *Schmuckfußböden in Renaissance und Barock*, München 1975, *Die Kölner Neustadt*, Bonn 1974, *Romanische Kirchen*, Köln 2004, *Gotik in Köln*, Köln 1997, *Kirchen in Köln*, Köln 2000, *Kleine Kölner Kunstgeschichte*, München 2001.